나의 친구
윤봉길

나의 친구 윤봉길

초판 1쇄 인쇄 2017년 4월 20일
초판 1쇄 발행 2017년 4월 27일

기 획 이동언

저 자 김 광
역 주 이민원 · 양수지

발행인 윤관백
발행처 ▣ 도서출판 선인

디자인 박애리
편 집 이경남 · 박애리 · 김지현 · 심상보 · 임현지
영 업 김현주

등 록 제5-77호(1998.11.4)
주 소 서울시 마포구 마포대로4다길 4 곳마루 B/D 1층
전 화 02)718-6252/6257
팩 스 02)718-6253
E-mail sunin72@chol.com

정 가 22,000원
ISBN 979-11-6068-086-7 03990

나의 친구 윤봉길

김 광 저 | 이민원·양수지 역주

도서출판 선인

화보

윤봉길의사 (1908. 6. 21~1932. 12. 19)

윤봉길의사 생가 광현당(光顯堂)
1974년 중수되어 사적지 제229호로 지정되었다.

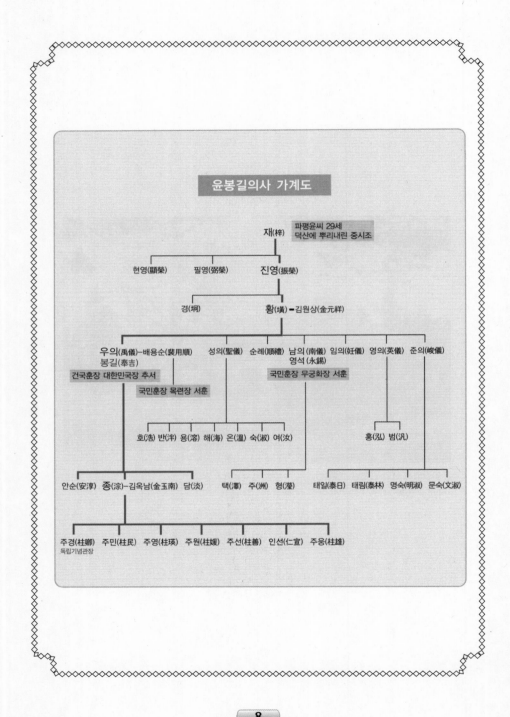

윤봉길의사 가계도

재(梓) · 파평윤씨 29세 덕산에 뿌리내린 중시조

현영(顯榮)   필영(弼榮)   진영(振榮)

경(坰)   황(璜) = 김원상(金元祥)

우의(禹儀)-배용순(裵用順)   성의(聖儀)   순례(順禮)   남의(南儀)   임의(妊儀)   영의(英儀)   준의(峻儀)
봉길(奉吉)   영석(永錫)
건국훈장 대한민국장 추서   국민훈장 무궁화장 서훈
     국민훈장 목련장 서훈

호(浩) 반(泮) 용(溶) 해(海)   온(溫) 숙(淑) 여(汝)   홍(泓) 범(汎)

안순(安淳)   종(淙)-김옥남(金玉南)   담(淡)   택(澤) 주(洲) 형(瀅)   태일(泰日) 태림(泰林) 명숙(明淑) 문숙(文淑)

주경(柱卿) 주민(柱民) 주영(柱瑛) 주원(柱媛) 주선(柱善) 인선(仁宣) 주웅(柱雄)
독립기념관장

윤봉길의사 의거 후 고향에서 『동아일보』 기자가 촬영한 가족사진.
『동아일보』(1932. 5. 3일자)

왼쪽부터 윤봉길의사 동생 윤성의·윤남의, 어머니 김원상, 부인 배용순, 차남 윤담(안긴 아이), 장남 윤종, 아버지 윤황.

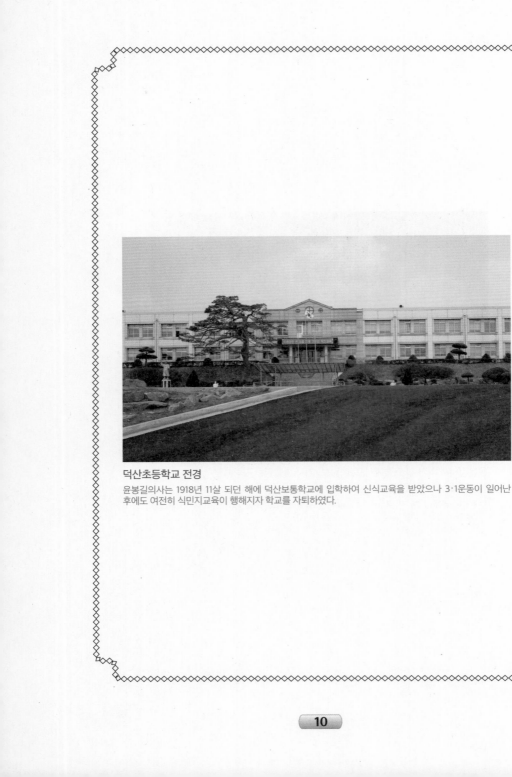

덕산초등학교 전경

윤봉길의사는 1918년 11살 되던 해에 덕산보통학교에 입학하여 신식교육을 받았으나 3·1운동이 일어난 후에도 여전히 식민지교육이 행해지자 학교를 자퇴하였다.

윤봉길의사 친필 시문집(보물 제568호)

오치서숙(烏峙書塾)에서 사서삼경을 비롯한 한학을 수학한 윤봉길의사는 많은 한시를 지어 시문집을 남겼다. 윤봉길의사가 편저한 시문집 『한시집(漢詩集)』・『임추(壬椎)』・『명추(鳴椎)』・『옥타(玉唾)』 등에는 300여 편에 달하는 한시가 실려 있다.

『농민독본(農民讀本)』(보물 제568호)
농민들의 무지함을 개탄하며 야학회를 조직한 윤봉길의사는
1927년 농촌운동의 교재로 『농민독본』 세 권을 저술하였다.

「월진회 취지서」(보물 제568호)
윤봉길의사는 1929년 4월 23일 피폐해진 농촌을 구제하고 자활적인 농촌
진흥을 목표로 한 월진회를 창립하고 회장에 취임하였다. 월진회는 '날로
앞으로 나아가고 달마다 전진하자'는 취지에서 지어진 이름이다.

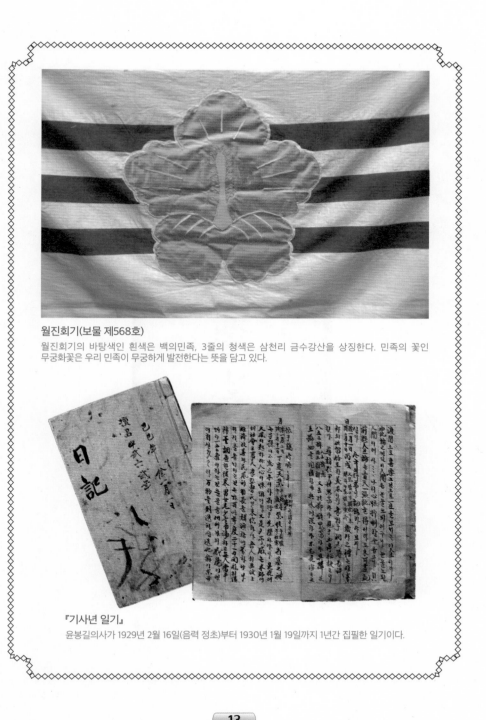

월진회기(보물 제568호)

월진회기의 바탕색인 흰색은 백의민족, 3줄의 청색은 삼천리 금수강산을 상징한다. 민족의 꽃인 무궁화꽃은 우리 민족이 무궁하게 발전한다는 뜻을 담고 있다.

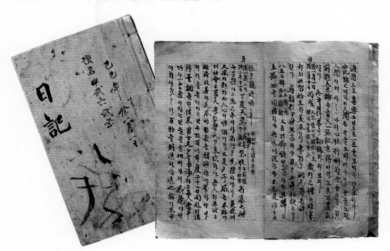

『기사년 일기』

윤봉길의사가 1929년 2월 16일(음력 정초)부터 1930년 1월 19일까지 1년간 집필한 일기이다.

윤봉길의사가 고향을 떠나면서 남긴 유묵
(장부출가생불환)

1930년 3월 6일, 23세에 연로한 부모님과 부인, 어린 자식들과 이별하며 이 유묵을 남기고 망명길에 올랐다. 친필 유묵은 상해의거 직후 윤봉길의사 고향 가택을 수색한 일경이 압수해 갔다. 위 유묵은 1972년 가족의 고증을 거쳐 윤봉길의사 친필자 중에서 집자(集字)하여 복원한 것이다.

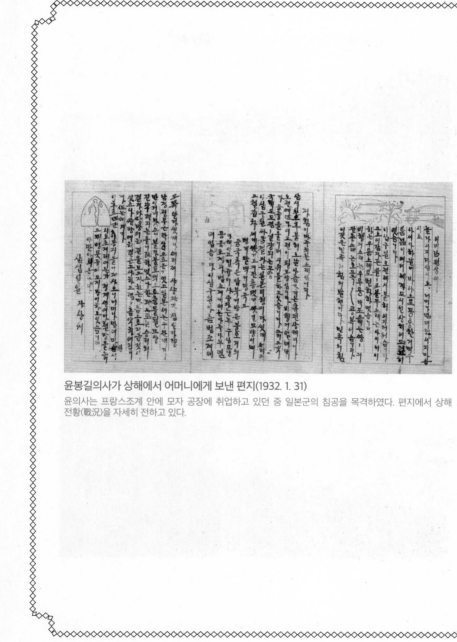

윤봉길의사가 상해에서 어머니에게 보낸 편지(1932. 1. 31)

윤의사는 프랑스조계 안에 모자 공장에 취업하고 있던 중 일본군의 침공을 목격하였다. 편지에서 상해 전황(戰況)을 자세히 전하고 있다.

1930년대 초 황포탄 전경
윤봉길의사는 1931년 5월 8일 황포탄 선착장에 도착하였다.

현재 황포탄 전경

宣誓文

나는 赤誠으로써 祖國의 獨立과 自由를 回復하기 爲하야 韓人愛國團의 一員이 되야 中國을 侵略하는 敵의 將校를 屠戮하기로 盟誓하나이다

大韓民國十四年四月二十六日 宣誓人 尹奉吉

韓人愛國團앞

윤봉길의사 한인애국단 선서문(1932. 4. 26, 보물 제568호, 국립중앙박물관 소장)

의거 성공을 다짐하는 윤봉길의사와 김구(1932. 4. 27)

윤봉길의사는 상해 패륵로 신천상리(貝勒路 新天祥里) 20호 안공근의 집에서 한인애국단 입단 선서식을
하고 총 3장의 사진을 촬영하였다.

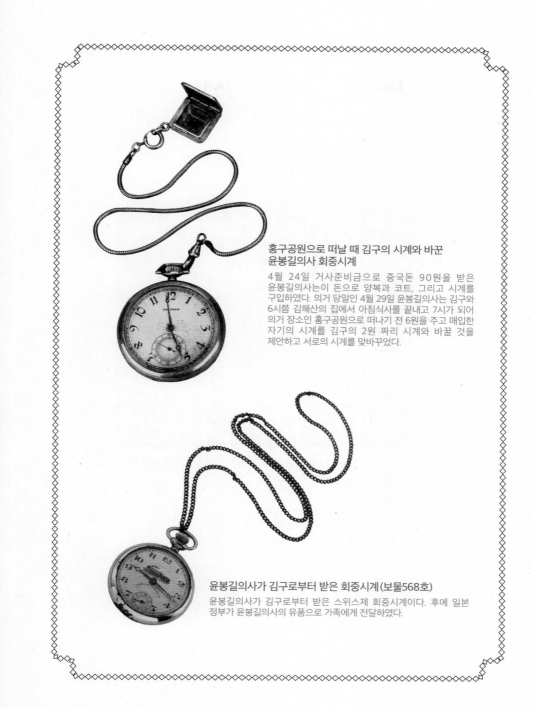

**홍구공원으로 떠날 때 김구의 시계와 바꾼
윤봉길의사 회중시계**

4월 24일 거사준비금으로 중국돈 90원을 받은
윤봉길의사는 이 돈으로 양복과 코트, 그리고 시계를
구입하였다. 의거 당일인 4월 29일 윤봉길의사는 김구와
6시쯤 김해산의 집에서 아침식사를 끝내고 7시가 되어
의거 장소인 홍구공원으로 떠나기 전 6원을 주고 매입한
자기의 시계를 김구의 2원 짜리 시계와 바꿀 것을
제안하고 서로의 시계를 맞바꾸었다.

윤봉길의사가 김구로부터 받은 회중시계(보물568호)

윤봉길의사가 김구로부터 받은 스위스제 회중시계이다. 후에 일본
정부가 윤봉길의사의 유품으로 가족에게 전달하였다.

윤봉길의사가 두 아들 모순과 담에게 남긴 유시 「강보에 싸인 두 병정에게」

"너희도 만일 피가 흐르고 뼈가 있다면
반드시 조선을 위하여 용감한 투사가 되어라.
태극의 깃발을 높이 드날리고
나의 빈 무덤 앞에 찾아와 한 잔 술을 부어 놓으라.
그리고 너희들은 아비 없음을 슬퍼하지 말아라.
사랑하는 어머니가 있으니…"

천장절 축하연 식사를 낭독하는 무라이 총영사와 연단에 도열한 일본 수뇌부들.

의거 직후 부축을 받으며 연단에서 내려오는 무라이 총영사 등 일본 수뇌부들
(『오사카아사히신문 (大阪朝日新聞)』1932. 5. 1일자 호외 보도 사진)

연행되는 윤봉길의사

체포된 뒤에도 윤봉길의사는 전혀 긴장하지 않고 태연한 모습이었다고 한다.

상해의거의 현장에서 발견된 도시락폭탄 전단 1932. 5. 5.
"이 안에 전율할만한 폭탄이 장치되어 있었던 것이다" 라고 쓰여있다.

상해의거에 사용된 도시락 폭탄과 수통 폭탄 모형

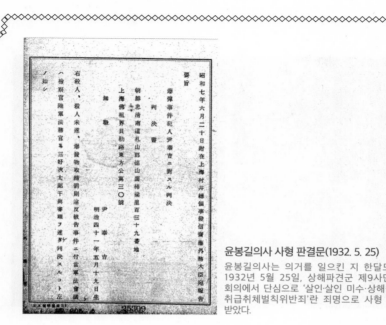

昭和七年六月二十日附在上海村井總領事殿宛齋藤外務大臣報告

要旨

爆彈事件犯人尹奉吉ニ對スル判決

判決書

朝鮮忠清南道礼山郡德山面柿梁里百三十九番地

上海佛租界貝勒路東方公寓三〇號

尹奉吉　明治四十一年五月十九日生

右殺人、殺人未遂、爆發物取締罰則違反被告事件ニ付當軍法會議ハ檢察官陸軍法務官三好次太郎干與審理ヲ遂ゲ判決スルコト左ノ如シ

無敬

윤봉길의사 사형 판결문(1932. 5. 25)

윤봉길의사는 의거를 일으킨 지 한달도 안된 1932년 5월 25일, 상해파견군 제9사단 군법회의에서 단심으로 '살인·살인 미수·상해·폭발물 취급취체벌칙위반죄'란 죄명으로 사형 언도를 받았다.

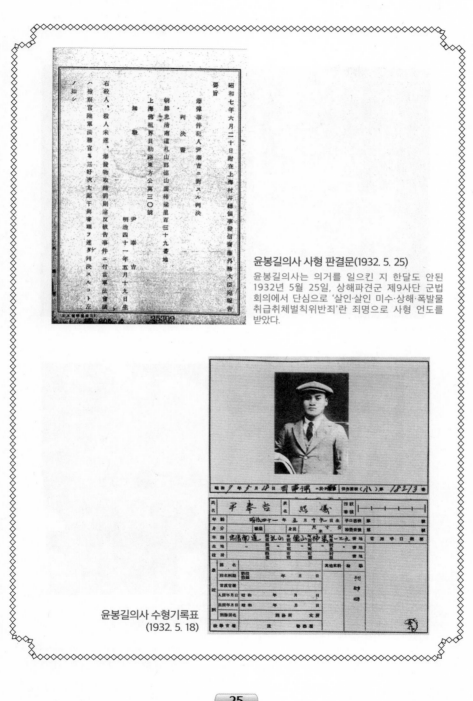

윤봉길의사 수형기록표
(1932. 5. 18)

윤봉길의사 사형장면

가나자와 윤봉길의사 암장지에 세워 진 사적비(1992. 12. 19)

이 사적비는 일본의 시민단체인 <윤봉길의 암장지 사적을 생각하는 모임>에서 모금을 하여 세운 것으로, 윤의사가 순국한 지 60년이 되는 날에 제막되었다.

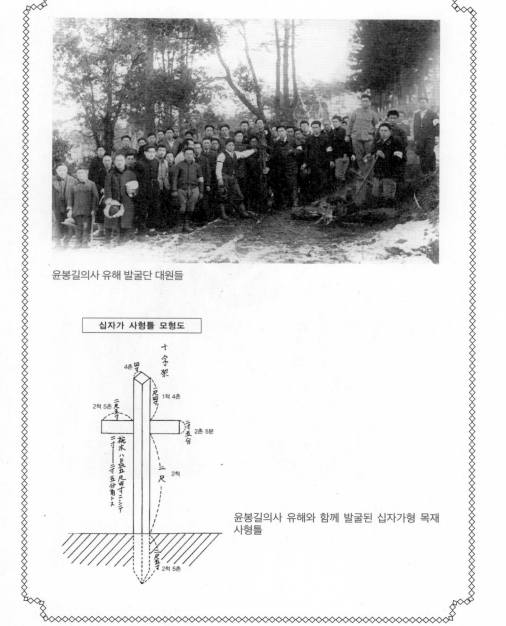

윤봉길의사 유해 발굴단 대원들

십자가 사형틀 모형도

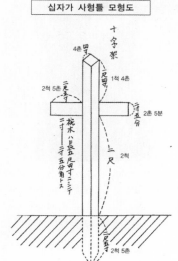

十字架

윤봉길의사 유해와 함께 발굴된 십자가형 목재 사형틀

『윤봉길전』의 책 표지 제목을 써 준 마군무(馬君武, 1881-1940)
중국 광서성 출신. 일본 독일 유학. 강유위, 양계초, 손문 등에게 직접 배우고 영향 받음.
광서 대학 총장(3차 역임), 광서성장 등 역임. 교육부 장관직 사양.
윤봉길 전기의 제자를 쓸 때는 광서대학 총장. 근대 중국 교육, 과학, 문필, 사상 분야의 주요
인물.

서울 효창공원 삼의사 묘역
이봉창·윤봉길·백정기의사를 모신 묘역이다. 삼의사 묘 왼편에는 안중근의사 가묘가 있다.

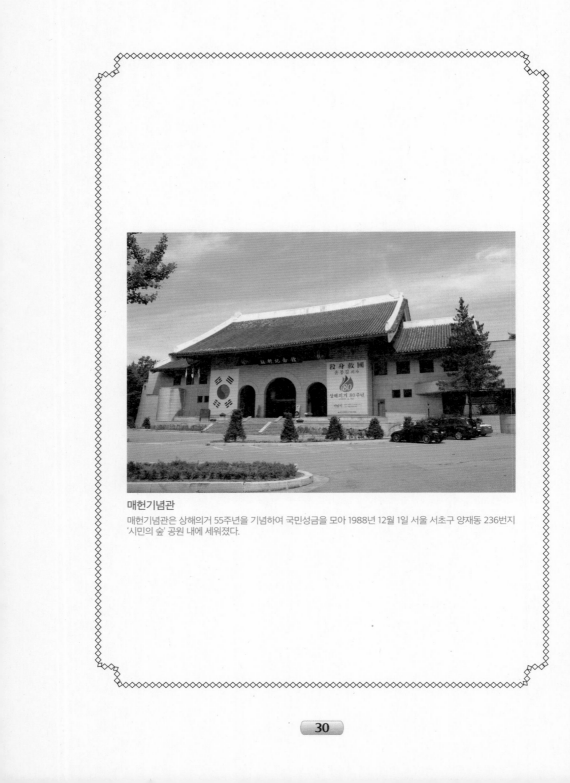

매헌기념관

매헌기념관은 상해의거 55주년을 기념하여 국민성금을 모아 1988년 12월 1일 서울 서초구 양재동 236번지 '시민의 숲' 공원 내에 세워졌다.

매헌(梅軒)

상해 홍구공원에 있는 윤봉길의사 기념관

　한·중 양국은 역사상 서로 적대 관계였던 때도 있지만, 북방 민족과 바다 건너 왜가 침략해 올 때는 서로 돕는 순망치한(脣亡齒寒)의 관계이기도 했습니다. 그중 특히 20세기 초 일본 제국주의의 무단침략 아래서는 대륙과 한반도가 함께 유린당하는 동병상련의 처지에 있었습니다.

　1932년 4월 29일 상해 홍구공원(현재 노신공원)에서 윤봉길의사는 상해사변 당시 중국인들에게 흉포한 만행을 저지른 일본 제국의 요인들을 폭살하여, 2천만 한국인의 정신을 널리 알렸습니다. 중국과 서구 각국 사람들은 한국인의 애국 혼이 생생히 살아있으며, 한국의 독립 문제가 아직도 해결되지 못했음을 새삼 깨달았고,. 중화민국의 장개석 주석은 '4억 중국인도 해내지 못한 일을 한국의 한 청년이 해냈다'고 찬양하고, 이후 한국의 독립운동을 적극 지원하였습니다.

　윤봉길의사는 대한제국 말기인 1908년 충남 예산에서 태어났습니다. 일제하에 청년 시절을 보낸 그는 농촌 계몽운동에 힘쓰다가 1930년 뜻한 바 있어 만주로 망명했습니다. 이때 '장부출가생불환'(丈夫出家生不還), 즉 '장부가 뜻을 품고 집을 나서면 살아 돌아오지 않는다'는 말을 남겼습니다. 이후 갖은 고초를 겪으며 만주에서 청도를 거쳐 상해로 간 윤의사는 대한민국임시정부의 주석 김구 선생을 찾아가 한인애국단의 일원으로 가입하였습니다. 얼마 후 일본 천황의 생일인 천장절 및 상해 전승 기념식장에서 펼친 윤의사의 의거는 존폐 위기에 있던 대한민국임시정부가 다시 살아나 1945년 해방 때까지 항일 독립운동을 꾸준히 이어가게 한 주요 전기였습니다.

윤봉길의사는 안중근, 이봉창 두 분과 함께 한국근대사에서 가장 주목받는 3분의 의사입니다. 이중 이봉창, 윤봉길의사의 의거는 일제하 한국 독립운동의 중요한 이면사입니다. 두 의사가 한국 독립운동의 역사에 얼마나 지대한 공헌을 했는가는 이루 말할 수 없습니다.

대한민국임시정부의 김구 주석은 이렇게 평가하였습니다. (1) 이봉창 의거는 한민족이 일본에 대해 지금까지 꾸준히 저항하고 있다는 증거를 세계에 밝힌 것이다. (2) 윤의사의 의거는 중국의 최정예 부대인 19로 군이 수개월 악전고투 끝에도 머리카락 하나 건드리지 못한 왜군 관민의 수뇌부를 한국의 한 청년이 일거에 도륙하여 왜에 대한 원한이 골수에 사무쳤던 당시 4억 중국 민중의 환호와 감탄을 자아냈다. 자신들의 원수를 무명의 한국 청년이 갚아 준 격이다. (3) 중국 관민은 한민족의 열렬한 조국 혼과 독립운동이 엄연히 상존해 있음을 다시 인식하게 되었고, 세계 또한 한국 독립의 난문제가 아직도 해결되지 못했음을 새삼 깨닫게 하였다.(김구『도왜실기(屠倭實記)』의 서문>, 1932)

대한민국임시정부의 초대 대통령 이승만 박사는 윤봉길의사의 업적을 이렇게 평가하였습니다. (1) 윤의사의 의거로 중국 관민이 한국인을 대하는 태도가 우호와 신뢰로 일변하여 한중 양국이 자고로 순치의 관계에 있음을 재확인하게 되었다. (2) 중국의 국민 정부는 물론 장개석 주석 부처가 김구 선생을 절대로 신뢰, 음양으로 대한 임시정부를 성원해준 것도 이 때문이다. (3) 한국 해방의 단서가 된 카이로 회담에서 장개석 주석이 솔선하여 한국의 자주독립을 주창, 연합국의 동의를 얻게 되었다. 이 모두 윤의사의 장쾌한 의거(壯擧)에 먼 원인(遠因)이 있음을 잊어서는 안 될 것이다. (이승만,『도왜실기(屠倭實記)』의 서문, 1946)

이번에 발간하는『나의 친구 윤봉길』은 상해 프랑스 조계지에서 발간된 김광 저,

『윤봉길전』 (한광사, 1933)을 우리말로 번역한 것입니다.

이 책을 발간한 김광이란 분의 본 이름은 고영희(高永喜)로, 한국광복군 총사령부의 정훈처에서 활동한 인물로 추정되고 있습니다.

김광 선생은 윤봉길의사를 매우 잘 아는 벗으로서, 윤의사가 상해에서 의거를 행하기 전에 1년 여 동안 침식을 같이 하였던 분입니다. 그는 윤봉길의사와 함께 거주하는 동안, 사소한 일부터 가슴속 깊은 생각까지 터놓고 이야기하였을 정도였습니다. 김광 선생은 윤의사의 거사 이후 윤의사의 일기 및 잡록 몇 권을 토대로 1년여 동안에 이 전기를 완성하였습니다.

이 전기와 번역문은 2012년 발간한 『매헌윤봉길전집』[(사)윤봉길의사기념사업회, 2012. 6. 21] 총 8권 중 논찬과 전기를 엮어 담은 제6권에 처음으로 함께 실렸습니다. 그러나 각 권당 8백여 쪽에 달하는 전집에 실린 관계로 학생들이나 일반인들이 잘 알지 못하였고, 알고 있어도 전기를 구해 읽기 어려운 점을 감안하여 이를 보완해 이번에 펴내게 되었습니다.

한국독립운동사 연구 분야의 개척자이자 원로 학자이신 윤병석 선생님의 시급한 청으로 필자가 양수지 박사(홍익대 교수)와 함께 이 전기를 공동 번역에 착수한 것은 2011년 봄입니다. 그 때 이미 다른 분이 문장 그대로 번역한 윤봉길전의 직역본을 제공받았습니다. 그러나 앞뒤 문장이 연결되지 않는 곳이 많고, 용어가 어색하여 무슨 뜻인지 알 수 없는 곳이 많았습니다. 그래서 원본을 살펴보니 특이한 점이 많았습니다.

첫째, 본문 중에 중국식 문장과 한국식 한문 표현이 뒤섞여 있어 중국인이든 한국인이든 홀로는 정확하게 이해하기 어려운 부분이 적지 않습니다.

둘째, 당초 쓴 전기의 원고가 출판을 위한 교열 과정에서 문장이나 글자 일부가 생략되거나 떨어져 나가고 없는 부분이 곳곳에 눈에 띕니다. 이것이 앞뒤 문장이 연결되지 않는 원인이었습니다. 이 부분은 앞뒤 문맥과 당대의 역사를 살펴 의역할 수밖에 없는 부분이기도 합니다.

셋째, 한국과 중국은 물론 일, 러, 독, 불, 영, 미 등 유럽과 미국, 아시아의 지명, 동서고금을 넘나드는 각국 인물, 1930년대 초반 각국에서 발행되던 신문, 각 나라의 관직과 부서 등이 모두 유사한 발음의 중국어로만 표기되어 있습니다. 심지어 앞에 나온 중국어 발음에 따른 표기가 뒤에서는 같은 발음의 다른 중국어로 표기된 곳도 두루 있습니다.

넷째, 처음 간행 당시 본문 중 강조하기 위해 인용문 표시(「」)를 한 곳이 많은데, 이 부분이 곳곳에서 떨어져 나가고 보니, 어디서부터 어디까지가 인용문인지 모호한 부분이 곳곳에 걸쳐 있습니다. 이 역시 앞뒤 문맥을 보아 번역자가 판단할 수밖에 없는 어려움이 따릅니다.

이상과 같은 점 외에도 몇 가지 더 난점은 있습니다. 그러나 이런 일부 문장의 착오와 모순은 옥의 티라 할 수 있습니다. 전체의 흐름은 유려하고 내용도 매우 값진 것이었습니다.

당초 윤봉길 전기가 출판될 당시 상황을 돌이켜 보면, 이렇게 책이 나온 것만 해도 천만 다행입니다. 역자는 역사학자의 한 사람으로서 전기의 저자에게 머리 숙여 감사드립니다.

전기가 1933년 처음 세상에 나올 때는 윤봉길의사의 의거 다음해입니다. 상해를 일본이 침략하여 수십 만 중국인을 살해한 직후의 살벌한 분위기에서 한국인들은 신변 안전은 물론, 시간, 자금, 인력 모든 면에서 어려움이 따랐습니다. 그런 열악한 여건에서 저자는 훌륭한 중국어로 윤봉길전을 완성한 것입니다. 한국인으로서 중국 문학과 문자에 대한 조예가 매우 깊었고, 윤봉길의사의 희생과 애국심에 대한 깊은 존경심과 정성이 있었기 때문에 가능한 일이었습니다.

그동안 윤봉길의사에 대한 전기는 조소앙, 김구 등 여러 훌륭한 인사들에 의해 저술되어 대중에게 윤봉길의사의 의거를 조명하는데 큰 도움이 되었습니다. 그러나 이번에 내는 윤봉길 전기는 다음과 같은 몇 가지 장점과 특징을 지니고 있습니다.

첫째, 이 전기는 윤봉길의사와 1년 동안 함께 생활했던 친구가 상해의거 바로 다음해 펴 낸 것입니다. 윤의사의 사상이나 내면의 감정까지 매우 충실하고 생생하게 전해주고 있습니다. 게다가 현재까지 나온 전기 중 가장 분량도 많고, 윤봉길의사가 한 때 미국 유학을 계획했다는 사실 등 다른 전기에서 찾아 볼 수 없는 새로운 내용이 이 전기 곳곳에 실려 있습니다.

둘째, 이 전기는 윤봉길의거 무렵의 유럽과 미국, 중국, 일본의 상황을 거시적 안목에서 예리하게 조망하고 있어 당시의 국제관계 이해에 큰 도움을 주고 있습니다. 저자 김광 선생이 국제관계에 대한 전문가임을 잘 보여주고 있습니다.

셋째, 김구 선생이 쓴 『도왜실기』, 『백범일지』 등에서 홍구공원 의거에 대해 많은 비중을 두었다면, 이 전기는 윤봉길의사의 내면의식과 인물, 그리고 윤의사에게 깊은 영향을 미친 스승(이광운)의 가르침을 특별히 많은 비중을 두어 쓰고 있습니다.

이 전기를 통해 훌륭한 스승 한 분이 학생에게 얼마나 큰 영향을 끼치는 지, 그리고 열렬한 청년학도이자 농촌계몽운동가, 교사, 시인, 애국지사 였던 윤봉길의사의 모습이 어떠한 지 두루 잘 엿볼 수 있습니다.

두 번역자는 위의 특징들을 감안하여 최대한 원저자의 의도를 살려 충실히 옮기고자 하였습니다. 그러나 전집 간행 막바지 단계의 촉박한 일정으로 아쉬움이 많았습니다. 추후 보완해서 이 전기를 번역, 간행하고 싶었으나 여러 일에 분망하다 보니 어느 듯 수년의 세월만 흘러갔습니다.

번역자 자신에게 부끄러움은 물론, 이 일을 요청하신 윤병석 선생님께는 물론, 한국독립운동사와 대한민국임시정부의 역사에 큰 자취를 남긴 윤봉길의사께도 송구

스럽기 짝이 없었습니다.

이제 윤봉길의사 상해 홍구공원 의거 85주년을 맞이하여 동아역사연구소(소장: 이민원)와 선인역사문화연구소(소장: 이동언)가 공동으로 수년간 묵혀 두었던 윤봉길의사의 전기 번역본에 내용과 각주 등을 두루 보완해 출간하게 되니 마음 한 구석에 남아 있던 부담을 덜게 됩니다. 전기와 관련된 사진 등을 꼼꼼히 챙겨주신 이동언 소장님과 출판을 위해 애써주신 선인출판사 윤관백 사장님, 그리고 박애리 실장 등 직원 여러분께 심심한 감사의 말씀을 드립니다. 그러나 이 전기의 번역에 잘못이 있다면 모두 공동번역자의 책임입니다. 선학제현의 아낌없는 조언을 기대합니다.

모쪼록 이 전기가 학생과 일반으로 하여금 시련이 많았던 어제와 오늘 대한민국의 역사, 그리고 그 사이에 헌신하신 순국선열과 전몰장병 및 앞세대 분들에게 다시 한 번 깊이 감사하고, 미래의 통일된 대한민국을 적극 개척해 나가는데 조금이라도 도움이 된다면 큰 영광으로 여기겠습니다.

2017년 4월 13일
서울의 하늘 수락산 아래에서
이민원

CONTENTS

나의 친구
윤봉길

서문

김기원(金起元)[1]

    서기 1932년 4월 29일 윤의사는 상해 홍구공원에서 시라카와(白川) 대장, 시게미쓰(重光) 공사, 우에다(植田), 노무라(野村), 무라이(村井), 가와바타(河端) 등 거침없는 만행을 자행한 일본 제국주의자들을 격살하여 간담을 서늘케 함으로써 한민족의 강인한 정신을 발휘하였다. 당시 나는 상해에서 그의 용감한 담력과 위대한 분투 정신을 일찍이 직접 보고 들었다. 그래서 가까운 시일 내에 이를 표창(表彰)하고자 하였으나 아쉽게도 뜻은 있지만 이루지 못한 지가 벌써 1년이 넘었다. 그런데 그의 친구 김 군[2]이 윤의사의 전기 원고를 써서 내게 서문을 부탁해 왔다. 이 책을 읽고 나니 나는 윤의사의 독서와 수양 모두 바탕이 튼튼하며, 김 군이 서술 편집한 내용도 합당하게

---

1) 대한민국임시정부 요인으로 임시의정원 의원과 의장을 역임한 김붕준(金朋濬).
2) 이 전기의 저자 김광(金光)을 말함. 김광은 성도사범학교(成都師範學校) 출신, 고영희(高永喜)란 이름으로 알려짐. 그는 흥사단의 단원이었으며, 한국독립당에서 활동했고, 한국광복군 총사령부 정훈처의 선전과장을 맡아 잡지 『광복』지의 발행을 주도하였다(한시준, 「해제: 金光著 『尹奉吉傳』」, 『겨레사랑』 가을호, 1998, 34~36쪽).

여겨져 더욱 신뢰가 간다. 내가 지금 안중근이 이토(伊藤)에 대해, 이봉창이 일본 천황에 대해, 그리고 윤의사가 이번에 행한 거사를 돌이켜 보건대, 모두 다 한국의 국권을 회복하고, 중국의 멸망을 구하고, 동양의 평화를 위한 건곤일척의 계책으로서 이 의거가 이미 세상을 놀라게 하였으니, 다시 언급할 필요가 없을 것이다. 이 책은 마땅히 저녁에 울리는 북소리와 아침에 울리는 종소리처럼 세상 사람들을 깨우쳐 주기에 충분할 것이다.

한국 기원 4266(1933)년 6월 일

저자의 서문

김 광

한스럽게도 극악무도한 일본 제국주의가 우리 한국 3천리 강산을 집어삼키고 2천만 민족의 자유를 빼앗고 한걸음 나아가 한국 내의 모든 이익을 약탈하고 착취하였다. 그러나 일본 제국주의는 아직도 부족하다고 여겨 한걸음 더 나아가 중국에 발을 뻗어, 만주와 몽골(滿蒙)을 삼키기 시작하였으니, 이는 세상 사람들이 다 눈으로 보아서 아는 바다.

만몽에 대한 일본 제국주의의 속셈은 결코 최근의 필요에 의해 강점한 것이 아니라, 이미 30여 년의 오랜 역사가 있다!

한국을 병탄할 때 가장 많은 공을 세운 이토 히로부미(伊藤博文)는 재직 당시 직접 만주와 몽골로 시찰을 나와 일찍이 만몽을 병탄하려는 계획을 생각하고 있었다. 그러나 이토 히로부미가 하얼빈 역에 도착하여 시찰하려 할 때, 안중근 의사의 저격을 받음으로써 만주와 몽골에 대한 이토 히로부미의 침략 정책은 비로소 일단락을 지었다.

그러나 일본 제국주의는 결코 이 일로 인해 포기하지 않고, 한 걸음 더 나아가 다양한 음모를 꾀해 만주와 몽골에 대해 부심하였다. 이에 다시 무력을 배경으로 중국을 심히 압박하여 중국에 시위 도발을 자행하였으니, 민국 4년(1915)[3]의 21조 및 민국 17년(1928)의 제남참사(濟南慘事)[4], 장작림폭사사건(張作霖爆死事件)[5] 등이 모두 좋은 예이다.

중국에 대한 이 같은 끊임없는 압박과 침략은 지난 9월 18일 시작되어 마침내 심양을 강점하면서 광포하고 야만적인 일본 제국주의의 흉악한 얼굴을 드러냈다. 무고한 동삼성의 양민을 마음대로 흉포하게 참살하고 강간하고 약탈하였다. 심지어 수많은 재산을 파괴하고 불태워 버렸다. 그러나 소위 10만의 병사를 거느리며 모든 주권을 행사하는 동북변방총사령관은 치욕스럽게도 저항도 못하고 기름진 넓은 한 덩어리의 땅을 두 손으로 적에게 가져다 바쳤다. 그래서 동삼성은 이로부터 일본 제국주의의 지배하에 식민지가 되었고, 3천만 동삼성 사람들도 돌아갈 집이 없고, 몸을 의지할 나라가 없는 망국의 민족이 되어 버렸다. 무릇 피 끓는 중국의 4억 인민 누군들 일본 제국주의의 이 같은 강도 행위에 대해 절치부심하는 마음이 가슴에 가득차지 않는 이가 있겠는가? 가증스런 일본 제국주의의 흉악한 모습이 이로부터 세상에 드러나게 되었다!

한스럽게도 일본 제국주의의 야심은 죽지 않았으니, 비록 동삼성의 비옥한 땅을 강탈했음에도 이것으로 만족하지 않고, 한걸음 더 나아가 다음해 1월 28일 상해에 무단 침입하여 마치 중국을 무인지경으로 보듯 마음대로 횡포를 부리고 도처에서 수많은 양민을 학살하고 재산을 약탈하였다. 이 위기일발의 시기에 다행히도 용감하고 존경스러운 19로 애국병사들이 민족의 정의와 국가의 위기를 구하고자 일어

---

3) 여기서 민국(民國)은 신해혁명을 계기로 1912년 건국된 중화민국을 말함.
4) 1928년 5월 산동성의 제남(濟南)을 둘러싸고 장개석의 북벌군과 일본군이 전투를 벌일 때, 수많은 중국인들이 일본군에게 피살된 사건. 제남사건으로 불림.
5) 1928년 6월 4일 만주의 실질적 권력자 장작림(張作霖)이 열차폭파 사건으로 사망한 사건. 일본관동군 참모 고모토 다이사쿠(河本大作)의 계획을 관동군이 실행한 것으로 전한다.

나 한 달 남짓 저항하였다. 나라와 민족의 명예를 적지 않게 회복하면서 횡포 무도한 일본 제국주의자들에게 적지 않은 타격과 교훈을 주었으나, 슬프게도 이후 후방의 지원이 부족한데다가 고통스러운 이중 공격으로 어쩔 수 없이 물러났다. 이번 상해의 전투에서 일본 제국주의자에 의해 피살된 양민과 병사들을 이루 다 손으로 헤아릴 수 없고, 또한 물질상의 손실도 더더욱 손으로 헤아릴 수 없음을 알아야 할 텐데, 하물며 굴욕적인 조약까지 맺다니 말이 되는가? 아! 4억의 중국 인민들이 다 같이 원통해 할 일일 뿐 아니라 일본 제국주의의 압제 하에 있는 피압박 민족들까지도 함께 분노할 일이다.

중·한 양국은 "세계의 약소민족을 연합하여 함께 분투하자"는 손중산 선생의 유언에 입각해 있고, 더욱 예로부터 지리와 역사상 서로 이탈할 수 없는 순망치한(脣亡齒寒)의 관계에 있으며, 지금 또한 일본 제국주의의 무단통치(鐵蹄)[6] 아래 똑같이 유린당하는 동병상련(同病相憐)의 처지에 있으니, 이런 밀접한 관계 아래 있는 한국이 어찌 홀로 마음이 아프고 분개하지 않을 수 있겠는가? 중국이 지금 처한 국난은 4억 인구의 생존 문제가 걸려 있을 뿐만 아니라 한국 2천만 민족의 생존이 걸린 독립운동에도 심각한 위협이 되고 있다. 그래서 중·한 양국은 "죽어도 같이 죽고, 살아도 같이 산다"(彼亡卽此亡, 此存卽彼存)는 같은 입장에 있다. 그러니 어찌 한국이 일본 제국주의가 중국에 대하여 가한 비인도적 행동을 보고 참을 수 있겠는가?

이런 심각한 의미 아래 1932년 4월 29일 윤봉길의사는 상해 홍구공원(虹口公園)에서 의거를 감행하여 상해사변 당시 흉포한 만행을 자행한 일본 제국주의의 군 수뇌들을 폭살하였다. 이 의거는 우리 한국 2천만 민족의 정신을 널리 현양했을 뿐만 아니라 한·중 양국에게 절실했던 항일행동의 표현이었다. 윤의사의 이런 위대한 정신은 실로 세상 사람들이 흠모해 마지 않는 바다!

---

6) 철제(鐵蹄), 즉 쇠발굽이란 뜻이니, 일본 제국주의의 무단통치(武斷統治)를 의미함.

윤의사는 우리 중·한 양국 공동의 항일을 위해 선봉적 역할을 한 용사(勇士)이며, 그는 또한 우리 양국의 혁명지사를 대신하여 일본 제국주의의 잔혹한 무단통치 아래서 한 줄기의 밝은 길을 개척한 선구자이다. 우리는 한편으로는 윤의사의 이와 같은 열렬한 희생정신을 저버리지 않고, 또 한편으로는 우리는 위대한 사적을 반드시 천추만세까지도 찬양해야 할 것이다. 그리고 우리는 또한 윤의사처럼 항일을 유일한 목표로 삼아야 할 것이다.

저자는 과거에 윤봉길의사를 매우 잘 아는 벗이었다. 윤의사는 상해에서 의거를 행하기 전에 1년 여 동안 나와 침식을 같이 하였다. 이렇게 함께 거주하는 기간 동안, 서로 간에 사소한 일로부터 가슴속의 깊은 뜻까지도 흉금을 터놓고 이야기하였다. 그러므로 저자는 윤 열사의 상세한 정황을 모두 잘 알고 있다. 윤의사의 거사 이후 윤의사의 일기 및 잡록 몇 권을 얻어 1년이 넘는 기간 소비해서야 비로소 이 책을 완성하게 되었다. 그 내용은 비록 일반 소설처럼 재미있지는 않지만, 정성을 다하여 상세한 내용들을 담고 있다.

본 저자는 중국 문학과 문자의 구조에 대해 능통하지 않으므로 이 원고는 비록 1년여의 시간과 심혈을 기울였지만, 내용 중 문자와 문장 구조에 틀림없이 많은 착오와 모순점이 있음을 피할 수 없을 것이다. 이 점 독자들의 많은 이해와 가르침을 바란다!

1932년 4월 저자 씀[7]

---

[7] 저자 서문이 쓰인 때는 1932년이 아니라 김기원(김붕준)이 앞에 쓴 서문처럼 1933년일 것 같다. 판권지에 이 책의 출판시기를 대한민국 15년(1933)과 중화민국 23년(1934)으로 다르게 병기해 놓아 정확하게 판단하기 힘들다. 대체로 윤봉길 의거 이후 저술에 들어가서 1년 넘게 걸려 탈고하고 출판에 넘긴 것으로 보아 1933년으로 보는 것이 좋겠다.

일본의 한국침략사 개요

한국과 일본 사이에 관계가 발생한 것은 멀게는 지금으로부터 2천년 이전부터 시작하였다. 그러나 최근에 한일관계가 시작한 것을 논한다면, 토쿠가와 막부(德川幕府) 시대로부터 서로간에 국사를 파견하여 왕래한 일이 있고, 그 후 다시 한 번 왕래가 단절되었다가, 최근 한국의 고종 13(1876)년 2월 26일, 한·일 양국 정부가 중요한 협상을 진행하여 수호조약을 체결한 후 다시 국교 왕래할 일들이 거듭 발생하기 시작하였다.

당시 한국 조정은 안으로는 붕당의 다툼이 있어 어린 군주가 재위함으로써 외척의 발호가 일어나 내부 싸움이 지속되었고, 밖으로는 서구와 변방 오랑캐의 침략으로 인해 내우외환 속에 있는 한국조정의 형세는 날로 쇠망의 지경에 빠지고 있었다!

왜적 일본은 날로 한국조정의 국세가 쇠퇴하는 것을 보고 마침내 침략의 야심을 갖게 되었다. 그래서 서세동점 분위기 아래 기세를 타서 그 세력을 극력 신장하고, 그 후 다시 조선 조정 내의 유신친일파와 합작하여 세력을 더욱 확대함으로써 이윽고 한국 조정의 패권을 장악하려는 형세였다. 당시 이전부터 한국 조정에서 떠받들던 대청국(중국)이 왜의 위해가 이미 이 지경에 이른 것을 보고 원세개로 하여금 2

천명의 병졸을 인솔하여 서울에 주둔하게 하여 일본 왜적의 한국 내 중국 세력에 대한 침략을 감시하도록 하였다. 이로부터 한국에서는 청일 양국의 세력 사이에 날로 충돌이 나타나더니, 과연 그 후 유명한 갑오년의 전쟁이 일어나게 되었다. 그 결과 일본이 승리함에 따라 중국과 강화하여 청나라 세력을 한국에서 몰아내고 드디어 일본 왜적은 한국에서 세력을 독점하게 되었고, 아울러 이전의 친일파를 이용하여 마침내 조정에서 내각을 조직하였다. 이로 인해 왜 일본은 일찍이 한국에서 그 세력의 뿌리를 무성하게 내렸다! 한국은 명목상 독립국이지만, 실제상 이로부터 이미 일본의 보호국이 되어 버린 셈이었다!

청일전쟁이 일본의 승리로 돌아감으로써 교활한 일본 왜적은 마침내 승리의 여세를 몰아 청국에 요동반도를 강제로 요구하니, 독일·프랑스·러시아의 간섭을 받아 그 뜻을 이루지 못하고 마침내 청나라에 돌려주었다!

러시아는 요동반도를 돌려준 공을 구실로 청국과 로청밀약[8]을 체결하였다: (1) 동청(東淸), 중동(中東) 양 철도의 건설권을 러시아에게 준다. (2) 여순(旅順)과 대련(大連)을 러시아의 조차지로 하되, 25년을 기한으로 한다.

러시아는 이미 동아시아 지역에서 자기 세력을 키워나갈 근거지를 확보하고, 그 후 또 한쪽으로는 한국에 대한 야심을 품고, 주한 공사 웨베르[9]를 파견하여 한국인들로 하여금 친러정책을 취하게 하여 한국에서 자국의 세력을 늘리고자 하였다!

왜적 일본은 요동반도건 때문에 일찍이 러시아에 대해 원한을 품게 되었고, 이제 또한 러시아가 한국에서 여러 차례 일본 세력을 침해하는 것을 보게되자, 더 이상

---

8) 원문에는 중아밀약(中俄密約). 1896년 러시아의 마지막 황제 니콜라이 2세의 대관식을 계기로 모스코바에서 청국의 사절 이홍장(李鴻章)과 러시아 외부대신 로바노프(Lobanov) 사이에 체결된 러청밀약(露淸密約, Li-Lobanov Treaty, Sino-Russian Secret Treaty)을 말한다. 그해 6월 3일, 러시아 측은 청국, 일본, 조선의 사절을 맞아 서로 모순된 내용의 밀약을 체결하였다. 이중 러청밀약은 일본의 침략에 대비한 러시아와 청의 상호 방위동맹 성격을 띤 것이었으나, 청국이 러시아에 만주를 횡단하는 철도 부설권을 허용하고, 러시아 함대에 만주의 항만을 개방하는 등 러시아가 만주에서의 이익을 크게 인정받는 것이 주요 내용이었다.
9) 원문에는 貝勒. 주한러시아공사 K. I. Waeber를 말함.

인내하지 못하고 마침내 러시아에게 도전하기 시작하였다!

이로부터 왜적 일본은 미우라 고로(三浦梧樓)를 파견하여 친일파와 함께 음모하여 단기 4228년 10월 8일 돌연 궁궐을 침입하여 친러세력이라는 혐의를 가지고 있는 명성황후와 궁중의 배일친러적(排日親露的)인 대신 및 환관 등 많은 사람을 암살하였다. 그 때문에 양국 세력의 대립은 더욱 험악하게 되어 드디어 1904년 소위 갑신년의 러일전쟁을 일으켰다!

러일전쟁이 시작되면서 일본 해군은 누차 여순에서 승리의 첩보를 받았다. 왜는 그 기세를 타서 하야시(林) 전권공사[10]를 보내 육군 2사단 병력을 데리고 경성에 들어가 주둔하게 하였다. 동시에 한국 정부를 압박하여 한국에 불리한 조약을 강요하였으니, 한국 조정은 왜적 일본의 협박 아래 마침내 조약을 체결하게 되었다. 그 내용은 아래와 같다.

(1) 한일 양국은 항구 불변한 친교를 유지하기 위해, 한국정부는 일본 정부를 신뢰하고, 시정 개량에 대해서 일본의 충고를 받는다.

(2) 일본은 한국 황제의 안정, 강녕과 한국의 독립국 및 영토의 보전을 보증한다.

(3) 제3국의 침략으로 내란이 발생하여 한국 황실의 안녕과 영토를 위협할 때 일본 정부는 임시 조치를 취할 수 있고, 한국정부는 이에 대하여 충분한 편의를 제공하며, 일본정부 또한 군사전략상 필요한 지점을 수용(收用)할 수 있다.

(4) 양국 정부는 제3국과 본 협약의 주지(主旨)에 위반되는 협약을 체결하지 못한다.

(5) 본 협약에 언급하지 못한 자세한 세목은 대일본 대표와 대한국 외부대신이 서로 협의하여 임시 협정을 체결할 것.

이 조약의 성립으로 말미암아 한국의 주권은 완전히 상실되고, 국가의 운명은 마침내 일본인들의 손에 달려있게 되었다.

---

10) 원문에는 林權. 林權助 주한공사의 착오임.

탁지부 대신 이용익은 이 조약을 반대하다가 자리에서 쫓겨났고, 중추원 부의관 이유인 등 많은 사람들이 이에 반대하여 황제에게 상소를 올렸다. 그 외 많은 애국적 신사(紳士)들이 연명으로 신문에 실어 이 조약의 성립을 반대하였다. 아울러 이 조약에 서명한 '외부대신 서리(署理)' 이지용(李址鎔)[11]과 참서관 구완희(具完喜)[12] 등의 집에 폭탄을 던지는 일이 있었으니, 이렇게 여러 백성들이 이 조약에 대하여 극력 반대하였던 것이다!

그 후 러일전쟁에서 러시아가 더욱 실패하자 일본은 이 조약을 체결한 지 불과 반 년도 안 되어 이에 만족하지 않고 마침내 그 만행의 여세를 타서 다시 한국 조정에 가혹한 조약을 제기하였다. 아울러 한국 정부 당국의 관리들을 강박하여 일본정부에서 파견한 관리들을 받아들이지 않으면 안 되게 하였다. 외국인 고문 및 참사 등의 초빙 등도 역시 이와 같이 하였다. 아울러 한국조정과 제3국 사이에 조약을 체결하거나 외교 공문을 작성하는 일이 있을 때는, 일본 정부와 협의하거나 혹은 수정하는 일이 없을 경우는 성립할 수 없음을 강제로 승인하게 만들었다. 그래서 한국 조정의 모든 정치권력은 거의 다 왜적 일본이 농단하게 됨과 동시에 일본은 한국의 종주국이 된 것처럼 자처하였다.

그 후 일본은 러시아를 패배시켜 양국 전권위원회는 일찍이 단군기원 4238년 (1905) 9월 미국 포츠머스에서 화약[13]을 체결하였는데, 러시아는 일본이 한국에서 정치, 경제, 군사상의 특권을 향유하는 것을 승인하였다. 그래서 이토 히로부미가 대사로 파견되어 같은 해에 11월 10일 서울 경성에 들어와서 그 다음날 황제를 알현하여 일본 천황의 친서를 올렸다. 이후 인천으로 물러가 체류하다가, 15일에 수옥헌[14](漱玉軒)에 와서 황제를 알현하고 보호조약 안을 제출하였다. 한국 황제는 준

---

11) 당시 외부대신은 박제순, 이지용은 내부대신.
12) 원문의 具完嘉는 외부참서관 具完喜의 착오.
13) 원문에는 菩攷瑪斯, 포츠머스를 말함.
14) 경운궁 내의 전각으로 현재 서울 정동의 미국대사관저 서편의 중명전(重明殿) 자리에 위치했던 전각.

엄한 말로 이를 거부하면서 말씀하시기를 "짐이 차라리 몸으로 순국할지언정, 결코 승인할 수 없다"고 하니, 이토 히로부미는 병력을 움직여 협박하였지만, 끝내 황제의 윤허를 받지 못하였다. 17일 많은 헌병과 경찰을 동원하여 한국 조정의 여러 대신들을 핍박, 입궐하여 어전회의를 열도록 하였다. 이토와 공사 하야시 곤스케(林權助), 대장 하세가와 요시미치(長谷川好道) 등이 병사들을 이끌고 입궐하여 총칼과 대포를 삼엄하게 에워싸고 황제폐하와 여러 대신들이 협의하도록 하니, 참정 한규설이 극력 반대하여 외치며 몸을 바쳐 순국할 것을 맹세하니, 이토는 병사들을 시켜 그를 잡아 별실에 가두었다. 외부대신 박제순 역시 몇 번씩 반대하였으나, 끝내는 조용해졌다. 이토는 이에 가부를 결정하도록 청하니, 탁지부 대신 민영기, 법부대신 이하영 등은 반대하였고, 학부대신 이완용은 조문의 내용을 고칠 것을 청하였고, 군부대신 이근택, 내부대신 이지용, 농상공부대신 권중현 모두 이완용이 고친 그 조문안에 찬성하였다. 이토는 억지로 말하기를 참정은 비록 부결하였지만, 다른 여러 중신들이 모두 다 개정안에 대해 가(可)를 하였으니 그 안은 이미 결정되었다고 하고 곧 일본공사관 통역원 마에다 교사쿠(前間恭作), 외부보좌원 누마노(沼野)[15] 등에게 명하여 외부대신을 강제하여 조약에 서명을 하게 하였다. 조문의 내용은 다음과 같다.

1. 일본 정부는 금후 한국의 대외 관계 및 사무를 감독하고 지휘하며, 일본의 외교 대표 및 영사는 해외 교포로 나가 있는 한국의 신민과 한국의 이익을 보호한다.

2. 일본정부는 현존하는 한국 정부와 타국 정부 사이에 체결된 조약을 이행하며, 한국 정부는 금후 일본 정부의 중재를 거치지 않고는 국제적 성격의 각종 조약과 약속을 체결할 수 없다는 것을 약속한다.

3. 일본 정부는 서울에 통감을 두어 일본정부의 대표와 함께 외교사무를 전문적으로 관리하며

---

15) 누마노 야스타로(沼野安太郎). 1905년 당시 외부고문관 스티븐스(Stevens, 須知分)의 보좌관(輔佐官).

또한 한국의 각 개항장 및 기타 중요하다고 생각하는 지역에 이사관을 설치하여, 본 조약에서 필요로 하는 모든 사무의 실행을 관리한다.

4. 한일 양국 사이에 현존하는 모든 조약과 약속은 본 조약에 저촉되는 것 외에는 모두 계속적으로 효력을 갖는다.

5. 일본 정부는 황실의 안녕과 존엄을 유지할 것을 보증한다.

이에 황성신문은 곧바로 왜적 일본이 강제로 체결한 조약의 진상을 보도하여 널리 전국에 알리고, 또한 "방성대곡"이란 사설을 게재하여 국민들에게 슬픔을 알리니, 사장 장지연이 경찰에 체포되어 갇히고 그 신문사는 문을 닫게 되었다. 이에 대한매일신보가 홀연 광명을 드러내었으니 즉 양기탁과 영국인 배설이 창간하고 박은식이 편집자의 역할을 담당하여, 조약 체결 전말을 상세히 보도하여 이토를 공격하고 흥분을 격앙시키고, 독자들로 하여금 피를 끓게 하였다. 학생들이 교문을 닫고 통곡하며, 교도들이 하늘을 우러러 슬퍼하고, 상인들이 상점의 문을 닫고 미친 듯 울부짖고, 유생들은 갓을 벗어 던지고 궁궐 앞에 나아가 성토하였으며, 원로대신들이 여러 날 항쟁하였다. 그러자 일본인은 병력으로 위협하거나 잡아다 욕을 보였다. 이에 시종무관장 민영환이 칼로 자진하였고, 원임 의정대신 조병세, 경연관 송병선, 참판 홍만식, 학부주사 이상철, 군인 김봉학은 독약을 마시고 자결함으로써 독립을 위해 순국하였다. 농민 김태근이 수원 정거장에서 이토에게 돌을 던졌으나 맞지 않았고, 기산도·이종대·김석항 등 11명은 박제순·이지용·이근택·이완용·권중현 등 5적을 척살하기로 모의한 일이 누설되어 얼마 후 체포되었으며, 이달석은 옥중에서 피를 토하고 죽었다!

5조약의 성립에 따라 일본정부는 통감부를 서울에 설치하고, 아울러 일본 사절 이토 히로부미를 통감으로 임명하여, 그의 한국 침략의 야심을 계속 달성하도록 하니, 당시 한국의 배일 여론 및 민족의 소리는 더욱 용솟음쳐 올랐다.

당시 배일운동이 가장 치열한 단체로는 일진회(一進會)[16]·대한자강회(大韓自强會)·서우학회(西友學會)·함북학회(咸北學會) 등이 있었고, 여론이 가장 두드러진 신문사로는 제국신문·황성신문·만세보 등이 있었다. 아울러 미주에서 돌아온 안창호, 일본에서 돌아온 이갑 등이 역시 반대하여 배일 전선에 가입함과 동시에 일본 정부의 한국침략 행위를 맹렬하게 공격하였다.

5개조 보호조약을 체결한 지 2년이 채 안된 4240년(1907) 7월 24일 통감 이토 히로부미가 올린 문서에 따라 한일합병의 준비조약이라고 할 수 있는 7조약을 체결하였으니, 그 내용은 아래와 같다.

(1) 시정 개선에 관하여 통감의 지도를 구할 것.
(2) 입법 행정상 필요한 안건에 관하여 반드시 먼저 통감의 승인을 받아야 할 것.
(3) 사법 사무 및 보통행정 사무에 관하여 각기 이를 구별할 것.
(4) 고등 관원의 임용과 파면에 관해서는 반드시 통감의 동의를 받을 것.
(5) 한국 정부는 통감이 추천하는 일본인을 한국의 관리로 임용할 것.
(6) 만일 통감의 동의를 받지 않으면 외국인 관원을 용빙하지 못할 것.
(7) 명치 37년 8월 25일 조인된 한일조약의 제1항을 폐지할 것(탁지부 재정고문 폐지함)

7조약의 체결 성립은 한국의 많은 애국지사들을 격분시켜, 각처에서 무력의 불평한 폭동이 발생하였고, 일본군대와 충돌하여 유혈사건이 일어났고, 아울러 각처에서 일본요인을 척살하려는 암살단이 조직되었다. 단기 4241년(1908)[17] 3월 26일 미국의 샌프란시스코에서 한국의 지사 장인환, 전명운 등 두 사람이 일본의 앞잡이였던 미국인 스티븐스(Stevens)를 척살한 일이 발생하였다.

미국의 스티븐스라는 자는 4239년 6월, 일본 정부의 추천으로 한국의 외교고문을 담당하여, 이토 히로부미의 보호조약(즉 5조약)은 스티븐스가 극력 알선하여 이

---

16) 일진회는 친일단체인데, 저자가 잘못 이해하여 기술한 것.
17) 원문에는 2443년.

루어진 일로서, 그는 한국을 침략한 일본의 봉급을 받으며 한국의 멸망을 꾀하던 자에게 충성을 다한 자이다. 그가 해직되어 귀국할 때 이토 히로부미로부터 비밀위탁을 받아 비밀서류를 가지고 샌프란시스코에 도착하여 한국 궁내의 실덕과 음탕함, 그리고 완고당의 인민재산 약탈, 인민의 우매함으로 인해 독립할 자격이 없다는 것, 그리고 만약 한국이 일본에 귀속되지 않으면 이대로 가다가 아마도 러시아에게 나라를 빼앗길 것이란 거짓말을 보도하였고, 또한 이토의 한국 통치는 진보가 있고 백성에게 유익함이 있다는 등등을 말하였으므로 그를 격살하였다.

다음 해 10월 26일 안중근이 북만주를 시찰 중인 이토·히로부미를 척살하고, 같은 해 12월 22일 이재명이 매국적 이완용에게 자상을 입혔다.

이토가 피살되자 일본 정부는 임시로 소네(曾禰)[18]를 한국 통감으로 파견하였다. 그 후 일한 합병의 큰 야심을 품고, 다시 육군대신 데라우치(寺內正毅)를 통감으로 임명하였다.

데라우치는 한국에 와서 우선 경찰권을 빼앗고, 경무총감을 두었으며, 20개 헌병대대를 각도 요처에 파견하였다. 아울러 암암리에 정탐대를 보내어 이들을 보조하였다. 또한 군함 수 십 척이 인천, 부산 사이를 오가게 하여 무력의 위세를 보이고, 아울러 각 신문사를 강제로 폐쇄하고, 각 단체를 해산하였다. 아울러 유명한 한국 국민을 모두 경찰청에 잡아 가두었다. 헌병·경찰 등이 모두 창검을 차고 길에 삼엄하게 늘어서서 밤낮으로 경계하였다. 같은 해 8월 29일 일본은 합병조약을 강제로 체결하고, 한국을 일본에 종속시켰으며, 태황제를 덕수궁으로, 태왕은 창덕궁으로 강등시켰으며, 황궁을 통감부로, 통감부는 조선총독부로 바꾸었고, 데라우치를 조선총독으로 임명하여, 야마가타 이사부로(山縣伊三郎)[19]를 정무총감으로, 아리요시 쥬이치(有吉忠一)를 총무부장으로, 아라이 겐타로(荒井賢太郎)를 탁지부장으로,

---

18) 원문에는 曾彌. 소네(曾禰), 즉 소네 아라스케(曾禰荒助)의 착오.
19) 원문에는 山懸伊三郎. 山縣伊三郎의 착오.

구라토미 유사부로(倉富勇三郞)를 사법부장으로, 기노우치 주시로(木內重四郞)를 농공상부장으로, 우사미 가쓰오(宇佐美勝夫)[20]를 내무부장으로, 이시츠카 에이죠(石塚英藏)[21]를 취조국장, 다와라 마고이치(俵孫一)[22]를 토지조사국부총재로, 이케다 주사부로(池田十三郞)를 통신국장으로 삼았다.

오호라! 반만년 문명의 옛 나라가 섬 오랑캐 왜적 일본의 손아귀에 들어갔구나!

이때 나라 사람들이 나라를 잃은 것에 비분강개(悲憤慷慨)하여 목숨을 버린 이들이 날로 많아지고, 각 신문사는 폐관되고, 어쩌다 격분하여 일본을 비웃거나 놀리는 사람이 있으면 즉시 왜경에게 잡혀가 비참하게 죽음을 당하고, 그의 가족 또한 밖으로 누설하지 않도록 협박을 받았다. 오호라! 죽은 자가 역시 이런 압박을 받으니 하물며 살아있는 자들이야 어떻겠는가! 자살하거나 피살된 이들은 아래와 같다!

금산 군수 홍범식, 주러시아공사 이범진, 승지 이만도, 진사 황소관, 환관 반학영, 승지 이재윤, 승지 송진규, 판서 김석진[23], 참판 정모, 의관 백모, 의관 송익면, 정언 정재건, 감역 김지심, 감찰 이모, 영양유생 김도현[24], 동복(同福) 송완명, 태인 김천술, 김영세, 남산 정동식, 선산 정모, 문의 이모, 충주 박모, 공주 조장하, 연산 이학순, 전의 오강표, 태인 김영상, 홍주 이근주 등 28명이다. 그리고 나머지 이름을 알 수 없는 이도 많았다. 이상의 여러 사람들이 목매거나, 할복하거나 물에 몸을 던지거나 단식하거나 음독하거나 하여 자살하였다. 그들은 차라리 몸을 깨끗이 하여 죽을지언정 망국의 백성이 되는 것을 눈으로 보기를 원치 않았다. 이런 행동은 실로 그 삶의 본뜻에 부끄럽지 않았으니 과연 대한의 백성이었다.

---

20) 원문에는 宇佐川勝美이나, 우사미 가쓰오(宇佐美勝夫)의 착오.

21) 원문의 所塚英藏은 石塚英藏의 착오.

22) 원문에는 官俵遜一이나 俵孫一의 착오.

23) 원문에는 全奭鎭이나 金奭鎭의 착오. "時被爵人中金奭鎭仰藥自死. 趙鼎九自刎而未死, 仍不受爵. 尹用求, 韓圭高, 俞吉濬, 閔泳達, 洪淳馨, 趙慶鎬, 辭爵返上."(『純宗實錄』3년 10월 14일). 종1품 궁내부 특진관으로 대한제국기에 장례원경(掌禮院卿) 등을 역임했다.

24) 원문에는 金道賢이나 金道鉉의 착오.

일본 제국주의 통치하의 한국

정치

일본이 한국을 합병한 이후 총독부를 최고의 행정기관으로 삼아, 행정장관인 총독은 일본 정부의 구속을 받는 것 외에는 한국 통치에 관한 모든 전제권을 향유하였다. 동시에 의결기관이 없었으므로 총독의 명령은 법률과 같은 효력을 발휘하였고, 지방에는 자치기구가 없었으므로 행정업무는 총독부에 직속되어 있었다. 인민들은 오로지 복종만 있고, 발언권·결의권·항의권이 없었다. 인민에게는 단지 의무만 있고, 권리가 없었다. 이런 행정기관의 관리채용은 불문법에 따라 엄격한 제한이 있었고, 최고 기관인 총독부 내에는 한국인의 그림자조차 없었다. 지방행정기관에 비록 한두 명의 한국인 도지사가 있었지만, 군수와 군청직원·하급관리·서기 등은 결코 관리의 자격으로 채용하는 것이 아니라 통치의 도구 및 선전을 위한 노예였을 뿐이다.

한국인 도지사, 군수 등은 오로지 이름만 있고, 어떠한 권한도 없었으며, 오히려 부하인 일본인 관리의 감독에 따르지 않으면 안 되었다. 봉급도 같은 급의 일본인 관리는 동급 한국인 관리의 갑절이 되었다. 그래서 한국 사람들이 비록 높은 자리에 있어도, 일본인 하급 관리에게 지배를 받고, 일본인 하급관리보다 낮은 봉급에 만족할 수밖에 없었다. 이것은 한국이 아니면 볼 수 없는 기현상이었다.

경찰제도는 원래 인민의 생명, 재산 및 안녕질서를 보호하기 위해서 두는 것이다. 그러나 한국의 총독부 경찰은 인민을 압박하여 인민의 재산을 강탈하기 위해서 설치한 것이었다. 합병할 당시 이미 한국 군대 및 경찰을 해산시켜, 일본 헌병대사령관으로 하여금 경무총감을 겸임시키고, 각 도(道)·군(郡)·부(府)·섬(島) 내에는 1,624개의 경찰기관을 설치하여, 16,800명의 경찰과 5,260명의 헌병을 배치하여 경찰사무를 처리하도록 하였다. 그 후 사이토(齋藤) 총독이 소위 문화정치라는 이름 아래 비록 헌병경찰을 폐지하였지만, 경찰의 만행과 가혹한 처벌은 이전과 다르지 않았다. 1930년 총독부의 발표에 따르면, 한국 각 지역의 경찰기관이 4,715개처, 경찰 수가 35,067명이었고, 1년 동안 소위 범죄사건의 수는 586,463건, 범법자는 6,243,289명이었으며, 그중 10분의 8이 사상범이었다.

총독부는 한국인의 애국사상을 단번에 없애버리고, 순종하는 노예를 만들기 위해 언론기관의 인가를 허용하지 않았고, 설령 한두 종의 신문잡지가 있어도 반드시 일일이 검열하여 그 중 일본 당국에 저항하는 언론이 발견될 경우에는 폐간 혹은 정간을 명령하였고, 한편으로는 기자를 가두어 혹형을 가하고, 다시 조금이라도 사상이 있는 사람은 무조건 체포하여 죄명을 위조하고 증거를 날조하여, 고문을 가하고 악형을 가하였다. 그래서 소위 법령위반 및 치안유지법을 위반한 죄명으로 감옥에 가두어 두고, 심한 경우에는 사형까지도 판결하였다. 그러나 이와 반대로 사상범의 수가 날과 달로 증가하여 직접 일본 제국주의에 반항하는 이들이 기하급수적으로 증가하였으니, 이것은 나라가 비록 망하였지만, 민족은 망하지 않는다는 사실을 증명하고 있다.

경제

　자본주의의 제3단계인 제국주의의 식민지 획득은 대내외 식민지 경제를 착취하고 독점하기 위한 것이었으니, 일본의 한국에 대한 각종 정책도 이것에 지나지 않았다.

　한국은 원래 농업 국가였으니, 인구의 10분의 8은 농민이고, 러시아혁명 이전처럼 그러한 대지주가 없었다. 토지의 분배는 비교적 균등하였으며, 자작농이 대다수였다. 그러나 일본의 한국 침략 이후 과중한 세금을 부과하고 공과금을 매겨, 자작농의 지위를 유지할 수 없어 점점 소작인[25]으로 전락하였다. 일본이 한국을 침략한 지 20년인 현재 자작농과 소작농의 비교는 아래와 같다.

한인농가호수비교표

소 작 농	56.8%	소작농 겸 자작농	31.5%
자 작 농	9.5%	지 주	2.2%

　위의 표를 보면 소작농이 전 농가의 10분의 9를 차지하였으니, 이들 자작농이 보유하고 있는 토지는 누구에 의해 탈취된 것인가? 말할 필요도 없이 일본사람들에 의한 것이다. 일본 사람들이 어떠한 방법을 이용하여 토지를 탈취하였을까? 한국 사람들이 스스로 생산한 농산물을 가지고 각종 세금을 납부하는 것이 부족하여 생계를 유지하기 위해 차관이 필요하였고, 이 지경이 되었을 때 이미 융자자금을 준비해 둔 일본의 회사·은행, 심지어 개인은 토지담보 조건으로 농민에게 돈을 빌려주었다. 이렇게 해서 자작농은 매년 부채가 늘어나 상환(償還)할 기회가 없게 되었다. 상환기간 내에 상환하지 못할 경우, 토지를 몰수하여 일본인의 소유로 만들었다. 이렇게 토지를 몰수하는 기관으로서 동양척식회사(東洋拓植會社), 식산은행(殖産銀行)·금융조합 등이 있었다.

　이에 한국인과 일본인의 한국 내 토지소유 비교표는 다음과 같다.

---

25) 원문에는 전호(佃戸).

한국인과 일본인 토지 소유 비교표

소유별	경작면적[23]	미간지
국유지	103,034	90,290
동척 소유지	223,749	–
일인 대농장 소유지	357,260	27,350
일인 소농장 소유지	80,920	–
일인 저당지	885,200	–
계	1,540,163	117,640
한인 소유 토지	2,916,332	5,967
합계	4,456,495	123,607

　이상의 표를 비교해 보면, 일본 사람의 토지 소유는 전 면적의 10분의 4를 차지하고 있다. 이것은 20년 사이의 성적이다. 지금으로부터 20년 후에는 한국의 토지가 완전히 일본사람의 손에 들어갈 것임을 추측할 수 있다. 이것은 실로 통탄할 만한 일이다.[26]

　이렇게 약탈한 토지를 한국 사람에게 경작시키지 않고, 일본의 이민으로 하여금 경작하게 만들었다. 그래서 한국 사람들은 경작하려해도 토지가 없고, 살자니 땅이 없어서 살 길을 다른 곳에서 찾게 되었다. 이것이 한국 사람들이 동삼성으로 떠나가는 원인이었다.

　공업의 경우 한국은 원래 공업이 낙후한 나라라서 일본이 한국을 침략하기 이전에는 전적으로 수공업에 의지하였으므로 현대식의 큰 공장이 없었다. 일본은 한국을 침략한 이후 오사카(大阪)의 공장에서 제조한 대량의 공업제품을 무관세로 한국에 수입하여 한국의 수공업을 압도하였다. 그리고 한국 내에 많은 공장을 세워 상품을 생산하였으니 결국 한국의 수공업이 완전히 몰락하게 되었다. 그 후 비록 한국의 소수 자본가들이 스스로 공업제품을 제조하여 공장을 세웠지만, 총독부가

---

26) 단위가 기록되어 있지 않으나, 수치로 보아 정보로 추정된다.

일본인들의 공장 및 기타 기업에 대해 무이자로 고액의 자금을 빌려주고, 경비를 보조하여, 자본주의의 자유경쟁 원칙에 따라 한국인의 공장을 몰락시키니, 일본인의 한국에 대한 정책 및 식민지정책이 얼마나 간교하고 혹독한 것인지 이것이 잘 증명하고 있다.

상업의 경우, 역시 각종의 수단으로 일본상인을 보호하였다. 위에 말한 것처럼 일본 상인에게 거액 자금을 빌려주고, 한국인과 자유 경쟁할 수 있도록 하였다. 그 외 각 학교, 각종 관공서 기타 공공단체에서 필요로 하는 상품을 일본 상인의 손을 거치지 않으면 구입하지 않고, 아울러 기타 각지의 공장을 일본 상인이 아니면 특별히 계약(特約)하지 않으니, 결국 한국 각 지역의 상권이 완전히 일본 상인의 손아귀에 돌아가게 되었던 것이다.

광업 인가는 특별히 일본인에게 우선권을 주었고, 한국 사람에게는 방해가 매우 많았다. 기타 모든 산업도 위와 같았다.

교육

조선총독부의 교육은 한쪽으로는 동화교육[27]이며, 또 한쪽으로는 노예교육이다. 일본은 한국을 합병한 이후 곧 경성, 평양 등 주요 도시로부터 각 촌락에 이르기까지 한국 정부기관 혹은 학자 및 한국 고관 등이 수집 보관하고 있는 귀중 도서를 몰수하였다. 또 헌병, 경찰로 하여금 전국적으로 가택을 샅샅이 수색하여 한국 역사에 관한 중요한 서적류를 강탈하여 불태워 버렸다. 이렇게 하여 한국의 후대로 하여금 한국의 역사 및 문화 그리고 일본과의 관계를 알지 못하도록 하여, 소위 문화교육의 이름 아래 일본 문화를 착착 수입하여 문화정복을 위해 노력하였다.

교육기관에 관하여 인구를 놓고 비교해 보면, 한국인 2천 3백만에 1,544개의 소학

---

27) 한국인을 일본의 문화와 관습에 동화시켜 일본인으로 만드는 교육을 말함.

교, 20개의 중학교를 설치하고, 일본 사람 50만 인구에 664개의 소학교, 18개의 중학교를 두었고, 고등교육의 경우 5개의 관립전문학교 및 1개의 제국대학이 있었다. 표면적으로는 한국인 본위로 설치한 것이라고 선전하였으나, 실제로 이런 학교들은 십중팔구 일본인 학생을 수용하였다. 금년 제국대학에 선발된 2백 명 학생 중 한국학생은 30명만 포함되어 있었다. 이런 소수의 한국 학생 입학도 시험성적이 아니라 학생의 배일사상과 친일사상을 표준으로 한 것이었다.

교직원 교수에 관해서는 소학교에 채용된 한국 사람은 전 교직원의 반을 차지하고 있으나 중학교, 전문학교, 대학교의 한국인 교원 교수는 드물게 한두 사람만 있었다. 이런 현상은 교수의 자격으로 채용하는 것이 아니고, 학생을 조사하여 압박하는 도구일 뿐이었다.

학교 교과 배정을 보면, 보통학교(소학교)에서 가르치는 과목은 완전히 일본의 소학교와 같았다. 하지만, 그 속에는 일주에 단지 2시간의 한국어 수업이 있었다. 학교 안에서 이 한국어 과목 시간 외에는 한국어 사용을 허용하지 않았다. 만약 한국인 교원과 학도 사이에 어쩌다 한국어를 사용하면 반드시 견책을 받았다. 교과서의 내용은 한국의 문화를 말살하여, 한국의 역사를 위조하고, 일본을 과장하여 한국이 일본에 예속되는 것이 바로 역사의 사명이라고 하였다.

일본에 의지하지 않으면 한국인은 생존할 수 없다는 말까지 포함되어 있었다.

이런 교육 압박 아래에서도 한국 학생은 분연히 일어나 "식민 노예 교육을 반대한다", "민족 차별 철폐하라", "수업료를 내려라", "압박 교육을 배척하자" 등의 구호 아래 때로는 요구서를 제출하며 파업을 항쟁의 수단으로 삼고, 때로 교원을 구타하며 건물과 학교의 집기를 파괴하는 등 폭동의 수단으로 일본에 저항했다. 이런 운동은 달마다 해마다 증가하였다. 전국의 한국 학생이 비밀리에 서로 연락하여 조직화하였다. 그 세력의 증대는 가볍게 볼 수 없었다. 그들의 한국 혁명 전선 상의 지위

역시 중요한 위치를 차지한다. 이러한 운동의 한 예가 바로 1930년[28] 광주학생사건으로서, 이 책의 주인공인 윤의사가 이 사건과 관계가 있음을 아래에서 볼 수 있다.

---

[28] 사실은 1929년. 이하 곳곳에 소소한 착오가 있으나 원문대로 두었다.

한국혁명의 연혁

한국은 동양의 쇄국사상 때문에 문(文)을 닦고 무(武)를 소홀히 하고, 문호를 닫고 스스로 지키기만 하여(閉關自守), 백성들이 늙어 죽을 때까지 바깥 사정을 알지 못하였다. 단기 4199년(1866) 러시아 군함이 원산에 와서 통상을 요구하였지만 거절당했고, 그해 10월 프랑스 군함이 강화를 함락시켰지만, 아군의 공격을 받아 퇴각하였다.[29] 이로부터 5년 후 미국함대가 강화에 와서 통상조약을 요구하였지만, 또 거절당하였다.[30] 그 때는 대원군이 섭정한 지 10년으로 힘써 배외주의를 지켜가던 시대였다. 당시는 조선시대 말엽으로 내정이 문란하고 탐관오리의 발호로 장차 나라를 그르칠 상황이었다. 그래서 김옥균·박영효·서광범·서재필 등 여러 사람이 외국으로 유람하여 쇄국주의가 적합하지 않으니 각국과 통상을 시작하여 이전의 정치를 개혁하여 독립제국을 새로 세우고자 하였다. 단기 4217년(1884) 갑신년 10월

---

29) 병인년(1866) 흥선대원군이 프랑스 천주교 신부 9명을 처형한 것을 구실로 강화도에 침략하여 조선군과 격전을 벌인 사건(병인양요)을 말함. 이때 프랑스군은 한성근, 양헌수가 이끄는 조선군의 강력한 저항에 직면하여 퇴각하면서 강화도 외규장각에 소장된 조선의 의궤 등 각종 귀중 도서와 보물을 약탈해 갔다.

30) 대동강을 거슬러 올라와 평양 군민과 충돌하여 화공을 당한 미국 상선 제너럴 셔먼호 사건(1866)을 구실로 조선의 개항을 요구하기 위해 강화도를 침략하여 조선군과 전투를 벌인 사건(신미양요). 이때 어재연 이하 장졸 300여 명이 전사하였다.

에 비록 혁명을 일으켰지만, 시운이 불리하여 실패로 돌아갔다. 후에 이를 갑신정변이라 부르니, 이것이 한국 혁명의 효시이다.

갑신혁명이 실패한 후 신진의 시무를 논하는 자들이 모두 쫓겨나고 완고주의의 세력이 더욱 더 신장하여 10년 이래 악정(惡政)이 나날이 심해지니, 권문세가들이 벼슬자리를 금혈(金穴)로 보고, 지방 관리들은 백성의 고혈을 "돈 줄기"(貨泉)로 취급하였다. 백성들이 재산을 잃어 원한이 하늘을 찌르니, 이에 보국안민(輔國安民), 포덕천하(布德天下), 광제창생(廣濟蒼生)[31]을 목적으로 각기 마음을 삼고, 모두가 한 가지로 돌아가 대동단결을 방법으로 삼아 동학당이 출현하였다. 격문을 선포하고, 각지에 선전하여 민중을 선동하니 당원이 갑자기 늘어나 오래지 않아 큰 세력을 이루었다. 단기 4227년(1894) 갑오년 봄, 혁명을 일으켜 탐관오리를 살해하고 지방의 세력가와 무능한 관리들(土豪劣紳)을 압박하였다. 그 세력이 전국적으로 만연하자 한국 정부의 힘으로는 진압할 수 없었기 때문에 이홍장에게 군사를 요청하여 청일전쟁의 도화선이 되었다. 이것을 이른바 갑오혁명(甲午革命)이라 한다.[32]

청일전쟁이 끝나면서 마관조약에 의해 한국은 완전무결한 독립국으로 승인되었다. 우선 갑오혁명[33] 실패로 미국에 갔다가 돌아온 서재필이 독립의 기초를 다지기 위해 독립문, 독립관을 건립하고 독립신문을 발행하고 사람들을 모집하여 독립협회를 조직하여 낡은 정치를 개혁하고, 계급을 타파하고, 평등을 실행하고자 하였으나, 당시의 관료들이 서씨를 질투하여 나라를 떠나도록 추방령을 내려 마침내 다시 미국으로 건너갔다. 서씨가 나라를 떠난 이후 안창호·이상재·이승만 등 여러 사람들이 서씨의 뜻을 이어받아 계속 분투하였지만, 역시 관료들의 압박과 일본 사람들

---

31) 국왕을 보필하고 백성을 평안히 하는 것, 임금의 덕을 세상에 펼치는 것, 백성을 널리 구제하는 것을 말함.
32) 오늘날에는 동학농민봉기, 동학농민전쟁, 동학농민혁명, 갑오농민전쟁 등으로 다양하게 불리고 있다.
33) 서재필이 일본을 거쳐 미국으로 망명한 것은 1884년의 갑신정변임.

의 음모 때문에 결국 실패로 돌아갔다.

단기 4237년(1904) 일로전쟁이 마침내 결말지어 지면서 한국에 대한 일본 사람의 기도가 날로 뚜렷해져서, 한국의 운명은 위험이 조석에 달려 있는 상황이었다. 국내의 혁명지사들이 바삐 소리치고, 새로운 기운이 전국에 넘쳐서 독립협회 실패 후 책상자를 지고 미국에 간 안창호가 이에 분연히 한국에 돌아와 전국 각지에서 부지런히 다니면서 유세를 하면서 양기탁·박은식 등 제씨와 함께 대한매일신문,[34] 제국신문·황성신문 등 언론기관을 운영하고, 신흥학교 등을 설립하여 인민을 깨우치고, 인재를 배양하면서 전덕기·안태국·이갑·이동녕·김구·이유필·차리석 등 제씨와 함께 비밀결사를 맺으니 이름하여 신민회[35]라 하였다. 조직이 엄밀하고 정신이 확고하고, 회원이 8백여 명에 이르렀으니, 이것은 한국 비밀결사의 시작이었으며, 최초의 현대식 혁명당이었다. 그의 목적은 한국에 있는 일본인의 세력을 배제하고, 부패한 정부를 혁신하여 신흥독립국가를 건설하는 데 있었다. 이 회는 날로 더욱 세력을 확대하여 장차 나라를 움직일 만한 큰 기운이 있었으나, 일본은 이 회의 내용을 자세히 탐색하여(이때 한국은 완전히 합병이 된 후였다) 데라우치 총독을 모살하려 하였다는 죄명을 여러 신민회 회원에게 씌워 윤치호·양기탁·유동열·차리석·선우혁 등 105인을 엮는 대의옥사건(大疑獄事件)을 일으켜 일망타진하니, 당시 혁명분자, 그 외 안창호, 윤치호 등이 조직한 신민회의 드러난 운동단체 「청년학우회(青年學友會)」[36]와 안창호가 설립한 국내 최우수 교육기관 「대성학교(大成學校)」 역시 똑같이 화를 입게 되었다. 사전에 안창호·이갑은 이토 히로부미를 사살한 안중근과 공모한 혐의로 일본의 감시와 압박 대상이 되자 미국으로 망명한 덕분에 105인사건의 화란을 겨우 면하였다.

---

34) 원문에는 大韓每日新聞. 정확히는 대한매일신보(大韓每日申報)임.
35) 1907년 안창호 등이 국권회복과 공화정 수립을 목표로 애국인사들을 중심으로 조직한 비밀결사.
36) 원문에는 「青年學會友」.

국내 혁명지사들은 일본인들이 이런 저런 죄명으로 무고하여 법망에 걸리지 않으면 그들의 감시대상이 되어 국내의 혁명운동이 일시 침체하게 되었다. 그러나 국외의 러시아령이나 만주 등지의 동지들이 회합하여 국권회복을 위한 큰 계획을 세우니, 특히 미국에서는 안중근의 이토 히로부미 사살로 인하여 이곳에 망명한 안창호가 국민회를 개설하여 한국인 유일의 자치기관으로 삼아 이전에 미국에서 발행하던 공립신문을 신한민보로 고쳐 더욱 정리 확충하여 독립운동을 선전하고, 민중을 지도하였다. 다시 송종익37) 등 13인과 함께 흥사단을 발기하고 일찍이 본국에서 설립한 「청년학우회」의 후신으로 삼아 그 부분 운동의 목적으로 무실역행(務實力行), 충의용감(忠義勇敢)의 정신으로 동맹 수련하고, 건전한 인격을 이루고, 신성 단결을 공고히 하여, 민족 앞날에 대업(大業)의 기초를 닦는 것이었으니, 이것은 실로 혁명 인재의 양성을 위한 혁명당의 기본조직이었다!

단기 4251년(1918) 유럽의 대전쟁38)이 종말을 고하니 미국 윌슨 대통령이 주창한 민족자결주의의 소리가 전 세계에 고조되어 각 식민지 및 피압박 민족은 일제히 해방운동을 일으켰다. 10년간 일본 왜적의 무단통치 아래 와신상담하며 국권회복을 생명으로 삼은 한국 민중들이 다음 해인 1919년 3월 1일 일제히 봉기하여 독립만세를 외치고, 일본에 저항하여 한국의 독립을 선언하니, 내외에서 호응하여 세계를 진동하고, 중국 상해에서 한국 임시정부를 조직하였다. 미국에서 상해로 온 안창호·이승만·이동휘·이동녕·김규식 등 모두다 정부의 각료가 되어 독립운동을 진행하였다. 다른 한쪽은 안창호·이동녕·김구·이유필·차리석·송병조 등 옛 신민회의 오래된 동지들이 혁명 지사를 규합하여 한국독립당을 조직하여 착착 혁명공작을 진행하였다. 이 책의 주인공 윤봉길의사도 역시 이 당의 공작에 관계가 있었다. 이 외에 만주를 근거지로 삼아 조선혁명당의 조직이 있고, 지리 관계로 인해 비록 이름은 다르지

---

37) 원문에는 송진익이나 宋鍾翊의 오기임.
38) 제1차 세계대전을 말함.

만, 한국독립당과 완전히 같은 보조를 취하였다.

윤봉길의사의 탄생과 시대 환경

일본 제국주의는 중일(中日) 갑오전쟁, 일아(日俄) 갑진전쟁39)의 승리 이후 그 흉악한 제국주의의 몰골을 더욱 드러내어 종종 불법적인 강도 수단으로 약소민족의 영토를 약탈하였다. 수십 년 이래 한 걸음씩 대만·유구를 빼앗아 가고, 이어 전쟁을 모르는 동방의 한 나라인 한국을 강포하게 빼앗아 갔다! 불쌍한 한국은 참담한 운명을 고하는 종소리의 비명 아래 삼천리 수려한 금수강산을 상실하였고, 빛나는 그의 5천여 년 역사의 수레바퀴가 절단되었다. 더욱이 2천만 자유의 민족으로 하여금 일본 제국주의의 손발톱과 무쇠발굽 아래로 몰아내어 그들 마음대로 씹고, 짓밟았다! 오호라! 3천리 강산, 2천만 민족이 이처럼 소리도 못 내고, 숨도 쉬지 못하고 멸망해 가는가?

때는 1908년 5월 22일40) 봄의 신이 여느 해처럼 인간 세상에 내려와 푸른 하늘에 쨍쨍한 햇볕이 일곱 가지 색깔을 우주 만물에 고루 비침으로써 길거리에서 방황하고, 유랑하는 한국 민족에게도 깊은 위안을 주시었다.

---

39) 갑오년(1894)에 일어난 청일전쟁과 갑진년(1904)에 일어난 러일전쟁을 말함.
40) 호적에는 출생일이 음력 5월 19일로, 대부분 자료에는 22일로 기록되어 있는데, 집에서는 생일을 음력 5월 23일로 지냈다고 전해진다.

흰 구름 조각 조각, 새는 하늘을 날며 「봄의 노래」를 목청껏 소리 내니, 조용한 농촌도 흥분되고 유쾌한 아름다움이 가득 넘쳐났다. 바로 이러한 아름다운 고운 봄의 어느 날, 한국, 충청남도 예산 시량마을의 한 가난한 농가에서 고고(呱呱)의 일성을 울리며 인류사회의 한 육신이 탄생하였다. 이분이 바로 내가 얘기하려고 하는, 우주를 크게 울리고(轟動宇宙), 일본 제국주의를 놀라고 두렵게 한 윤봉길의사이다!

옛 말씀에 잘 나타나듯 "시대가 영웅을 만든다"고 한다. 당시 시대 사회가 화평하고 안일할 경우이면, 시인과 예술가들이 와서 이 사회의 행복을 찬양하는 것이 필요하고, 반대로 그 사회의 모든 것이 불안하고 전운이 가득한 사회의 경우이면, 반드시 영웅호걸들을 태어나게 하여 그 사회를 개조한다. 이것은 바로 시대의 반향이며, 하늘과 땅의 지당한 원리이다. 그렇다면 그때 태어난 윤의사의 시대 환경은 어떠한 종류의 시대와 환경이었을까? 어떻게하여 오늘의 이와 같은 만고불후(萬古不朽)의 위대한 업적을 이루었을까?

정객, 관료들이 당을 나누고 할거하여 당시 조정의 일종의 특성으로서 나라의 운명으로 하여금 실타래처럼 얽히게 하고, 그들은 다만 자기의 욕망 만족에 충실한 것만 알고, 정치와 인민에 대하여 조금도 관심이 없으니 백성들이 살아날 길이 없어 모두 다 비참한 지경에 빠지게 되었다. 이와 같은 위급한 시기에 민영환·조병세 등 여러 열사들이 모두 이와 같은 정치의 부패를 차마 보고 싶지 않아 자기의 선혈을 모두 흘려 대중을 일깨웠다. 그래서 이런 피 끓는 외침이 위기가 닥쳐오는 길에서 단꿈에 젖어있는 민중에게 큰 반향을 주었고, 일본 사신 이토 히로부미의 격살을 꾀한 안중근 의사의 일세를 크게 놀라게 한 소식이 또한 망국선상에서 배회하던 민중에게 극대한 교훈과 감개를 주었다. 동시에 아직은 아기 포대기 속에 있던 윤의사 또한 이런 환경 아래서 신성한 세례를 받았다.

위인, 열사의 세례를 받은 그, 그의 앞길은 어떠했나?

자고로 이런 속담이 있다! 산천이 수려한 곳에 반드시 뛰어난 인재와 아름다운 여성이 탄생하고, 높고 웅장한 산봉우리가 있는 곳에 반드시 장사호걸이 있어, 이같은 자연의 형세를 장식하게 마련이다.

높고 웅장한 산봉우리, 아름다운 들판, 졸졸 흐르는 샘과 내, 거친 파도가 노호하는 푸른 바다가 있으며, 첩첩산중의 가야산(伽倻山)이 있는 모락모락 연기가 피어오르는 시량촌(柿樑村)[41], 이곳이 바로 윤의사가 탄생한 곳이다. 이런 천연의 웅장한 기세가 족히 보통사람으로 하여금, 무릉도원의 경지를 생각나게 하여 자기를 잊어버리고, 범속을 초탈하여 절세의 천당에 올라간 것처럼 느끼게 한다. 그래서 이런 환경의 훈도로 인해 윤의사와 같은 초인적인 뛰어난 인물을 낳게 하지 않았을까?!

---

41) 시량촌의 정확한 표기는 柿梁村.

위기에 처한 고향

인류사회의 진화는 인류 노동력의 진화와 개량에 따라 점차 그의 생산방식을 바꾸어 왔다. 우매한 수공업에서 현대의 공업자본주의 사회로 넘어왔다. 이런 기형적인 자본주의 하에서 사회가 늘 영악한 수단으로 약소민족을 진압하여, 대자연에서 자기 스스로의 힘으로 생존하는 사람들로 하여금, 점점 비참한 노예로 전락시키고 압박을 받는 환경으로 전락하게 하였다.

사회 발전 단계로부터 두루 뒤떨어진 한국은, 구미 제국이 모두 자본주의 제도 사회로 돌입하였음에도, 원시사회로부터 내려온 자급자족의 옛 수공업 방식 제도 아래에서 여전히 대자연 속의 안락한 생활을 해 왔다. 그러나 일본 제국주의가 한국을 병탄하고 유린한 뒤, 마침내 피 묻은 입을 크게 벌려 수천만 한국 인민의 생명을 공포의 소용돌이 속으로 훅 불어 넣어 그들로 하여금 유랑하고, 방황하고, 굶주리고, 추위에 떠는 생활을 하게 만들었다. 심지어 예산의 시량촌과 같은 평화로운 지방(윤의사의 탄생지) 조차도 광풍(狂風) 같은 험악한 밀물을 따라 공포의 위기에 빠지게 만들었다. 이로부터 사람들의 아우성 속에 경제공황의 소용돌이 속으로 빠져들었다!

윤의사의 뛰어난 재능

윤의사의 천부적인 자질은 매우 총명하여, 세 살 때부터 할아버지로부터 글을 배웠는데, 그의 종알종알 책 읽는 소리가 매우 우렁차 사람들을 감동시켰다. 또한 그의 기억력이 매우 뛰어나, 하나를 가르치면 곧바로 이를 기억했다. 이웃 사람들이 모두 그를 신동이라 하여 칭찬이 끊이지 않으니, 그의 할아버지가 이를 듣고 역시 기쁨을 이기지 못하였다. 늘 손으로 윤의사의 머리를 쓰다듬고, 그의 신기한 총명함을 칭찬하였으니, 할아버지 스스로도 신동의 앞길 또한 무한하리라고 생각하시었다!

세월이 흐르면서 윤의사는 점점 성장하게 되었다. 그의 강인한 불굴의 성격과 천성적으로 조용하고 숙연한 태도는 그가 자라면서 점차 밖으로 드러나 사람들로 하여금 형언할 수 없을 정도로 그를 숭배하게 하였다. 때로 이웃 아이들과 소소한 일로 다툴 때 상대의 나이가 자신 보다 많든 적든 결과는 모두 자기 앞에 굴복하게 한 다음에야 그쳤다. 때로 선생님께 엄한 책망을 듣거나 혹 부모님으로부터 회초리를 맞을 때는 다만 강인한 침묵의 태도를 취하였고, 시종 한 마디도 하지 않고 받아들였으며, 끝내 용서를 구하거나 동정을 비는 일이 없었다. 그래서 마을의 많은 사람들은 모두 그의 성격이 일반 사람들과 다르므로, 그의 별칭을 작은 영웅(小英雄)이라 하였다. 아울러 모두가 장차 그가 능히 한번 세계를 놀라게 하는 일을 벌여 이 마을의 명예를 빛내주기 바랬고, 부모 또한 그가 앞으로 위대한 길을 가기를 희망하여 언제나 열심히 그를 바른 길로 가도록 이끌어 주면서, 장래 조국을 위해 이름을 날리고, 민족을 빛내주기를 바랬다!

학교생활 1년의 단편들

　한·일간의 "7조약"[42] 성립 이후 3년도 되지 않아 간악한 일본 제국주의자들이 그 야만스러운 횡포수단으로 한국을 강박하여 "일한합병"의 망국조약을 체결시켰다. 이로 인해 일반 애국 민중들에게 극도의 분노와 괴로움을 불러일으켰다. 이후 온 한민족, 온 국가가 일본 제국주의의 피묻은 큰 입 속으로 삼켜져, 노예와 같은 생활을 하게 되니, 지배와 착취를 당하면서 일본 제국주의의 철제(鐵蹄) 아래 모두가 비인도적으로 채찍에 쫓기는 생활을 하게 되었다. 소위 금수강산, 자유 민족, 찬란한 역사가 이 구구하고도 하찮은 한 장의 조약에 따라 인류 사이에서 가장 고통스럽고 비천한 "망국노"의 참경을 겪게 되었다. 이후 한국의 자유민족은 다시는 밝은 하늘을 보지 못하였다.

　"일한합병"의 성립 이후 일본은 곧 데라우치(寺內政毅)를 조선총독으로 삼았다. 그가 취임한 이후 그의 그런 정치수단 및 음모수완은 전임 통감인 이토 히로부미의 간악함에 추호도 뒤지지 않았다. 이로 인해 그는 먼저 그의 극단적인 수완을 운용하여 문화침략적인 노예교육 및 동화교육을 한국에 구사하였다. 이로 인해 그의 소

---

42) 1907년 강요한 〈정미 7조약〉 혹은 〈한일 신협약〉을 말함. 통감이 추천한 일본인을 차관으로 임용하여 행정 실권을 장악하게 한 등의 조치. 그 해 일본은 대한제국 군대를 해산시켰다.

위 신문화교육 아래서 일체 민족의식을 마쳐시키는 교육을 시행하여, 한국 인민으로 하여금 그의 감언이설을 듣고 함정에 빠지도록 하여, 하층의 노예가 되어 그의 지배하에 소와 말이 되게 하였다.

그러나 과거 3천년 이래 뿌리 깊이 한학의 영향을 받은 한국민족은 그들의 관념 속에 오로지 유교 도덕에 깊이 고착되어 일본 제국주의자들이 어떠한 교활한 선전과 고무선동을 하여도 조금의 효력도 발휘하기가 어려웠다. 다만 일반적으로 기꺼이 망국노가 되고 싶은 일부 사람들이 번쩍이는 황금과 관직 상승의 꿈에 미혹되어, 그 이해할 수 없는 신문화와 신교육정책의 우수함을 찬양하였을 뿐이다.

교활한 일본 제국주의가 일찍부터 이런 방법은 실패할 가능성이 있다고 예상하여 마침내 그의 두 번째 방법으로 바꾸었다. 한쪽으로는 금전을 가지고 무지한 사람들을 우롱하고, 학교에서 아동들의 마음을 얻을 수 있는 완구 유희 등을 시설하여 학생들로 하여금 한학에 대한 관심을 없어지게 하여, 입학자의 흥미를 증가시켰다. 아울러 일본어문에 능통한 한국 사람이 높은 보수를 받고 관리가 될 수 있다는 선전을 하고, 또 한쪽으로는 강제수단으로 입학 학령전의 아동을 조사하여 강제로 입교시켰다. 이런 강권과 협박 아래서 자제가 있는 사람들은 어쩔 수 없이 분노를 품고 자제를 사랑하는 부모의 자애로운 품에서 원수가 된 적의 호랑이 입 속으로 보내어 미래의 노예를 만들어, 미래 일본 제국주의의 앞잡이로 만들 수밖에 없었다. 이때 윤의사의 부모도 부득이한 강제적 위협 아래 자기의 아들을 일본의 교육학교로 보냈다.

세월이 흐름에 따라서, 일본 제국주의가 강제로 신교육을 실시한 지 이미 일 년이 지났다. 이 일 년의 시간 속에 일본 제국주의의 동화 교육을 선전하는 힘이 나날이 확대되었지만, 이에 대한 저항이 이로 인해 감소하지는 않았다. 이런 형세 아래에서 억지로 아동을 입학시킨 가장들이 이 양쪽이 투쟁하는 험한 파도 아래에서 분분히 일본 제국주의의 강압적인 교육기관에서 벗어나 다시 한학을 배우는 서당으로 들어갔다. 윤의사도 이때쯤에 요행히 빠져나왔던 것이다. 그래서 이 다사다난한 일본 제국주의의 까다롭고 강고한 교육 아래에서 단지 일 년 동안의 교육을 받은 경력만 있다.

한학자 이광운 선생의 가르침

윤의사는 일본 제국주의의 교육기관에서 떠난 후 다시 한학자 이광운(李光雲)[43] 선생의 서당에 들어갔다. 이광운 선생은 한학에 조예가 깊을 뿐 아니라 고대 역사 및 정치, 철학 등에 조예가 깊었다. 그때 그는 열렬한 애국사상을 가지고 있어 사람들은 그를 흠앙(欽仰)하고 있었다. 그 지역의 대소 인민들 누구나 그의 언론을 기꺼이 듣고, 지도 받고자 했다.

이 선생은 어린 시절부터 남다른 애국사상을 지니고 있었다. 그가 젊었을 때 정계에 투신하여 피 끓는 언설로 망국의 갈림길에서 방황하고 있던 민중들의 미몽(迷夢)을 항상 깨우쳐 주었다. 갑진년(1904) 일본과 러시아의 전쟁 이후 국운이 날로 쇠하고, 백성은 더욱 살아가기 어려움을 목도하고, 또한 일본제국구의의 피 묻은 입이 임박한 것을 보고, 이 위급한 시기에 그는 더 이상 좌시할 수가 없어서 한 걸음 나아가 언론계·간행물·잡지계에 투신하여 한 걸음 나아가 민중사상을 고취하는 운동을 하고, 길거리에 나아가 서서 민중을 불러모아 대민강연을 하였다. 그의 언사는 대부

---

43) 이광운(李光雲)은 다른 관련 자료에는 보이지 않는 인물이다. 오치서숙((烏峙書塾)의 선생이었던 유학자 매곡 성주록(成周錄)을 가리키는 것으로 추측하는 견해가 있다. 아마도 성주록 선생의 가족을 보호하기 위한 조치가 아닌가 생각되나 자세히는 알 수 없다. 윤봉길은 1921년 오치서숙에 들어가 1926년까지 공부하였다.

분 당대 정국의 부패와 인민이 각성하지 않은 점을 공격하였다. 그의 언론을 듣는 민중들은 그의 열렬한 애국정신에 감탄하지 않는 이가 없었다. 그래서 분분히 그의 휘하로 많은 사람들이 몰려들어 나라를 구하고 백성을 구하고자 뜻을 함께 하였다. 이로 인하여 대중들의 같은 뜻을 모아 주야를 불문하고 열심히 힘써, 각 방면으로 분주히 노력하여 당시의 위기를 구하고자 하였다. 그러나 호사다마라고 하늘은 사람의 뜻과 달리 나쁜 매국 관리들이 사사로이 나라를 팔아버리고 민족을 모욕하는 7조약을 체결하였다.[44] 이러한 비통한 사정을 본 이광운 선생은 무수한 예리한 칼이 한꺼번에 자신의 가슴을 도려내는 듯 침통하게 여겼다. 그는 온 가슴이 터질 것 같은 비분을 안고, 그의 혁명 사업을 그만두고 낙향하여 은거함으로써 세상과 결별하여 한가로운 생활을 보내면서 유유자적한 교편생활을 시작하게 되었다.

자고로 삼천여 년 이래 한국에서 성행한 공맹의 학문은, 이미 2천만 민족을 강고하게 구속하고 있어서, 이 선생은 한쪽으로는 당대의 인심에 적합한 한학을 민중에게 가르치고, 또 한쪽으로는 구미의 신학문을 수입하여 인민들에게 전해주었다. 예를 들면 세계 각국의 역대 역사와 지리, 위인전기 등을 가르침으로써 학생의 새로운 사상을 개발하고, 그들에게 애국심을 배양하고자 하였다.

이런 교육 아래에서 학생들의 학업이 날로 발전하였고, 동시에 애국심과 민족의식이 공고하게 되었다. 이들 중 윤의사의 뛰어난 사상이 일찍이 밖으로 드러나면서 이광운 선생은 혜안으로 이미 윤의사의 미래를 예감하고, 특별히 윤의사의 앞날을 염려해 주었다. 윤의사는 바로 그때로부터 이 선생의 애국의식 아래 위대한 사상을 배양하게 되었다.

---

44) 1907년에 일제가 강요한 7조약, 즉 앞의 각주에 언급한 〈정미7조약〉을 말함.

국치기념일 강연의 단편[45)

　1910년 8월 29일 아마도 그날은 한국 역사상 한민족에게 가장 침통하고 굴욕적인 날로서 영원히 잊을 수 없을 것이다. 이날이 있었기 때문에 5천년 이래 한국의 찬란한 역사와 이천만 자유 민족으로 하여금 일시에 모두 죽음의 무덤으로 보내져, 영원히 씻을 수 없는 망국의 흔적을 깊이 새겨 놓았다!

　아아! 세월이 무정한 지, 아니면 인간의 관심이 없는 것인지, 망국 이후 참혹한 일본 제국주의의 무쇠발굽 아래에서 노예처럼 자유롭지 못한 생활을 한 지 어느 듯 13년의 긴 세월이 지났다. 이 기나긴 13년 망국의 날에 한국의 인민들이 시도 때도 없는 야만적인 유린 속에서 참혹한 생활을 하면서 깊은 지옥 속에서 신음하였다. 이광운 선생은 매년 이 날이 오면, 언제나 목청 높여 조정의 우매함과 무능을 통박하였고, 격분할 때는 가슴을 치고 다리를 구르며 하늘을 우러러 크게 욕을 하면서 눈물을 뚝뚝 흘리니, 많은 광장의 사람들 역시 따라 울어 눈물바다를 이루었으니, 이렇게 하여 대중이 감탄하는 가운데 모르는 사이에 대중들은 그들의 가슴 속에 애국심을 심게 되었다.

---

45) 저자는 윤봉길의 스승이 국치기념일에 학생들에게 한 감명 깊은 애국 연설 내용을 잘 옮겨 싣고 있다. 스승이 윤봉길에게 많은 영향을 주었음을 알 수 있다.

더욱이 그는 늘 그의 예리한 안목과 명민한 머리로 일반 학생들과 민중들에게, 왕조 쇠망의 원인과 과거로부터 내려오는 불행한 국운의 원인을 폭로하였다. 또한 학생들에게 민족을 사랑하는 길을 가르쳐 주었다. 그의 열성에 감화된 학생들이 모두 다 침통한 태도로 이 위대한 가르침을 받아들였다!

제12주 기념일을 맞은 이날, 이광운 선생은 여전히 비분하고 침통한 태도로 청중이 가득한 강단에 올라가 슬프기 이를 데 없는 얼굴로 사방을 둘러보고 강연을 시작하였다.

사랑하는 여러분, 나는 우리 한민족 삼천리강토의 운명과 이천만 대중의 생명이 아직은 다 죽지 않았다고 믿고 있습니다. 생명의 불길이 아직도 타오르기를 기다리고 있고 구원받기를 기다리고 있다면, 그리고 우리의 끓는 피가 아직 흐르고 있고 타오르는 마음의 불길이 아직 타오르고 있다면, 우리는 기꺼이 중대한 사명을 지고 노력한다면, 이 위험한 갈림길에서 방황하고 유랑하는 국가를 구원하기가 어렵지 않을 것입니다. 아울러 이미 죽어버린 자유를 회복하기도 어렵지 않을 것입니다. 우리 모두가 백절불굴의 정신을 가지고 있다면 성공은 우리 앞에서 그리 멀리 있지 않을 것입니다.

아! 사랑하는 여러분과 미래 전사들, 옛날에 피 흘린 선열들은 당신들이 그 피비린내 나는 선열들의 길을 밟아가서 그들이 남긴 뜻을 이어 가기를 갈망할 것입니다. 당신들은 마땅히 어떻게 노력하고 분투하여 이 목적을 이루어, 구천 아래 분노를 품고 죽은 여러 열사들을 위로할 수 있겠습니까?

여러분 나는 간절하게 여러분에게 바랍니다. 부디 자신의 사사로운 이익을 위해 다투지 말고, 마땅히 혁명에 투신하여 나라와 민족을 위해 희생하십시오. 적과 죽을 때까지 끝까지 투쟁하여 한시도 태만하면 안 됩니다. 아울러 당신들의 의식 속에 언제나 나라를 잃은 우리 한민족을 잊으면 안 됩니다. 이것은 인류가 우주에 생존하는 한 가지 가치 있는 생활이며, 또한 나라를 영광스럽게 하는 한 가지 위대한 일입니다. 그러나 한 걸음 물러나 알아야 할 것이 있습니다. 과거에 일찍이 수많은 선열들이 사람들을 놀라게 할 정도의 위대한 업적으로 이미 나라를 위해 적지 않은 희생을 하였음에도 불구하고, 오히려 왜 우리나라의 광명의 역사가 지금 이런 위험한 길로 돌아가게 되었습니까?

여러분, 이것은 우리 미래의 전사들이 검토하지 않으면 안 되는 중요한 문제입니다. 만약 이것을 가지고 병에 맞는 약 처방을 하지 않으면, 도리어 무수한 불필요한 희생과 무가치한 일을 초래하게 될 것입니다. 그렇다면 우리는 과거에 도대체 무엇이 잘못되었는지를 검토해야 할 것입니다. 누구도 부인할 수 없는 사실은, 바로 과거 역사에서 이미 우리에게 알려 주었듯이, 당파로 나뉘고 서로 서로 합치지 못하는 '이기적' 관념 속에서 자기들끼리 싸우느라 밖에서 적을 불러들여 우리 자신에게 화가 닥치게 되었습니다. 우리들이 기왕 이런 잘못을 철저하게 깨달았으면, 마땅히 밤낮으로 쉬지 않고 수시로 반성하고 단단히 기억하고, 아울러 자기가 짊어진 중대한 임무가 무엇이며 어떻게 나라와 민족을 위해 힘써야 할 것인가를 분명히 알아야 할 것입니다!

친애하는 여러분, 역사가 이미 우리에게 말해주었고, 우리 또한 이미 알고 있습니다. 과거 역사속 우리 한민족의 사상은 매우 유치하고 비천한 관념을 가지고 있었습니다. 그때 그들의 관념 속에 오로지 그 자신의 부모, 그리고 기타 혈육 관계에 있는 친족들만 알고, 그 외에 그들은 결코 이 관념 속 상상 속의 인물 외에도 어떤 민족이나 국가의 관념이 있는 것을 헤아리지 못하였습니다. 그래서 그들은 자기가 나라에 중대한 임무를 띠고 있는 한 사람이라는 것을 잘 몰랐습니다. 그들은 더욱 자신이 국가와 민족과 무슨 관계에 있는지 생각해 본 적이 없습니다. 심지어 한 국가 한 민족의 흥망이 인민의 '행복'과 '불행'에 어떻게 관계하는지 깨닫지 못하였습니다. 그래서 그들은 속 좁고 비천한 잘못된 관념 속에 오로지 욕망의 만족과 비루한 망상이 그들의 유일한 인생관이었습니다. 때문에 머릿속에 움직이고 있는 의식은 오로지 눈앞의 작은 이익을 탐내는 것이었습니다. 그래서 그들은 더 이상 미래의 무한한 행복을 멀리 내다 볼 수가 없었습니다. 여러분 이런 가족 개인의 관념은 잘못된 것임을 알아야 할 것입니다.

여러분 아 ― 그 당시 집정 관리들과 밑에 있는 인민들이 국가의 앞날이 위험에 처해 있는 것을 생각하지 못하고, 오로지 머리가 어지러운 미몽 속에 꿈같은 생활을 보내고 있었고, 오로지 기계처럼 지배 아래서 꼭두각시 같은 인생을 보내었고, 그들이 생각하는 직업의 근본은 대중을 위한 것이 아니라 개인의 밥그릇을 유지하기 위한 한 가지 간판(招牌)으로서, 심지어 '꼬리를 흔들고'(搖尾巴), '낯빛을 꾸미는'(獻鬼) 여러 가지 추태를 부리기까지 하였습니다. 이러한 잘못에 잘못이 더하여, 오늘과 같이 수습할 수 없는 지경에 이르러 온 민족이 거의 사멸하고 온 나라가 상실된 고통스런 날에까지 이르게 되었습니다.

아! 여러분, 우리는 철저하게 알아야 됩니다. 우리 국가가 멸망하게 된 가장 큰 원인은 어디에 있을까요? 이것은 어중이떠중이 당파 할거 외에도, 위대한 사명을 짊어진 역사의 수레바퀴가 일찍이 그의 흥망을 판결 내린데다가, 동시에 과거 우매한 관리의 바보 같은 정사 속에서 누적된 악정이 불러일으킨 것입니다. 그러나 여러분 물어 봅시다. 한말에 정사를 맡았던 관리들이 만약 사람마다 모두 개인의 이익을 포기하고, 희생정신을 가지고 일치단결하여 위급존망에 처한 나라와 민족의 생존을 구하려고 했다면, 그런 희생정신의 결정 속에서 반드시 이루 형용할 수 없는 위대한 힘을 발휘하였을 것이고, 비록 나라가 강성하고 민족이 흥성하는 형세를 이루지 못했을지라도 오늘 이처럼 망국의 전도 속으로 걸어들어 오지는 않았을 것입니다. 그렇다면 여러분, 아! 과거의 모든 것은 이미 어쩔 수 없는 비참한 역사가 되었으니, 다시 얘기할 필요도 없습니다. 지금 이 시점 다만 새로운 정신을 분발시키고 두려움 없는 힘을 내어, 일본 제국주의 지배[46]로부터 어떻게 탈출하여, 우리의 아름다운 강

---

46) 원문에는 호구(虎口). 일본 제국주의의 가혹하고도 위험한 지배를 뜻함.

산과 민족의 자유를 회복할 것을 모색할 수 있을까? 나의 생각으로는 이것은 매우 쉬운 일입니다. 오로지 2천만 온 민족의 머리 속에 한국 두 글자만 굳건히 기억할 것 같으면, 모두 한마음의 정신 아래서 위대한 임을 발휘할 것입니다. 그때를 기회로 모든 과거의 약점을 잡아서 철저한 이론을 세워, 철통같은 단결 하에서 적과 죽기로 싸우기로 하고, 북소리 울리며 창을 가지런히 하여 일제히 소리치고 나아가 적과 싸우면, 승리의 개선은 우리의 귀에서 멀지 않을 것입니다. 찬란한 광명의 빛이 비참한 우리의 강토 위에 다시 비치지 않을 수 없으리라 믿습니다.

아 여러분! 우리들은 우리의 시대가 가까이 오고 있음을 알고 있습니다. 더 이상 몰락하는 것을 좌시할 수 없습니다. '국가흥망은 필부에게도 책임이 있으니'(國家興亡, 匹夫有責), '죽기로 싸울 정신으로 나아가'(抱着破斧沉舟的精神去)[47], 나라와 민족의 영광을 위하여 무기를 들고 나아가 몸을 던져 적과 최후까지 싸워 봅시다!

---

47) 원문에는 파부침주(破斧沈舟), 파부침주(破釜沈舟)의 오기.

5시간 수면과 윤의사의 면학

윤의사가 이광운 선생의 지도를 받아 배양한 애국정신은 명철하고 진실한 것이었다. 매번 그가 2천 3백만 민족이 일본 제국주의의 발굽 아래에서 비참한 생활을 하는 것을 볼 때마다, 그의 마음은 마치 천만 개의 칼날이 일시에 그의 가슴을 찌르는 듯이 아팠다. 그러므로 그는 일본 제국주의의 만행에 매우 격분하여, 나라의 불행한 운명에 탄식하였다. 그는 자주 이렇게 돌이켜 생각하였다.

인류는 본래 모두가 평등한 권리를 가지고 있다. 그러나 왜 일본 제국주의자들은 우리의 권리를 압박하고 지배하는가? 한편으로 우리는 똑 같이 평등한 인류인데, 왜 그의 어지러운 발굽 아래에서 소와 말처럼 그들의 압박과 지배를 당해야 하는가? 이것은 아마도 세상을 만든 원리가 아닐 것이다. 아! 알았다. 이 모두는 현재의 인류사회 제도 아래 나타난 한 가지 불균형의 산물이다. 그 때문에 안락한 인류사회에서 흔히 애호, 신음하는 비참한 소리와 비린내, 붉은 유혈의 참극이 발생하고 있다. 우리는 마땅히 필사적으로 그와 대항하여 잃어버린 자유를 쟁취하여 노예처럼 우마와 같은 생활을 개선해야 된다. 나는 오로지 이것들 모두 우리의 힘으로 도모해야 인류 사이의 진실한 평등과 권력을 얻을 수 있다고 믿고 있다. 그래서 우리들은 무엇이든 두렵지 않다. 그들은 비록 살인적인 총포와 날카로운 기계로 우리의 저항을 막고 있지만, 어찌 우리의 용솟음치는 뜨거운 피를 막을 수 있겠는가? 또한 과거의 전쟁에서 붉은 피로 넘치는 인류의 역사와 한국의 망국사를 회상하면 어찌 우리를 격동시켜 뜨거운 피가 솟구치지 않겠는가? 비록 흉포한 노도의 창해가 있고, 높고 험한 산봉우리와 형극의 험한 길이 우리의 가는 길을 막았지만, 이 또한 어찌 우리의 끓는 피를 막을 소냐?

인류는 결코 환경에 예속된 존재가 아니며, 상대적 독립적인 고등 동물이다. 그러나 인류는 마땅히 고상한 이상을 가지고 환경을 극복하고 부패한 사회를 개조해야 진정한 인류이고 위대한 승리자이다. 또한 인류가 불평등한 속박 속에서 수많은 사람들을 위하여 진리의 깃발을 높이 들고 활로를 찾아 자신과 대중의 불평등을 극복하기 위하여 노력해야 인류사회를 위해 진실한 생명의 가치가 있는 일을 하는 것이다.[48] 만약 한 인간이 자신이 처한 나쁜 환경을 극복하지 못하고, 운명의 지배를 받는다면 그것은 약자이고 낙오자라는 표시이다.

이렇게 끊임없이 고민한 윤의사는 결코 이런 약자의 태도를 지니지 않았다. 그는 열악한 환경을 극복할 수 있는 위대한 힘을 가지고 있었다. 동시에 그는 장래 혁명의 깃발을 높이 들고 고함을 지르며 왜적을 물리쳐 자유로운 한국 민족을 회복할 것을 꿈꾸고 있었다. 그는 또한 임진전쟁에서 자그마한 거북선을 가지고 무수한 왜적 해군을 파멸시킨 용장 충무공 이순신 장군의 충성과 용기, 지혜의 사적을 생각하였고, 갑신혁명에서 실패하여 일본으로 망명한 김옥균 지사의 위대한 인격을 연상하였다. 그는 항상 여러 위인 열사의 사적을 자신의 앞길에 비유하였다. 동시에 그는 자주 과거에 먼저 돌아가신 의사들이 후세에게 남겨 준 사업을 마치 오로지 자신에게 남겨준 일로 생각하였다. 그가 이렇게 반성하고 자신 앞길의 위업을 상상하는 것은 헤아릴 수가 없었다. 그의 이러한 초인적인 생각은 일찍이 그의 빛나는 위

---

48) 원문의 문장은 애매모호. 전후 문맥을 통해 의역하였음.

대한 앞길을 보여주고 있었다.

윤의사는 이미 장래의 모든 사업의 성공은 모두가 근면과 희생정신에 달려 있음을 인식하였다. 그러므로 그는 다섯 시간 잠자는 습관을 들이고, 이를 발전시켜 나갔다. 그 나머지 시간은 모두 공부에 할애하였다. 그 후 그의 부모는 그가 이렇게 부지런히 고생하는 것을 보고 건강을 해칠까 걱정하여 그를 데리고 사냥을 권유하였지만, 마음이 굳건한 윤의사가 이를 듣지 않았다. 이처럼 다섯 시간 수면의 행동을 상해에 갈 때까지도 계속 굳건히 실행하였다. 윤의사의 이런 굳은 정신이 아마도 그가 이 위업을 이룬 근원이 아니었을까?

이광운 선생의 별세와 교사 세 사람의 추방

윤의사가 13세 때인 어느 한 가을, 그들이 유일하게 생각하는 이광운 선생이 갑자기 병으로 세상을 떠나 영원히 돌아오지 않는 저 세상으로 가셨다. 선생은 향년 42세였다. 자신의 부모보다 더욱 열정적이고 자상한 이 선생의 서거는 그들에게 어떠한 충격과 마음의 상처를 주었을까? 이 선생의 그들에 대한 교육은 열렬하고 충실하였다. 그래서 그들은 이처럼 열렬하고 충실하게 이 선생의 교육을 받았으니, 이 선생의 교육은 마치 암흑의 지옥 속에서 광명의 길을 얻은 것 같았고, 마치 연약한 작은 한 그루의 나무가 물을 충분히 공급받는 것 같았다. 그러나 지금 그들은 암흑 속의 빛이요 충분한 수분을 공급하는 근본을 잃어 버렸으니, 선생의 죽음은 어찌 그들로 하여금 슬픔에 젖어 탄식하고 원망하지 않을 수 있겠는가!

이때로부터 그들의 생명은 마치 어미를 잃어버린 염소처럼 불쌍하였다. 그들의 앞길은 마치 키 없는 외로운 배가 사나운 바다에서 어지러이 표류하는 것처럼 위험하였다. 그들은 현실 생활에서 더할 수 없이 슬프고 비통함을 느꼈다.

윤의사는 이때쯤에 겨우 사서(四書)(옛날에는 다 고문으로 공부하였다)를 다 읽었다. 바야흐로 청소년들이 학문에 정진할 때인데, 지금 이 선생의 서거로 인해 그들의 학문에 지장이 있어, 비록 이광운 선생의 서거는 매우 슬픈 일이지만, 그래도 장래를 생각하여 마음속의 슬픔을 참고 학문을 가르칠 새로운 선생을 찾아야 했다. 그래서 열심히 찾은 결과 평범하고 무능한 선생을 초빙하였다. 학생들이 매우 분노를 느꼈으나, "이미 쌀이 밥이 되어" 용납할 수밖에 없었다.

그 후 이른바 새로 초빙된 선생이 모든 학생을 관찰한 결과, 윤의사가 남다르게 총명하고 특별한 개성을 가졌음을 알아채고는 암암리에 그의 재능을 칭찬할 수밖에 없었다. 그래서 그는 자기의 모든 능력과 학식을 가지고 정성껏 학생들을 가르쳐 주고자 하였다. 그럼에도 불구하고 학생들은 역시 그의 무능함에 반발하였다.

사태가 갈수록 엉망이 되고 학생들의 감정은 이전의 반감에서 배척으로 바뀌었다. 윤의사 등 다수가 정면으로 나서서 직접 그의 지식과 능력에 대해 물었다. "선생님, 당신은 교육의 근본 의미가 어디에 있는지 아십니까?", "교원의 사명이 무엇인지 아십니까?"

"당신들처럼 이렇게 아둔하고 용렬하고 무능한 밥통 같은 선생들은 단지 교육의 근본적인 의미를 교과서밖에 모르고, 소위 교육자의 책임을 대충 가르쳐서 밥이나 얻어먹는 도구로만 여겼습니다. 예로부터 지금까지를 돌아보건대 우리 한국이 이처럼 다른 사람에게 통치당하고, 압박을 받는 망국의 처지로 전락한 것은 모두 다 당신들처럼 우매한 교육자들의 잘못 때문입니다. 당신들처럼 이렇게 나라를 오도하고, 민족을 오도하고, 남의 자제들을 오도하는 그 죄가 하늘 보다 높은 것을 아십니까?"

"당신들처럼 이렇게 완고하고 용렬한 관념으로 한 그릇의 밥을 얻기 위한 천한 욕망 때문에 나라, 민족, 남의 자식을 오도한 죄가 있다는 것을 혹 잠깐이라도 생각해 보았습니까?" "분명히 알아야 될 것은, 교육의 본질은 교육자가 민족의식을 키워 장래 국가와 민족을 위해 행복을 도모하는 것이 목적입니다. 아울러 교원의 책임은 선지자, 선각자의 책임을 가지고 후학들을 이끌고 장래 나라의 인재를 길러 새로운 사회와 국가를 개조하는 데 있습니다."

과거에 이 선생과 같은 분의 그 같은 열성적인 가르침 속에서 애국의식이 배양된 이런 학생들이 그런 무능한 선생을 만났으니 어찌 분노하여 쫓아내는 사태를 일으키지 않겠는가?! 이런 형세 아래 한 명을 초청하면 한 명을 쫓아내니 잇달아 3명의 교사를 교체하였는데도 그들이 필요로 하는 이상적인 교사를 구하지 못하였다. 그래서 그들의 마음속에 이미 이런 부패한 사회에서 다시는 이 선생 같은 열성적인 선생을 구하지 못한다는 것을 깨닫게 되었다. 그래서 이로부터 그들은 자기들끼리 연구하고 토론하는 방법을 택하여, 학업을 추진해 나갔다. 이 모두 윤의사의 지도 아래 진행된 일이었다. 비록 스스로 공부하는 힘이 이 선생님이 가르칠 때 보다야 미약하지만, 그들은 서로 부지런히 독려하고 노력한 결과 그 후 사서오경(四書五經)[49]에 대해 정통하지 않은 것이 없게 되었다. 이로 인해 마을의 여러 사람들은 모두 윤의사를 두고 장래 무언가 이룰 사람이라고 칭찬했고, 그에게 '소년 학자'라는 별칭을 주어 격려하였다!

---

49) 사서는 논어(論語), 맹자(孟子), 중용(中庸), 대학(大學)을, 삼경은 시경(詩經), 서경(書經), 역경(易經)을 오경은 삼경에 춘추(春秋), 예기 (禮記)를 포함한 것이다. 조선 왕조 5백 년 동안 양반 유생과 관료들이 학문을 연마하고, 과거 시험과 수양을 위해 가장 많이 읽은 고전이다.

한국 농촌 경제의 몰락과 참상

'일한 합병' 이후 기형적인 일본 제국주의의 자본주의는 한걸음씩 도시에서 농촌으로 적극 침략하고 있다. 마치 맹수, 독사처럼 신속하게 한국의 농촌으로 하여금 점차 파산, 몰락하는 고통스런 상황 속에 빠지게 되었다. 거기에다 토지 "소유권"의 법률을 확립한 이후 즉각적 적극적인 "토지겸병"의 사태를 몰고 왔다. 가증스런 일본 제국주의가 이런 비인도적인 참혹한 법률의 보호 아래에서 번화한 도시로부터 쇠퇴한 농촌 사회까지 착취와 약탈을 시작하였다. 지나가는 곳마다 모두 처참한 몰락과 공황을 몰고 와 전국의 경제가 모두 붕괴하는 참담한 지경에 빠지게 하였다. 이 붕괴하는 경제의 범주 속에 있는 인민으로 하여금, 생활의 요동으로 곤경에 빠지고, 흔들리는 앞날의 생활 위기로 아우성치게 하였다.

'화불단행(禍不單行)'50)이라. 거기에다 경제가 붕괴한 영향으로 농산물 가격이 폭락하고 도시 시장 구매력이 약해짐에 따라, 도시 안에는 파산한 영세 상인들이 점차 늘고, 일자리를 잃은 군중들이 점차 만연하였다. 농촌 생산물 가격이 하락하고 수입물품의 가격이 폭등하였다. 원래 농촌 경제 공황의 영향을 받던 농민들을

---

50) 화가 닥칠 때는 하나만이 아니라 동시에 여러 개가 닥친다는 의미.

더욱 더 죽음의 막다른 길로 몰아냈다.

이런 이중적 위기 아래에서 도살당한 인민들은 부득이 농촌에서 도시로 도망가고, 도시 사람들은 압록강 국경까지 쫓겨 건너가 부모, 유약한 처자를 이끌고 모두가 북만주를 향해서 도망을 갔다! 다만 약간의 자산을 가지고 있는 일부의 소지주들은 조상 대대로 물려받은 모든 땅을, 저당할 수 있는 것은 모두 저당하여, 마침내 더 이상 저당할 것이 없게 되었다. 이로 말미암아 다시 돈을 빌려 쓰고 융자를 받으니 고리대 독촉 때문에 모두 다 조국을 떠나 압록강 국경을 건너 북만주로 좀 더 나은 생활을 기대하며 떠났다.

또한 어떤 농부들은, 다른 사람들이 농촌을 떠나 다른 곳으로 살 길을 찾아 떠난 기회를 이용하여, 홀로 많은 농사를 지어 풍성한 수확을 기대하였다. 그래서 폭염과 비바람을 무릅쓰고, 굶주림과 추위를 참고, 흐르는 피땀과 몸의 고단함을 참고, 고생고생하며 농사를 지어, 정성을 다해 미곡이 누렇게 익어, 가을바람에 이리저리 흔들릴 때, 일 년 동안 흘린 피땀과 모든 굶주림의 고통을 하늘 저 멀리로 잊어 버렸다.

그런데 이런 공평하지 않은 사회에서는 언제나 고생하는 사람들에게 고통을 더해 주었다. 이때 가증스런 빚쟁이가 다시 와서 명을 재촉하는 바람에 고생 고생하여 굶주림을 참으며, 피땀과 눈물로 익어가게 한 미곡을 이들 농민의 손에 들어가기도 전에 이런 채무 저런 저당의 이름 아래 다 가져가게 되었으면서도 지주들이 본전을 내놓으라고 하는 난감한 지경에 처하였다! 불쌍하게도 다시 집안의 늙은이와 처자를 데리고 모두 도시와 북만주로 도망가서 다시 비교적 안정된 살길을 갖게 되기를 바랐다!

이처럼 잔혹하고 참담한 농촌경제의 파멸은 이미 전국 3천리 강토에 만연하고 있었고, 동시에 죽음의 빛과 신이 장차 2천 3백만 민족의 생명을 결정할 상황이었으니, 이런 수많은 어려움 속에서 이런 참상을 목도한 윤의사가 끓어오르는 분노를 참고 두 손을 꽉 쥐고 동분서주하여 부르짖으며 위망에 처한 농촌경제 공황 아래의 농민을 구제하려고 하였다. 그 때문에 많은 동지들은 농촌 경제공황의 위기를 어떻게 구제할 것인가 하는 방법을 생각해 내었다. 그 결과 농민조합의 초보인 농민회를 조직하여 구제방법을 삼았다! 이어 모든 것은 윤의사의 인도와 계획 아래 순탄하게 진행되었다.

농민조합의 초보인 「농민회」의 조직[51)

　소위 「농민회」는 「농민조합」의 한 준비 집단이라 할 수 있다. 바꾸어 말하면 농민
회를 조직하는 첫 단계로 농민조합으로 가는 하나의 준비 사업 집단이다. 그 조직의
내용과 취지로 말하자면, 농민들이 소액의 자본을 가지고 하나의 상품교역을 하는
실업회사를 운영하여, 저렴한 가격으로 농민들이 필요로 하는 모든 물품을 거래하
게 하는 것이다. 그 취지는 자본가 상인들이 여러 단계에 걸쳐 이익을 갈취함으로써
상인의 물품을 비싼 가격으로 판매하도록 하지 않고, 자기의 힘과 능력을 가지고 소
규모의 소비합작회사를 운영하여 낮은 가격으로 농민에게 판매하고, 또한 농민 사
이에 급한 융자금이 필요할 경우 마음껏 농민회에 가서 자금을 빌려 쓰고, 한 쪽으
로는 이자의 부담을 줄이면서 빚 독촉을 피할 수 있는 편리를 도모하고, 다른 한 쪽
으로는 자본가의 고리대 갈취와 채무 독촉과 약탈 등을 피할 수 있도록 하는 것이
다. 바꾸어 말하면 이런 사업의 취지는 한 쪽으로는 자기의 힘으로 자기의 위기를
극복하는 것, 다른 한 쪽으로는 다시 자본가 지주들의 이중 착취와 약탈을 피하는
것이다. 이런 사업 모두는 몰락하거나 발전하지 못하는 빈농사회에 매우 적합한 사

---

51) 농민회의 원명은 목계농민회다.

업이다. 다만 일이란 늘 사람의 뜻과 어긋나게 마련이니, 사람들이 비록 이런 뜻을 가지고 있더라도 이미 경제적으로 약탈당한 빈농사회에서 매우 작은 자본이라도 모으는 것은 어려웠다. 그럼에도 사람들은 그런 생각을 단념하지 않고, 열성적인 윤의사는 더욱 활발히 노력하였다.

그 결과 빈농의 몸에서는 결코 일시적으로 이런 자본을 낼 수 없지만, 윤의사의 제의에 따라 사람마다 집마다 매일 일상생활의 지출경비에서 약간씩을 덜어내 저축하여 사람마다 모두 실행할 수 있도록 결정하였다.

일은 이렇게 하기로 결정되었다. 모두들 이 일에 최대한 노력하고, 또한 윤의사와 열성적인 많은 사람들은 어떻게 노력하면 자금을 축적하고, 어떻게 하면 자기 힘으로 자기를 구할 수 있는지를 각처에서 농민들에게 강연하고 설명해 주었다. 이렇게 열심히 선전하고 저축한 결과 얼마 지나지 않은 몇 달 뒤 과연 많은 자금을 모았다. 그래서 당장 농민회 사업을 이루었으니, 이렇게 하여 윤의사는 농민회조직에 관한 일로 인해 매우 분주하였다!

윤의사가 월진회(月進會)[52] 조직을 발의하다

농촌경제 몰락의 거센 파도가 죽음의 기로에 서 있는 한국 빈농사회를 무참하게 유린하였다. 이런 비참한 상황에 처한 한국농민들은 굶주린 배를 움켜쥐고 죽음을 기다리는 것과 같았다.

비록 일부 빈농들이 이런 타고 남은 재와 같은 상태에서 운명의 신에 좌우되었지만, 다른 일부의 농민들은 아우성치며 살 길을 찾고 있었다. 사람들을 감탄하게 한 것은 이들 농민의 자제들이 거센 밀물 파도에 침식되어 가정의 재산이 다 탕진되어 부득이 학업을 중지할 상태에 처하였지만, 그들은 결코 이런 고통 때문에 지식을 갈구하는 욕망을 끊지 않고, 그들은 말끝마다 '인류 평등 교육'을 부르짖었다. 그러나

---

52) 이하의 본문에 자진회(自進會)로 되어 있으나 윤봉길이 1921년 조직한 월진회(月進會)의 착오로 보이나, 혹 다른 이유가 있어 그렇게 표현한 것인지는 알 수 없다. 이하 모두 월진회로 고침. 월진회는 우리는 날로 앞으로 나아가고 달마다 전진하여 조국 강산을 밝힌다는 뜻.(http://www.woljin429.com/ 사단법인 매헌윤봉길월진회) 월진회는 윤봉길의사가 중국으로 망명하기 전인 1929년 4월 23일 농촌의 발전을 위하여 충남 예산군 덕산면에서 세운 단체. 창립자는 회장 윤봉길 등 37명, 목표는 실력 배양과 경제 부흥을 통한 조국 독립이었다. 회에서는 부업을 희망하는 농가에 새끼 돼지나 닭 등을 나누어 주어 기르게 하였다. 현재 서울 양재 시민의 숲에 있는 윤봉길의사기념관에 월진회기(旗)가 전시되어 있다. '월진회 기'는 하얀 바탕에 3개의 초록색 선과 무궁화 도안을 넣은 깃발이다.

잔혹한 사회, 잔악한 인류는 더 이상 이런 외침을 들어주지 않고, 슬픔을 동정하지도 않았다. 여전히 옛 그대로 따라가고 있었다. 이렇게 타인을 침해한 자가 여전히 침해하고 있고, 부르짖고 있는 자는 여전히 부르짖고 있는 이런 상태, 분명하게 말하자면, 이것이 바로 '불평형'이었다!

그들의 교육 평등 요구는 세상 모르는 요구였다. 솔직히 말하면 지금 사회의 모든 것은 모두다 유산계급과 제국주의자들의 독점물이며, 교육 또한 어찌 사유제의 독점물이 아니겠는가. 지금 인류의 교육이 필요하다고 외치는 그들이야말로 억지로 부딪치며 허망한 생각을 하는 것이다!

과거에 사람들을 마취시키는 일반학자들의 궤변이 여전히 세상에 횡행하고 있다. 아직은 허풍이나 떨고 나이 먹은 것 외에는 내세울 것도 없는 지식을 가지고[53] 잠꼬대 같은 소리로 설교하고 있다. 가령 '나쁜 사람에게는 귀신이 와서 재앙을 주고, 착한 사람에게는 하느님이 복을 내려준다'는 역설(逆說)이 있었다. 이런 귀에 거슬리는 말은 과거에 인류와 고대사회에서 사람들을 '반항하지 않도록'하는 마취 도구로서 사용했다. 그런데 역사의 수레바퀴가 이미 그 시대를 지났고, 역사의 진실을 비추어 주는 거울[54]은 이미 자본주의와 제국주의자들이 무산자와 약자를 마취시키고 있는 요지경 속을 꿰뚫어 보고 있다. 똑똑한 사람들아, 똑똑히 보아라! 이런 냉혹하고, 사악하고, 어둡고, 부패하고, 공리적이지 못한 현실 속에서 눈에 보이는 것은 모두 토착 도적떼나 강도와 같이 마음대로 강탈하는 일밖에는 없다. 약자는 강한 자에게 굴복하고 있고, 무산자는 유산자에게 지배되고 있다. 그 어디에서 무슨 '하늘에서 복을 내려준다'든가 '귀신이 벌을 준다'든가 하는 일이 어디 있겠는가?

만약 위의 이치를 따른다면, 착한 이가 마땅히 복을 받고 악한 자는 마땅히 재앙

---

53) 원문에는 裝腔做勢와 「依老賣老」, '장강주세'와 '의로매로'란 나이 든 것을 내세워 아는 체 하거나 거만하게 구는 행동을 말함.
54) 照魔鏡.

을 받으니, 그러면 몇 천 년 전부터 바로 착한 사회에서 착한 생활을 유지하고 있는 한국의 인민들은 왜 '더 이상 악할 수 없는' 일본 제국주의자의 손에서 마음대로 도살되거나 잔혹하게 살해당하고 있는가? 이것도 '나쁜 사람에게는 귀신이 와서 재앙을 주고, 착한 사람에게는 하느님이 복을 내려준다'는 그런 큰 도리인가?

이런 "선"과 "악", "화"와 "복"이라는 것은 "유산자"와 "제국주의자"들이 없는 자들을 강탈하고 약소자들을 압박한다는 한 가지 속임수를 가리키는 것이 아닌가? 이런 마취의식을 높이 부르짖는 앞잡이들이 "부지런한 자는 귀하고", "게으른 자는 가난하다"는 잘못된 주장을 여전히 부르짖고 있다. 이것 또한 얼마나 모순된 현실 사회의 잘못된 이론이 아닌가.

안 보이는가? 자본가와 지주들이 일년 내내 날마다 "금옥고루(金玉高樓)"에서 "미주순갱(美酒醇羹)"[55] 속에 지내는 것이 그들의 일상이다. 반면에 많은 무산 대중들은 하루 한 끼도 제대로 먹지 못하고 인생길에서 방황하고 있다. 그러나 자본가와 많은 지주들은 별로 노력도 안하면서 자신들이 원하는 대로 돈을 마음껏 쓸 수 있다. 그러면서도 헤아릴 수 없는 많은 부동산과 재물들을 "금궤창고(金櫃倉庫)" 속에 깊숙이 넣어두어 썩어 문드러질 정도이다. 그들은 무슨 노력을 하여 이런 모든 물자와 금전을 누릴 수 있는 것인가? 반대로 빈곤한 대중들을 좀 보자. 그들은 조금도 게으른 적이 없는데 어찌하여 이렇게 굶주리고 추위에 떨며 생활해야 하는가? 이것이 바로 "부지런한 자가 부귀하게 된다(근자유귀, 勤者有貴)", "게으른 자가 빈곤하게 된다(태자유빈, 怠者有貧)"고 하는 것인가? 현실 사회에서 모든 것 다 평등하지 않고 모두 거짓이다. 더욱이 이처럼 사람을 마취시키고 속이는 잘못된 이론은 더욱 더 거짓이다. 어떤 자본주의자와 다른 종족을 통치하는 제국주의자들은 흔히 "반항(反抗)"은 도덕을 위배하고(?) 하늘의 뜻을 위배하는 한 가지 크나 큰 죄악이며, 만약 이를 범하면 "하늘에 죄를 짓는 것"이고 또한 "지옥으로 갈 일" 등등이라

---

55) 금옥고루(金玉高樓)는 크고 화려한 집, 미주순갱(美酒醇羹)은 좋은 술과 안주를 비유.

고 하면서 사기적이고 마취약과 같은 잘못된 선전을 일삼는다.

그러나 일본의 무단 통치하에 있는 한국인들은 과거의 기만과 실패를 통해 이런 흉악한 모습을 깨닫게 되었다. 그래서 그들은 한걸음 나아가 이들 미몽에 빠진 민중들의 의식을 각성시키고자 진실한 민족교육을 절실히 필요로 하였다. 그런데 위에 말한 것처럼 일본 제국주의와 자본주의의 착취와 약탈 아래 굶주림의 길에서 방황하고 배회하는 한국인들은 비록 이런 여러 가지 희망은 가지고 있었지만 그러나 힘이 없었다!

이런 위기와 인민들의 바람을 알고 있는 윤의사의 마음은 매우 아팠다. 더 이상 앉아서 볼 수 없다고 생각하여 일어나서 평소 뜻을 같이하는 몇 명의 친구와 고심하며 숙의한 끝에 "평등교육"과 "인류지식"을 추구하는 월진회를 조직하고자 계획하였다. 이로 인해 열성과 분투의 결실로서 농민회에 속하는 월진회를 성공적으로 조직하였다.

월진회의 종지(宗旨)[56]

1. 야학교를 조직하여 빈곤 아동에게 무상의 교육 기회를 제공함.

2. 농민강습소를 개설하여 무지한 농민들에게 과학적 합리적 농업의 상식을 촉진하여 진부한 농업생산 방식을 개량함.

3. 민중강연회를 개설하여 국내외 사정을 알리고 토론하며 공중과 개인의 위생 등을 강연하여 지식보급화를 촉진함!

4. 상호 친선, 친목의 미덕을 길러 민중단결의 힘을 공고히 함!

---

56) 종지(宗旨)는 으뜸가는 취지, 즉 가장 중요한 목적이란 뜻.

야학교(夜學校)의 성의

그 당시 경제의 어려움과 적당한 선생의 부재로 인해 학교를 계속 운영하기는 어려웠다. 이런 어려운 상황 아래서 많은 사람들이 학교가 없는 고통과 지식을 얻을 수 없는 고통을 느꼈다. 그리하여 대중의 어려움을 목도한 윤의사가 다시 학교를 세울 생각을 하여, 심신의 정성을 다하여 지역의 유지와 신사에게 도움을 청한 결과 문을 닫은 지 오래된 옛날의 서당 터를 얻어 이것으로 학교를 설립할 장소로 삼았다. 그로부터 윤의사는 이웃 마을의 어린이들을 모아 가르치기 시작하였다.

이후 몇 개월 지나지 않아 많은 학생들이 어려운 가정 형편 때문에 공부를 지속할 수가 없게 되었다. 그래서 많은 학생들이 휴학하여 집안일을 돕게 되니, 학교는 다시 점점 황폐해져 갔다.

공부할 기회를 잃은 아동들을 구하고자 고심하던 윤의사가 이를 보고 어찌 가슴이 메어지지 않을 수 있었겠는가? 그는 하루 종일 머리를 짜 내어 골똘히 생각하면서, 어떻게 하면 경제 형편 때문에 공부할 기회를 잃은 학생들을 구할 수 있을까 궁리하였다. 바로 이 무렵 월진회의 인도 아래 야학교 하나를 설립하고자 하였던 것이다. 이 뜻밖의 소식을 듣고 윤의사는 너무도 기뻤다. 즉시 자치회의 많은 사람들과 함께 각처에 가서 야학교육을 위한 경비를 모으고 가난한 학생들을 도와줄 동정금을 모금하였다. 윤의사의 열성에 마을 사람들과 돈 좀 있는 사람들이 탄복하여 모두 다 경비를 기부하였다. 그래서 아주 순조롭게 야학이 설립되었다. 촌민의 아이들이 모두 교육 받을 가능성이 있게 되었다. 며칠 안 되어 학생 수가 이미 40명이 되었다. 연령과 정도에 따라 반별로 나누어 교육을 실시했다. 교과목은 다음과 같았다. 국어·수학·농업·어학·일어·역사·지리 등등. 후에 일본 경찰의 단속으로 역사와 지리 수업은 폐지하게 되었다.

학생을 일깨우는 윤의사의 강연

　사랑하는 여러분, 여러분은 거의 모두 다 시대의 사명감을 지닌 청년들이지요? 그렇다면 우리 한국이 지금 처해 있는 입장이 어떤 것인지 분명히 알아야 되겠지요? 동시에 이런 지위에서 서 있는 우리 한국 청년들의 책임 또한 얼마나 중요한지 알아야 되겠지요?

　옛말에 이르기를 청년은 일 년 가운데 봄, 하루 중의 아침과 같아서 청년기는 만물이 탄생하고 모든 것이 부활하는 봄과 아침이며, 이제 막 피려고 하는 한 송이의 꽃망울처럼 무한히 빛나는 앞길이 눈앞에 있는 것입니다. 그러므로 우리는 청년기가 얼마나 찬란하고 귀한 것인지 잘 알고 있습니다!

　우리 청년들을 일반 사람들은 찬란한 보배라고 했으니, 이런 처지의 귀한 우리 청년 자신은 어떻게 노력하고 공을 세워야 이같이 가치 있고 의미가 있는 청년기를 헛되이 낭비하지 않을 것인가?

　여러분은 알아야 합니다. 이는 마치 농부가 밭을 가는 일과 똑같습니다. 농부는 봄날에 씨앗을 가지고 밭에 심고, 여러 차례 피땀을 흘리는 수고와 시간을 보내야 가을에 좋은 결실을 수확할 수 있는 것이지요. 청년들의 앞길을 닦는 일은 바로 농부가 농사하는 도리와 매양 한 가지지만, 이런 아주 귀중한 시기에 만일 열심히 미래의 씨앗을 기르지 않으면 어찌 앞으로 빛나는 위대한 앞길을 다질 수 있을까요? 여러분 이 일은 우리 청년에게 가장 중요한 일이며 가장 주의해야 할 큰일입니다. 만약 이를 놓치면 평생 동안 아무 의미도 없고 생명도 없는 생활에 빠질 것입니다. 여러분 우리 자신도 알고 있지요. 이런 망망대해 같은 사회에서 어떤 길이 우리 청년들이 달려가야 할 올바른 길인지, 어떤 길이 우리가 가지 말아야 할 어두운 샛길인지, 이때 어떻게 탄탄대로를 선택할 수 있을지, 청년 여러분은 더 이상 꿈속에 빠져 있지 말고, 계속 맹종하지 말고, 바보 같이 멍하니 있지 말고, 좀 더 총명해 지세요! 그렇지 않으면 결국 샛길로 빠질 것입니다. 이것은 찬란하고 존귀한 청년 시기에 어긋나는 것이 아니겠습니까?

그러나 총명하고 용감한 여러분, 나는 여러분을 굳게 믿습니다. 꼭 이렇게 아무 생각 없이 맹종하거나 바보 같이 지내지는 않을 것입니다. 지금 이 비참한 처지에 있는 나라와 몰락한 사회에 대해 반드시 심각한 인식과 판단이 있어야겠지요? 자신의 진로와 미래의 지향에 대해서도 반드시 상당한 준비와 희망을 가지고 있어야겠지요!

사랑하는 여러분. 지금의 사회와 국가는 가장 엄중하고 시급히 해결해야 할 과제를 우리에게 주었습니다. 즉 압박을 당하는 2천만 우리 동포들은 우리 청년들이 구해 주기를 바라고 있습니다. 그러나 이런 고통의 원인이 모두 우리 스스로 각오하지 않고 노력하지 않은 결과라는 것을 여러분은 알고 있습니까? 아울러 한편으로는 일본 제국주의 악마가 우리 모든 대중의 생명을 삼켜 그들의 발굽 아래로 밀어두고, 마음대로 짓밟고 착취하였습니다. 여러분 우리는 피 끓는 청년들입니다. 이런 처참한 일을 눈앞에서 보면서 어떻게 달갑게 이들 일본 야수들이 우리의 생명을 마음대로 찢어발기는 것을 조용히 참을 수 있겠습니까? 여러분, 저의 피가 혈관에서 터져 나와 살아 있는 마음을 불태워 말라버릴 것 같습니다. 여러 한국인 남아들이여, 피 끓는 청년들이여, 어서 꿈속에서 깨어나십시오. 일어나서 동방에 해가 뜰 때 무기를 들고 적과 싸울 준비를 합시다!

　사랑하는 여러분, 나는 일찍이 "사람"은 결코 환경에 지배를 받는 동물이 아니며, 오히려 환경을 극복하고 이겨내야 한다고 생각했습니다. 그래서 인류는 반드시 이런 합리적 조건 아래 새로운 생명을 개조하는 것이 인류의 본색이라고 말한 적이 있습니다. 바야흐로 일본 제국주의는 칼을 들고 흉악한 모습으로 우리를 공격하고 있습니다. 동시에 그들은 가장 잔혹하고 잔인한 수법으로 우리의 자유를 통치하고 우리의 생명을 착취하고 있습니다. 여러분, 들불이 이미 우리의 금수강산을 태우고 있습니다만, 아직도 우리 동포들은 생기가 없고 꿈을 깨지 못하여 참살당하기를 기다리고 있습니다. 사랑하는 여러분, 우리는 재빨리 이런 악한 환경을 타파하여 횃불을 들고 일본 적에게 역공을 가하여 우리의 강산을 탈환하고, 우리의 자유를 회복하여 우리의 빛난 태극기를 다시 찬란한 햇살 속에 높이 휘날리게 합시다!

　사랑하는 여러분, 우리가 지금 처해 있는 때로 말하자면 잘 수양하고 잘 교육을 받아야하는 귀중한 시기라고 할 수 있습니다. 그러나 보세요. 일본 제국주의의 야만적인 침략 이후 교육 또한 그들에게 빼앗겨 버렸습니다. 지금은 이미 그들의 지배하에 노예와 같은 교육을 받고 있고, 장래 일본 제국주의 지배 아래에 있는 노예가 될 준비를 하는 중입니다. 다시 말하면 그들은 아편을 사용하여 교육과 혼합해서 우리를 마취시키고 파괴하여, 우리가 영원히 그들에게 일어나서 반항하지 못하고 그들의 영원한 압박과 착취만 받는 노예가 되도록 하고 있는 것입니다. 여러분 우리 2천만 동포의 피가 벌써 왜적에게 빨려 버렸습니다. 그러나 그들은 만족하지 않고 더욱 더 우리의 생명까지 유린하고 있습니다. 아아! 여러분 "죽음"이 다가오니 기다리다 죽어도 죽는 것이고 칼 들고 저항하다 죽어도 역시 죽는 것이니, 어차피 죽음을 피할 수 없다면 차라리 맨손으로라도 저항하다보면, 우리에게 승리가 돌아올지 누가 알겠습니까? 여러분, 더 이상 미혹에 빠지지 마십시오. 만일 이렇게 계속된다면 모든 대중의 생명은 결국 도살당하여 앉아서 죽음을 기다릴 수밖에 없습니다.

만약 생존하고 싶고, 우리의 강산을 회복하고 싶으면 오로지 저항 한 길밖에 없습니다. 여러분 이처럼 아직도 앉아서 기다린다면 빛나는 앞길과 저항할 힘이 어디서 스스로 생겨날 수 있겠습니까? 우리가 우리를 구하는 것은 저항이라고 나는 굳게 믿습니다. 우리 당장 칼을 들고 적을 향하여 선열들의 피가 흐른 가시밭 같은 길로 나아가 산을 넘고 바다를 건너 죽어도 변치 않는 의지로 우리를 압박하고 우리의 피를 빨아대는 왜적들과 싸워 섬멸하여 우리의 강산을 탈환하고 우리의 자유를 회복하여 새로운 찬란하고 위대한 나라를 개척합시다!

사랑하는 여러분, 이런 위대한 힘은 반드시 우리의 이런 고통스러운 환경 속에 있는 청년들에게서 생길 것입니다. 동서양의 선현들도 일찍이 "땀흘려 일하는 것은 신성하다"(노공신성, 勞工神聖)고 말한 적이 있습니다. 당신들은 바로 존귀한 노동자들입니다. 지금 우리의 생활은 힘든 노동생활이며 비단 힘든 노동을 하고 있을 뿐만 아니라, 결코 수양을 하고 공부할 시간이 부족한 것을 알고 있습니다. 새벽 해가 뜨기 전에 어두움이 아직 땅을 덮고 있을 때 온 세상 사람이 단꿈 속에서 미소를 짓고 있을 때 당신들은 곧 바로 일어나 짧은 시간에 피로를 회복하지 못한 몸으로 논밭에 나아가 등에 땀이 밸 정도로 일을 하고, 황혼이 땅을 덮고 까마귀가 둥지로 돌아올 때 겨우 일을 마치고 호미를 등에 메고 달빛을 밟으며 돌아가서야 약간의 휴식을 취할 수 있습니다. 그러나 수고하는 여러분, 그래도 이 짧은 휴식시간을 이용하여 고단한 몸도 돌보지 않고 야학교에 와서 미래의 사업을 위하여 필요한 지식을 배우고 있습니다. 이렇게 남을 탄복하게 하는 정신을 갖고 있는 당신들은 어떻게 이런 무서운 의지를 견지하면서 자신의 앞길과 밝은 미래를 타개할 것입니까? 여러분 깊이 생각해 보십시오. 어떻게 하면 열악한 환경을 타파하고 우리 자신, 그리고 우리 2천만 대중을 위하여 빛나는 앞길을 개척할 것입니까?

사랑하는 여러분, 인류의 사업이 성공하려면 반드시 분투하고 일관된 정신으로 기초를 다져야 탄탄해 질 수 있다고 나는 믿고 있습니다. 여러분, 우리는 환경이 열악하고 앞길이 어둡다고 해서 비관하면 안 됩니다. 열악한 환경이 우리를 막을수록 우리는 더욱 우리를 막고 있는 악과 싸워야 합니다. 만일 우리가 열악한 환경과 암담한 앞길 때문에 비관한다면 이것은 약함과 위축의 표현이며, 사업을 성취할 수 없을 것입니다. 이런 비관은 결코 우리 한국 젊은이들에게 요구되는 근본적인 관념이 아닙니다. 비록 나라와 민족은 왜적에게 망했지만, 우리 2천만 위대한 불멸의 정신이 여전히 살아 있으므로 우리는 낙관하고 노력해야 합니다!

우리의 과거 역사를 되돌아보면 인류사상 가장 영광스럽고 위대한 열사들의 사적을 볼 수 있습니다. 그들이 처했던 환경이 어찌 우월했다고 할 수 있겠습니까? 그러나 그들은 초인적인 이상과 정신을 지니고, 오로지 대중의 이익을 위하여 영원히 피땀을 흘리면서 불멸의 업적을 남겼습니다. 이런 정신은 해와 달과 같이 영원히 함께 할 것입니다. 우리는 이런 업적을 뇌리에 깊이 새겨두고, 미래 사업의 스승이자 앞길의 표지로 삼아야 합니다.

사랑하는 여러분, 만약 높은 산이 없으면 어떻게 깊은 바다를 알 수 있겠으며, 만약 어두움이 없으면 어떻게 밝음이 있다는 것을 알 수 있겠습니까? 인류가 앞길을 개척하기 위해 노력하지 않으면 어떻게 미래의 행복을 기대할 수 있겠습니까? 여러분이 힘을 합쳐 적과 싸우면 비참한 국운은 곧 왕성해지고 노예처럼 부림을 당하는 2천만 민족은 반드시 자유롭게 해방될 날이 올 수 있을 것이라고 믿습니다!

사랑하는 여러분, 마지막으로 당부하고 싶은 것은 이론으로만 위대한 앞길의 광명을 상상하지 말고 "무쇠와 돌도 뚫을 수 있다"(金石可透)는 두려움 없는 정신의 중요함을 잊지 마십시오. 이 한 마디의 작은 격언은 비록 크지 않지만, 이 한 마디로 과거 나폴레옹은 전 유럽을 놀라게 하였습니다. 그는 항상 이 말을 가지고 자신의 사업을 일깨우고 자기의 앞길을 고려하면서도, 자주 남에게도 "사업의 성공은 모두 다 고생에서 얻은 것"이라고 말해주었습니다. 이 말은 실로 타당한 말입니다. 진(晉)나라 때 차윤(車胤)이라는 사람은 어려서 집안이 가난하여 책을 읽을 때 필요한 등불을 살 수 없어서, 반딧불을 잡아 꼬리 빛을 이용하여 책을 읽었습니다. 또한 손강(孫康)과 같은 사람들은 집이 가난하여 공부를 할 수 없어 달빛에 반사되는 눈빛을 이용해서 책을 읽고 나중에 큰 업적을 이루었습니다.57) 그들의 성공은 어찌 고생과 노력을 통해서 얻은 것이 아니겠습니까? 또한 흑인 노예를 해방한 미국 대통령 링컨58)은 어려서 집안이 가난하여 책을 살 돈이 없어서 오리털을 펜으로 쓰고, 풀잎 짠 즙을 잉크로 쓰고, 파초 잎에 글씨를 연습하면서 공부했습니다. 나중에 그는 미국의 대통령이 되어 흑인 노예를 해방시킨 전 세계에 유명한 인사가 되었습니다. 이 또한 어려운 환경에서 성공한 것이 아니겠습니까?

　사랑하는 여러분, 나는 지금 당신들이 어떤 고통과 곤란한 상태에 처해 있는지, 얼마나 방황하고 있는지 잘 알고 있습니다. 아무래도 그 사람들의 처지와 비교하면 많이 우월하리라 믿습니다!? 그렇다면 노력하십시오! 이들 과거 위인들의 사적을 여러분 미래 사업의 모범으로 삼고, 의지를 결정하고 목표를 바르게 세워 이상적인 길로 나아가 "죽음"의 댓가를 인식하여 마음껏 앞으로 가십시오!

　여러분 오늘 내가 말한 것을 목적을 이룰 때까지 영원히 깊이 기억하시기 바랍니다!!

---

57) 차윤과 손강은 형설지공(螢雪之功)의 고사를 낳게 한 주인공. 진(晉)나라의 차윤(車胤)이라는 소년이 집안이 가난해 등불을 켤 기름이 없자, 얇은 명주 주머니를 통처럼 만들어 많은 반딧불을 잡아넣어 그 빛으로 책을 읽었고, 손강(孫康)은 겨울에 창밖의 눈에 반사되는 달빛을 의지해 책을 읽었다. 두 사람 모두 이렇게 노력하여 크게 성공하였다는 데서 생긴 고사. 손강영설(孫康映雪)로도 불린다.

58) 링컨(Abraham Lincoln, 1809-1865). 흑인 노예를 해방시킨 미국의 16대 대통령. 남북전쟁 승리 후 게티스버그에서 다음과 같은 유명한 연설을 남겼다. "우리는(중략) 명예롭게 죽어간 용사들이 죽음을 두려워하지 않고 헌신했던 대의를 위해 우리도 더욱 헌신해야 한다는 것, 그들의 희생이 결코 헛되지 않도록 우리의 결의를 굳건히 다지리라는 것, 하느님의 가호 아래 이 나라가 자유롭게 다시 탄생할 것이며 국민의, 국민에 의한, 국민을 위한 정부는 이 세상에서 결코 사라지지 않으리라는 것을 다짐해야 할 것입니다."

교육에 대한 윤의사의 정성

    누가 인류사회의 진화가 느리다 하는가? 또한 누가 이 빠르게 진화된 문명사회에서 인류는 아무런 사회적 혜택을 받지 못한다고 하는가?[59] 인류사회는 신속히 진화되고 있고, 단순한 생활에서 복잡한 생활로 변하고 있고, 맨손의 노동을 과학적인 기계로 변하게 하여, 끊임없이 진화하여 오늘날과 같은 물질문명에 이르렀다. 이 문명사회에서 인류는 충분한 안락과 아름다운 삶을 누린다!

    소위 과거 인류가 옹호하고 숭배한 도덕이나 예교(禮敎)는 이미 역사의 수레바퀴를 따라 유물을 보관해 두고 진열하는 박물관이나 물건을 놓고 쌓아 두는 쓰레기통으로 들어갔다. 현대 문명의 세례를 받는 사람들은 이를 냉랭한 눈길로 백안시하거나 멸시한다!

    사실이 이와 같을진대, 다만 용렬하고 무능한 일반 교육자와 사기적인 일본 제국주의는 억지로 위대한 사명을 띠고 있는 역사의 수레바퀴를 억지로 멈추게 하여, 진부하고 시대에 뒤떨어진 폐물을 가지고 무식한 민중들을 속이고, 역사의 수레바퀴를 뒤로 돌리는 술수를 부리고 있다. 이런 식으로 우리 2천만 대중을 마취시켜 그들

---

59) 원문은 부정의 표현으로 표기되었으나, 문맥의 뜻을 고려하여 긍정의 표현으로 의역함.

을 영원히 노예와 같은 지옥의 삶으로 빠지게 하여, 일제의 무쇠발굽 아래 영원히 일어나지 못하게 억눌렀다. 이렇게 하여 그들은 마음껏 지배하고 압박하는 주권을 영원히 행사하고 있다.

아아! 역사 이래 일제가 약한 민족을 침략하여 마취시키는 술수를 부릴 때부터 혈기왕성한 청년들이 수없이 추락하였고, 노예가 되는 기로에서 희생되었다. 그래서 제국주의의 술수를 간파한 또 다른 청년들이 곳곳에서 자유의 생명을 쟁취하려다 피 흘린 일을 도처에서 들을 수 있었다. 이런 참담한 현상은 역사의 수레바퀴가 앞으로 나아갈 때 제국주의가 약소민족을 침략한다는 관점에서 보면 피할 수 없는 한 가지 현상이다!

일반적으로 "현대 교육"이라는 것은 인류가 진화하고 물질문명이 발전하는 가운데에서 발생한 것이지만, 한국처럼 일제의 식민통치하에서 진행되는 "문화 교육"이라는 것은 허울에 지나지 않는다. 실제로 민중의 생활과 인류 평등의 교육을 돌보지 않는 이런 어설픈 교육 아래에서 어떻게 좋은 교육 효과를 얻을 수 있겠는가? 사실 얼마나 많은 무고한 청년들이 희생되었는지 우리는 보고 들어서 알 수 있다. 교육 당국자는 단지 일제의 사기극 아래 진행되는 마취적인 교육에 아첨할 줄만 안다. 그 결과 자신들의 물질적 욕망만 만족시킬 뿐, 어느 겨를에 대중의 공동 이익을 위한 교육을 할 수 있겠는가? 이런 기형적 "약육강식"의 인류사회에서 정치·경제·교육은 모두 제국주의가 약한 민족을 속이고 삼키기 위한 도구일 뿐, 공평할 여지가 어디에 있겠는가? 소위 교육자라고 하는 선생들은 교육의 본뜻과 학생을 인도하는 책임을 확실히 알고는 있는가? 그들의 본뜻은 아첨해서 밥이나 얻어먹는 것으로, 하는 일이란 단지 밥그릇이나 채우는 일이고, 자신의 교육자로서의 본분은 망각하고 있다. 그들은 남의 자식을 망치는 큰 죄를 짓고 있다는 것을 더 이상 생각하지 않고 있다. 이같이 귀뚜라미처럼 서로 싸우는 참극이 발생하는 것은 이미 내재된 것으로서, 제국주의가 약소민족을 통치하면서 "문화침략"의 교육 결과 나타난 비극이자 피할 수 없는 현상이다!

지금 일본 제국주의의 통치 아래 우리 한국의 교육은 어떠한가? 우리 또한 대략 상상할 수 있다!?

내가 알기로는 현재 일제 통치하에 실시된 한국의 교육은 민족의식을 잃고 마취가 되게 한 사기적인 교육뿐이다. 결코 교육의 근본 의의를 가지고 있지 않다. 교육은 국가와 민족의 관념으로 보면 원래는 위대한 사명을 부여한 기초물이다. 일제의 통치에 아첨을 한 우리 한국의 교육자는 각오하지 않고 오히려 자기의 민족을 팔아먹고, 마취시키고 나라와 온 민족의 생명과 의지를 왜적의 발굽 아래로 보내 유린당하게 하고 있다. 이는 민중을 마취시키는 교향곡의 전주와 같다. 이 곡이 끝날 때 한국의 2천만 민족은 자기끼리 싸우는 참극을 빚을 것이다! 아아! 불쌍한 한국의 2천만 민족! 이것이 이미 우리의 마음을 충분히 아프게 하는 것인데, 아직도 많은 비극이 잇달아 밀려오고 있다. 이 또한 얼마나 비참한 일인가!

일제가 한국을 삼킨 후에 모든 정치, 경제는 악독한 왜놈에게 빼앗았다. 이제는 다만 거리에 헤매고 있는 2천만 한 민족의 잔명만 남아 있고 일제에게 분할 당하고 있다. 그러나 그것 역시 일제의 발굽 아래에서 분할되고 참살되고 있다!

아아! 모든 것을 뺏겨 버렸다. 남아 있는 목숨은 참을 수 없어 살아갈 길을 외치며 인류의 평등교육을 요구하고 있다. 그러나 이미 파산을 선고하고 몰락한 한민족은 어떻게 다시 살아가며 교육을 받은 가능성이 있겠는가?

이런 고통에 빠져 진퇴유곡(進退維谷)에 처한 인민들은 그야말로 죽지도 못하고 살지도 못하는 상황이다. 죽음의 신이 찾아와서 모두 다 잡아가 공평히 심판해 주기를 기다린다.

도시의 경제가 파산하여 전당강(錢塘江)[60]의 밀물처럼 밀려 들어와 일반적으로

---

60) 중국의 강 이름. 항주시를 거쳐 상해시 남회현과 영파시 사이로 흘러 황해와 만나는데 조수 간만의 차이가 커, 해마다 음력 8월 18일경 시속 25km 속도로 물살이 역류해서 유명하다.

안락하게 자급자족하며 생활하던 농촌사회도 똑같이 지옥과 같이 어두운 위기에 처해 있다. 결과적으로 도시와 농촌의 사람들은 부귀한 부자의 지위에서 소상인이나 소농의 지위로 몰락하였고, 소상과 소농민들도 파산하여 배고프고 추위에 떠는 빈민으로 전락하였다. 이같이 끊임없는 한국인 일반 민중의 참상은 더 이상 말할 수 없을 지경이다.

경제가 파탄이 난 결과 한 편으로는 이전에 교육을 받을 수 있었던 일반 소상인, 소농민의 자제들이 이제는 학비조차 부담할 수 없게 되어, 점점 퇴학을 해야 하는 참상을 빚게 되었다. 파산지경에 처한 인민들이 이미 이렇게 비참한데도 일본 제국주의 통치하의 교육당사자들은 파산한 집안 학생들의 고통을 동정하지 않고 오히려 인민들이 막다른 지경에 이른 기회를 이용해서 착취하려는 못된 생각을 가지고 "학생이 3개월 안에 더 이상 학비를 내지 않으면 법률 수속을 밟아 재산을 몰수 혹은 차압할 수 있다"는 규정을 내 세웠다. 이런 생명을 지옥으로 보내는 교육은 오직 참혹한 일본 제국주의 국가에서나 볼 수 있는 현상이다. 이는 일본 제국주의가 한국 교육을 착취하고 있는 진상을 보여주는 한 증거이다. 나아가 지금 일본 제국주의가 한국을 압박하고 있는 진상을 잘 드러내 주고 있다.

이미 애국 사상의 뜻을 품고 있고, 민족 교육을 구하고자 하는 윤의사는 이렇게 위급한 한국의 국운과 교육의 파멸을 보면서 더 이상 수수방관할 수가 없었다. 그는 어찌 한국의 인민이 부자유와 피지배 하에 있는 처지를 모르고, 그 또한 어찌 누군가가 나서서 국민들을 인도하여 일본 제국주의에 저항하는 행동이 큰 모험인줄을 왜 모르겠는가? 그러나 그는 이미 마음을 단단히 정하였다. 곧이어 동분서주하면서 돈이 없어 중도 퇴학한 학생을 위하여 기부금을 모았다. 나아가 자신도 일상 생활비를 줄여서 그들을 정성껏 도왔다. 윤의사의 성의는 촌민과 자산이 좀 있는 사람으로 하여금 탄복하게 하여 다들 주머니를 털어내 학생들을 도와주었다. 그래서 동정을 받은 학생들은 모두 다시 야학교에 들어갈 기회를 얻었다. 윤의사가 야학을 한

다는 소문이 나자, 날로 야학교의 성적도 좋아져 마을 사람들은 모두 다 윤의사의
이러한 성의와 정신에 감복하였다!

윤의사의 역사 교육 방법

역사 수레바퀴는 이미 근대 제국주의의 흉악한 얼굴을 드러내어, 제국주의의 통치하에 분할 당한 식민지 민중들로 하여금 혁명의 인식과 노선을 뚜렷이 가르쳐 주었다. 그래서 역사는 식민지 민중 혁명의 밝은 등불이 되었다. 이런 백색 공포61)가 가득한 제국주의 끼리 서로 승부를 다투는 현실 사회에서 오로지 강권자만이 유일한 승리자이다. 인류 사회의 모든 "이익"이나 "누림"은 강권자인 제국주의의 독점물이 되었으니, 어찌 약소한 식민지 민중들에게 이를 누릴 여지를 주겠는가. 때로는 식민통치를 받는 식민지 민중들은 고통을 참을 수가 없어 조용히 일어나 인류사회가 마땅히 누려야할 자유를 탈환하고자 투쟁했지만, 제국주의는 "자기에게 불리한 반동행위"라고 하여 악독한 수법으로 반항하는 민중을 진압했다. 그 결과 언제나 제국주의자들이 승리를 거두었다. 그러나 우리가 알아야 할 것은 시대의 수레바퀴가 궤도를 따라 천천히 나가고 있으니, 여기서 아마 양자간 승부를 결정하게 될 것인가?

---

61) 혁명 세력에 맞서 보수 세력에 의해 자행되는 폭력적 탄압 행위와 그 분위기를 칭하는 용어. 프랑스 대혁명 이후 반혁명의 일환으로 나타난 현상에서 유래했으며 백색은 부르봉 왕가의 문양인 흰 백합에서 유래.

한국이 일본 제국주의의 통치를 받은 이후 모든 이익이나 권력을 일본 제국주의에 빼앗긴 것은 더 이상 자세히 말할 필요가 없다. 그러나 교육상에 받은 고통과 압박의 깊이는 이루 다 말할 수가 없다. 일본 제국주의는 장기 통치와 한국 지배를 위해 마취적인 교육을 실시하기 시작하였다.

그중 가장 가슴이 아픈 것은 한국 고대 역사 과목을 단속한 것이다. 수천 년 이래 선조 고대로부터 전해온 찬란한 역사는 참혹한 일본 제국주의에 의해 잘려버렸다. 이것은 역사를 배울 자유를 잘라 버려 영원히 역사의 장을 열 기회가 없게 되었다.

윤의사는 어렸을 때부터 마음속에 혁명 의식이 자라 온 애국의사이다. 그의 눈앞에 보인 모든 참혹한 정황은 가슴을 칼로 베는 듯 아팠다. 게다가 일본 제국주의가 한국에 압박교육을 실시하여 민족의식을 대표하는 역사과목을 단속하는 것을 보고 더욱 분노하였다. 그러나 각박한 일본 제국주의의 폭력 아래 어찌할 수 있겠는가? 다만 이 국운의 불행함을 탄식하고 참는 것뿐이었다.

그러나 열렬한 윤의사가 비록 엄격한 법망에 감시 받고 있는 처지였지만, 그가 애를 써 노력한 결과 엄격하고 완벽한 일본 제국주의 법망의 감시 아래서 일본 당국을 피하여 자유롭게 한국의 역사를 교육하는 기발한 방법을 찾았다. 그러므로 예전에 걱정했던 한국 역사를 가르칠 수 없었던 결함을 이때쯤에서야 해결할 기회를 갖게 되었다.

일은 이렇게 간단했다. 수업 종소리로 평정한 공기를 깨지고, 걸음의 음파가 사람 귀에 들어왔을 때마다, 여전히 전과 똑같이 시간표와 맞춘 한국독본이라는 네 글자가 쓰인 책을 끼고 교실에 들어 왔고, 침중한 얼굴을 한 한국어 교수 윤의사가 학생들이 자리에 앉는 대로 진부한 예절을 거친 뒤 먼저 교과서 속의 글을 몇 개 골라 칠판에 써 놓고, 그 다음 침묵의 입을 열고 한 글자, 한 마디로 마음속으로 하고 싶었던 말을 하였다. 이때 학생들은 어떻게 했는가?

먼저 책상 위에 전과 똑같이 한국어 독본 및 여러 가지 부속 응용품을 놓고 각자

침착하고 엄숙하게 집중하여 귀로 듣고 머리로 선생님의 강의를 열심히 듣고 기억하였다. 그러나 뜻밖에 한국어를 가르치는 선생님이 입으로 하는 말은 이전에 학생들이 들은 적이 없는 한국의 고대 역사와 위인의 전기 등이었다. 이는 윤의사가 몰래 역사를 가르치던 익살스러운 요술이었다. 이 요술을 피우며 날마다 같은 일을 하였다.

짧았지만 귀중한 강의로 인해 학생들은 역사 강의를 매우 흥미진진하게 들었고, 그래서 놀라운 발전이 있었다.

광주학생의거와 30만 학생의 외침

　한국의 전라남도 광주에서 4~5리 떨어져 있는 곳에 광주여자고등(보통)학교와 광주일본중학교가 설치되어 있었다. 이 두 학교는 시내와 멀리 떨어져 있기 때문에 학생들이 모두 기차를 이용해서 통학하였다. 고요하고 조용한 읍에 어느 날 오후 갑자기 숨은 재난이 찾아왔다.

　따뜻한 남풍이 석양의 황혼을 따라 천천히 불고 있었다. 논밭에 일하는 농부와 거리 끝에 간식을 판매하는 사람들이 다들 각자 다른 물건을 메고 집으로 돌아가고 있었다. 먼지가 휘날리고 있던 넓은 학교 운동장은 황혼 속에 침묵을 지키고 있었다. 방금 전에 학생이 가득차고 시끄러웠으며 네모난 책상과 각종 비품으로 가득 찼던 교실도 조용히 침묵을 지키고 있었다. 남녀노소, 상인과 근로자, 학생과 선생님들로 가득 찬 3등 열차가 궤도를 따라 나아가면서 굴뚝에서 나오는 검은 연기가 조명등이 반짝이는 도시로 날아가고 있었다. 이때 붐비는 3등 열차 안의 한 구석에서 웃고 떠드는 시끄러운 소리가 들렸다. 자리에 앉아 있던 여학생으로부터 멀지 않은 다른 자리에 키 작은 일본학생 몇 명이 앉아 있었다. 그들은 한국인 여학생들을 빤히 쳐다보며 히히 하하하며 조롱하고 욕지거리를 하고 있었다. 그러나 이 여학생은 혼자 있었으므로 마음속으로 매우 불쾌하였지만 화를 내지도 못하고 어쩔 수 없이 분함을 참으며 그들의 희롱을 감수하였다. 집에 돌아간 이후 그 여학생은 울면서 오빠에게 얘기를 했다. 그의 오빠는 광주고등보통학교(남자학교)의 학생이었다. 여동생의 얘기를 듣고 매우 분개한 그 남학생은 다음 날 자기 학교에서 학생들 몇 명을 모아가지고 수업을 마치는 대로 보복하자고 한 결과 어제 그 학생들은 이 남학생들에게 많이 얻어맞았다. 그러자 일본학생들도 이에 굽히지 않고 곧 많은 일본인 학생들을 모아서 이쪽 학생들과 서로 싸웠다. 그래서 불행한 유혈사태와 함께 생명을 빼앗는 참극이 이때로부터 발생하기 시작하였다.

이렇게 쌍방이 모두 계속 싸움꾼을 증가시킨 결과 싸움터에서 한 사람이 여러 사람이 되고, 여러 사람이 다시 한 무리가 되고, 한 무리가 다시 한 단체가 되고, 한 단체가 다시 한 학교 전체가 되고, 한 학교가 다시 몇 개 학교가 되었다. 학생에서 학부모, 친척 이런 식으로 가족에서 사회, 국가로 확대되어 거대한 광주시는 한·일 두 민족의 싸움터가 되어 버렸다. 피와 살이 날리며 죽고 죽이는 아우성이 광주 주변의 산천을 진동하였다.

일본 제국주의자는 한국을 통치하고 압박하는 지위에 있었고, 한국 민족은 통치를 당하며 압박을 받는 처지였으니, 비록 한국 민족이 생명과 선혈을 뿌리며 저항했지만, 일본 제국주의의 강력한 무력에 저항할 수는 없었다. 한쪽은 무력으로 대응하였고 또 한쪽은 몸으로 저항한 것이었다. 그래서 압박자가 도살한 비례와 피압박자의 도살당한 비례는 수학식으로 말하자면 정비례가 되었다.

외치는 소리가 나오자마자 날카로운 칼이 휘둘러졌다. 외치는 사람이 곧바로 쓰러지고 신음을 하면, 칼을 휘두른 자는 흉측한 미소를 지었다. 이쪽은 외치고 저 쪽은 칼을 휘두르고 이렇게 끊임없는 외침과 내려치는 칼에 선혈이 누런 땅을 물들이고, 굳어진 시체는 돌이 깔린 길에 가득 널려 있었다. 신선한 공기는 피비린내 나는 사악한 공기로 변해갔다. 하지만 외치는 사람과 칼을 휘두르는 사람은 여전히 피살과 도살의 행진을 지속하고 있었다.

거짓 티를 내고 모르는 척하던 일제의 경찰 당국은 처음에는 학생들을 시켜서 한국인을 마구 죽이다가 이제 와서는 인명과 관련된 형세가 험악해지고 저항하는 형세가 첨예하게 확대되자, 이 기세를 이용하여 무력으로 나서서 저항하는 학생들을 진압하여 해산시켰다. 한 걸음 나아가 이유 없이 많은 한국 학생들을 감옥에 가두었지만, 길에서 죽은 학생과 중상자들은 전혀 안장해주거나 치료해 주지 않았다. 반대로 일본학교 학생 중 부상자와 죽은 자는 치료해 주고 집에까지 호송해 주었다. 그리고 구속된 일본인 학생들은 즉각 석방해 주었다. 이 비참하고 고통스러운 소식이 즉각 전국에 널리 퍼지자 전국 각지의 민중들이 매우 분개하였고, 같은 처지에 있던 한국인 학생들은 더욱 분개하여 전국 30만의 대·중·소학생들이 각종 편지와 문자로 서로 연락하고, 탄압을 당한 광주학생들을 격려하고 동정하는 마음으로 태극기를 높이 들고 대열을 지어 시위를 하였다. "일본 제국주의를 타도하자", "참살 당한 광주 학생을 원조하자", "국권과 자유를 회복하자", "대한 독립 만세"라는 구호를 외쳤다. 그러나 자신들에게 저항하는 추세를 지켜 본 일본 제국주의 당국은 노발대발하여, 곧 무장 경찰과 기병대 경찰을 동원하여 무자비한 횡포로써 군중들을 탄압하기 시작하였다. 이런 상황에서도 여전히 학생과 경찰 사이에 정면충돌이 지속되고 있었다. 그 결과 저항의식이 높은 수 만 명의 학생들이 강력한 무력 탄압 하에 결국 마음속의 분노를 참으며 해산하였다. 그런데 경성, 평양 등지 학생들의 저항하는 추세가 대단히 격렬하였기 때문에 경찰력만으로 탄압할 수가 없자 군대를 동원하였고, 결국 압박과 통치 하에 있던 한국의 학생들은 분노를 참으며 점차 이 일로부터 조용히 물러 설 수밖에 없었다.

사태는 비록 실패로 끝났지만, 전국 곳곳의 공립학교 학생들이 퇴학하는 일이 점차 증가하게 되었다!

실패하였지만 이 사건은 오랫동안 미몽에 빠져 있던 민중과 학생들을 깨우쳐 적지 않은 반성과 자극을 주었다. 이 사건 이후 여러 학교에서 자주 반일 운동이 발생하였다!

광주학생의거에 대한 윤의사의 강연

여러분, 만약 당신들에게 아직도 흐르는 피가 뛰고 있고, 아직도 순환하는 기운이 흐르고 있다면, 일본 제국주의의 참혹한 압제 아래에 있는 2천만 동포의 통곡을 귀 기울여 들어보시오!

만약 당신들에게 아직도 마음의 불이 타고 있고, 살아갈 의지가 있다면, 당신들의 밝은 눈으로 일본 제국주의의 번뜩이는 칼날 아래 민족과 나라를 위해 희생한 학생 들의 원한 맺힌 참상을 좀 보시오!

그들은 잘 압니다. 자기의 생명을 파괴하거나 어두운 감옥에 들어가는 일이 무섭 고도 고통스러운 일인 줄 잘 압니다. 그러나 그들은 적의 압박과 착취 하에 온 2천 만 민족을 위하여 자기 생명을 버리면서 일본 제국주의의 독한 채찍과 형벌을 기꺼 이 받으려 합니다!

사랑하는 여러분, 이들 탄복을 자아내는 학생들은 대중과 조국을 위하여 이미 자 신들을 희생했습니다. 그러므로 똑같은 피압박 환경 속에 있고, 똑같은 일본 제국 주의의 지배와 유린 하에 있는 우리는 이런 대중과 조국을 위한 정신과 책임을 가지 고 그들처럼 투쟁해야 합니다. 그러자면 여러분도 그들과 똑 같은 열렬한 정신을 품고, 오늘부터 웅장한 뜻을 견고하게 갖고, 각자 자신의 임무를 맡아 그들과 더불어 같은 전선에서 온 강산을 탈환할 책임과 2천만 민족정신을 회복하기 위하여 우리의 큰 적인 일본 제국주의를 파멸시켜 새로이 위대한 나라와 민족을 건설합시다!

여러분 내가 소위 "각자 자기의 사명을 맡는다."고 한 논점을 잘 알아야 합니다. 단지 전장에서 생명을 바친 것에 대해서만 논의한 것이 아니고, 자신의 장점을 잘 발휘할 수 있도록 하여 나라를 위하여 충성을 다하자는 것입니다. 여러분 중에 혹시 검술을 잘하는 사람이 있으면, 즉각 전장에 나아가 적과 싸우고, 교육을 잘하는 사람이 있으면 애국교육의 임무를 맡아 노력하고, 정치 재능이 있는 사람은 정치로써 나라를 구해야 합니다. 다만 사람마다 모두가 애국과 희생의 정신을 가지고 각자의 능력을 잘 발휘하고, 각자의 사명을 부담하면 우리들이 품고 있는 목적을 반드시 이룰 수 있을 것입니다. 그러면 우리가 탈환하고자 하는 국권과 자유는 멀지 않은 장래에 우리 손에 들어 올 때가 있을 것입니다!

마지막으로 여러분도 오늘부터 견고한 의지와 목표를 세우고, 분투와 희생의 정신을 가지고 앞으로 나아가도록 노력합시다!

윤의사의 구속과 학교 떠남

옛말에 "만약 남이 모르게 하자면, 자기 자신이 하지 말아야 한다."는 말은 참으로 맞는 말이다. 윤의사가 적극적으로 애국교육을 시작할 때부터 윤의사는 누차 애국사상을 고취하는 과격한 주장을 피할 수 없었다. 그래서 일본 제국주의 경찰 당국은 몇 번 단속하고 경고장을 보내었다. 그러나 열렬하고 적극적인 윤의사는 결코 이런 일로 인해 자신의 임무를 포기하지 않고, 오히려 더 열심히 노력하고 적극적이었다!

다행히도 그곳 경찰 당국은 윤의사가 있는 곳에서 4~5리 떨어져 있어 윤의사에 대해 감시하고 경비하기가 다소 어려웠다. 그런데 그들은 윤의사가 반동사상을 고취한 주모자라고 하여 자주 밀정을 보내 윤의사의 행동을 정탐하도록 하였다.

광주학생의거로 인하여 곳곳에서 일본 제국주의가 무고하게 압박하는 행위에 대해 저항하는 조류가 대폭 증가했다. 그래서 현지의 경찰도 윤의사가 다른 행동을 할 것이라 여겨 몰래 그를 감시하고 있었다. 공교롭게도 그때 윤의사가 학생들에게 다시 애국사상을 고취하는 강연을 하고 있다는 소식을 일본경찰 당국이 알게 되었다. 그래서 거듭 죄를 범했다 하여 윤의사를 구속했다. 일본 제국주의가 심문한 결과 무지한 학생들에게 반동의 사상을 선전했다는 이유로 야학교의 문을 닫고 3주 동안 구속하라는 판결을 내렸다. 윤의사는 이런 불공평한 판결에 강력히 반대하였다. 그는 학교의 문을 닫으라는 이유가 무엇이냐고 질문하였다. 만일 당신들이 반동적인 사상을 선전한 것을 나의 개인적인 이유로 삼는다면 당신들은 나 한 개인을 마음껏 징벌할 수 있지만, 어찌하여 나 개인의 사정으로 인해 전도가 양양한 학생들과 학교를 연루시키는가? 이것은 "무리하고 강제적인 판결"이라고 윤의사는 주장하였다.

그 후 힘 있는 많은 지역사회의 유지와 신사들이 강력히 경찰당국과 교섭하고 청구한 결과 학교를 폐지한다는 명령은 거두게 하였지만, 윤의사의 3주간 구속은 면할 수 없었다.

그 후 윤의사는 여러 사정과 주변 환경이 허락하지 못하여 부득이 3년 동안 가꾸어 온 학교를 떠나기로 결정하였다.

윤의사의 열성적인 지도 아래 진실한 애국교육을 받던 학생들은 윤의사가 떠나게 된 것이 매우 가슴 아픈 일이었으므로 그들에게 막심한 충격과 불행을 안겨주게 되었다. 동시에 그들은 앞으로 다시는 윤의사와 같은 열성적인 선생을 구할 수 없을 것으로 굳게 믿었다.

윤의사는 곧 몇 년 동안 환란을 함께 한 학교를 떠났지만, 그가 열성을 다해 이룩한 공적과 정신은 영원히 이 학교에서 찬란한 빛을 낼 것이다.

송별회

학생들이 윤의사가 다른 곳으로 떠난다는 소식을 듣고 모두 마음이 아팠다. 그들은 마치 밝은 조명등을 잃고 어두움 속에 방황하는 것처럼 앞길이 암담하였다!

윤의사가 구속된 후 3주 만기가 되어 출옥하자 그 다음날 학생들은 마을 사람 백여 명을 소집하여 조촐한 송별회를 마련하여 조용히 이별식을 진행하고자 하였다.

시간이 되자 열렬한 박수 소리가 울렸다. 윤의사가 쓴 웃음을 지으며 한 걸음 한 걸음 강단으로 올랐다. 날카로운 눈으로 주변을 돌아보고 비통한 목소리로 이야기를 시작하였다.

연단 아래 청중들이 윤의사의 비통한 목소리를 듣고 사형 판결을 듣는 것처럼 마음이 침통하였다. 다들 고개를 숙이고 조용히 눈물을 흘리면서 윤의사의 강연을 들었다.

윤의사의 송별회 이별사 한편

"3년의 긴 세월이 물 흐르는 듯이 지나갔습니다. 생각해 봅시다. 우리는 긴 3년 동안 고생도 같이하고 즐거움도 같이 하였으니, 그 생각을 할 때마다 매우 즐겁습니다. 아무리 악마들이 우리를 위협하고 왜놈이 우리를 막았지만, 서로 협력하고 분투하는 정신을 지닌 우리들은 그 환란의 악마를 축출해 내어 비로소 오늘과 같은 귀하고 찬란한 날을 맞이하게 되었습니다. 이것이 우리가 거둔 승리임을 조용히 축하해야 할 일이 아니겠습니까?

그러나 기쁜 반면에 불행한 일도 생겼습니다. 이번에 일본 제국주의가 나를 구속한 후 주변 환경 때문에 나는 여러 분들과 더 이상 같이 있을 수 없게 되었습니다. 그래서 오늘부터 여러 분과 잠시 동안 이별을 해야 하겠습니다. 하지만 이별한다고 해서 서로 슬퍼하지 말고, 또한 이 때문에 이전과 같은 열성과 분투 정신을 버리지 마시고, 여전히 다하지 못한 우리의 책임을 위해 노력하여, 민족과 나라를 구할 책임과 우리가 처한 열악한 환경을 벗어나는 목적을 이루어 갑시다!"

이처럼 격정적인 어조의 강연에 이미 청중들의 마음이 뒤흔들려, 모두에게 공명을 불러 일으켰다. 윤의사는 이어서 말했다.

"사랑하는 여러분, 우리는 이런 죄악의 사회에서 우리의 적이 누구인지 알아야 합니다. 우리에게 팽배한 뜨거운 피로 적과 싸우고, 모든 악마와 장애물을 제거하여 계속 전진하여 적의 진영을 부수어 횡포한 왜적을 모두 죽이고 승리의 깃발을 손에 들고 우리나라 만세를 크게 외칩시다!"

격앙된 목소리가 청중들의 위축감과 일본에 대한 두려움을 몰아내어, 모두의 몸을 긴장시켜 마치 당장이라도 예리한 칼과 단총을 잡고 왜적을 죽이고 마음속에 있는 분노를 떨쳐버릴 것 같았다. 그는 다시 이어서 말하였다.

"여러분, 나는 우리의 싱싱한 피가 아직도 우리 몸속에 흐르고 있다고 믿습니다. 나라를 사랑하고 동포를 사랑하는 의식이 아직도 생생하게 뛰고 있다면, 비록 지금 우리들이 하늘 아래 다른 곳에 있더라도 우리의 이런 흐르는 피와 사랑의 의식이 영원히 한 곳에서 뭉치게 될 것이며, 이로써 우리 앞날의 성공을 돕게 될 것입니다. 그러므로 여러분, 우리의 몸은 비록 떨어져 있다 해도 슬퍼하지 마십시오. 당신들의 곁에는 아직도 죽지 않은 영혼이 당신들과 같이 고락을 함께 하고 있습니다. 우리 환경이 이럴수록 우리는 끝내 광명의 정도로 밟아 나아가 위험한 길에서 방황하고 있는 우리 동포와 나라를 구할 때까지 우리는 마땅히 더욱 노력하고, 분투해야 합니다.

이러한 환경과 시대에 처한 여러분이 반드시 알아야 할 것은 여러분은 나라의 동량이자 시대를 개조할 책임을 지고 있다는 사실입니다. 그러므로 여러분 부디 이런 중대한 임무를 포기하지 말고 잊지도 말고, 시대의 책임을 굳건히 지고, 나라를 해방시키고 인류를 개조합시다!

끝으로 여러분, 오늘 내가 한 말을 늘 기억하시기 바랍니다. 동시에 항상 머리와 마음속에 민족과 국가를 위하여 저 하늘가와 저 땅 끝에 있는 나를 생각하면서 여러분의 장래 책임을 결코 잊지 마십시오. 이것으로 저의 말을 마치겠습니다."

비장하고, 긴박하고, 나지막한 윤의사의 이별사가 여기서 멈추었다!

학생의 답사

학우 여러분, 우리는 3년 동안 고락을 함께 하시며 열성적으로 우리를 지도해 주시고 이제 곧 우리 곁을 떠나는 윤 선생님을 위하여 이 송별회를 열었습니다. 여러분의 마음이 한 없이 슬프고 아픈 것을 저도 잘 알고 있습니다. 그렇지만 이처럼 "불로장생"할 수도 없고, 인형처럼 "조용히" 살 수도 없는 인류사회에서 이별이란 피할 수 없는 일입니다. 오늘 윤 선생님은 우리를 떠나가니 모두 마음이 아픈 것은 당연한 일이지만, 우리는 슬퍼하지 말고 호쾌하게 오늘의 송별회를 진행하여 그 분의 빛나고 위대한 앞길을 축하합시다!

학우 여러분, 우리의 유치 무식한 관념 속에 우리의 몸을 만들어 준 미장공이 우리의 부모이고, 우리에게 생명의 혼을 불어 넣어준 은인은 우리의 윤 선생님이라고 생각합니다. 이 점에서 3년 전의 우리를 다시 생각하면 그때 교육을 받지 못한 우리는 완전히 의식이 없고, 생명이 없는 하나의 딱딱한 육체뿐이었습니다. 오로지 어둡고 열악한 환경 아래에서 아무런 느낌 없이 적의 뜻대로 분할되고, 압박을 받는 것만 알았습니다. 그러나 윤 선생님의 열성적인 교육을 받고 오늘의 우리는 무식한 머릿속에 의식과 생명의 불꽃이 이미 심어졌습니다. 동시에 오늘 우리가 처한 환경이 얼마나 나쁘고 위험한 지, 우리를 압박하고 분할하는 사람이 누구인지 우리는 잘 알았습니다. 동시에 우리가 한 걸음 나아가 앞으로 우리가 가야할 길과 목표가 어디에 있는 지 멀리 내다보았습니다.

여러분 오늘 우리가 이렇게 위대한 지식과 성취를 이룰 수 있었던 것은 윤 선생님이 3년 동안 백방으로 수고하시고 열정과 성의를 가지고 희생한 결과입니다.

이러한 윤 선생님의 산보다 높고 바다 보다 넓은 은혜와 힘이 얼마나 위대합니까? 그 분의 위대한 희생정신과 열성적인 의지는 영원히 우리의 모범이며, 우리의 머릿속에 깊이 기억되고 뼛속에 새겨질 것입니다. 이것으로 우리는 현실의 나쁜 환경을 타파하고, 미래의 목적을 실현하는 무기로 삼게 될 것입니다!

끝으로 윤 선생님의 열성과 희생정신은 영원히 우리와 같이 있고, 우리의 목적을 이룰 때까지 우리를 채찍질을 해 주고 일깨워 줄 것입니다.

우리는 오직 각자 책임을 지고 열심히 노력함으로써 곧 우리를 떠날 윤의사의 과거의 모든 성의와 가르침을 위로해 드려야 할 것입니다!

윤의사 고향을 떠나다

옥은 갈수록 그 빛이 더 번쩍이고 영웅은 어려울수록 그 의지가 더욱 견고하다. 윤의사는 결코 환경이 나쁘다 하여 앞으로 나아갈 의지가 꺾일 사람이 아니었고, 환경이 그를 막을수록 극복할 가치가 더 크다고 생각하였다. 적들이 그를 감시, 구금, 압박할수록 그는 그들과 더 싸우려 했다. 과거에 비록 그는 감시, 구금, 압박을 받은 일이 있었지만, 그는 조금도 위축되지 않고 임무를 소홀히 하지 않았다. 오히려 더 열심히 농민회, 자치회, 학교기관을 조직하여 학생과 민중의 사상을 깨우치고자 이처럼 계속 투쟁하고, 또 투쟁하였다.

시대의 수레바퀴가 흐르는 세월 따라 인류사회의 앞길을 이끌고 있다. 시대가 끊임없이 바뀌어 오늘과 같은 약육강식의 기형적인 사회에 이르렀다. 그래서 환경과 지역에 따라 각기 사정도 다르고 요구도 달랐다. 윤의사는 이렇게 몰락하여 압박과 착취를 당하는 약소한 한국 민족의 농촌사회에서 그 또한 외쳤다. 그러나 큰 공명을 불러일으키지는 못하였다. 그래서 그는 이런 곳에서는 발전하기 어렵다는 판단을 하고 몰락한 농촌을 벗어나 넓은 대도시로 가야겠다고 생각했다. 그래야 더 위대하고 진보적인 혁명의 힘을 얻을 수 있다고 여긴 것이다.

그래서 그는 농민회의 임무와 그 지역에서 맡았던 모든 일을 평소 그와 뜻을 같이 하는 지인에게 넘겨주고 슬픔을 참으며 그의 고향, 늙은 어머니, 사랑하는 부인을 떠나 눈물을 머금고 동경하는 도시를 향해 출발했다.

유랑하는 몸은 정처가 없었지만, 오랫동안 동경하고 생각해 온 상해가 결국 그의 목적지가 되었다.

그는 고향을 떠나 부모와 이별하는 슬픔을 느끼며 시 한 수를 지어 마음을 달랬다.

고향 떠나 유랑하는 사람(流浪離鄕的人)[62]

(백화문(白話文)체를 한국어로 번역하였다)

도깨비가 고향을 점령하고 있으면서
자유로운 사람들을 다 불지옥 속으로 밀어 넣어 버렸다
남은 것이라고는 단지 잿빛의 옛 땅과 희끄무레한 일그러진 뼈다귀뿐
고향이여. 너의 운명!

기억하거니와 나의 어릴 적에
현재의 이 고향은
즐거운 봄 기분으로 가득 차 있었고
자유로운 노래 소리가 넘쳐흐르고 있었다
지금의 이 고향은
서럽게 신음하는 숨소리가 진동하여 고막을 마비시키고
휘날려 뿌려지는 붉은 피가 잿빛의 땅에 그득히 흐르고

---

62) 원문의 시 제목은 「고향 떠나 유랑하는 사람」(流浪離鄕的人)이다. 이 시는 윤봉길의사가 1930년 3월 6일 고향을 떠나면서 지은 시. 중국 상해에서 1934년 간행된 『윤봉길전(尹奉吉傳)』에 중국어로 번역되어 실린 원래의 시를 학술원 회원이었던 고(故) 차주환 박사가 다시 번역하면서 「이향시(離鄕詩)」란 제목을 붙였다.

사람들의
몸과 목에는 다 부자유의 멍에가 씌어져 있고
입과 귀에는 부자유의 봉함이 붙여져 있으니
고향이여! 지난날의 모든 것
자유. 즐거움.
다 어디로 가버렸는가

지금 나는 마귀한테 쫓겨 나와 버렸고
인생의 나그네 길에 오르려 한다
머뭇거리며 길에서 방황하는데
어디로 향해 가나. 오!
어느 곳이 나의 귀착지인가

아무래도 괜찮다
떠돌아다니다 어느 곳에 밀려간들
바라기는 하늘 끝이건 바다 귀퉁이건
다만 인류가 동정하는 돌아갈 곳이 있기만 하면 된다
꼭 그곳으로 달려간다

보라! 귀착지가 나를 향해 오라 손짓한다
험한 길 막다른 데에
자유의 불꽃이 피어있고
생명의 샘물이 흐르고 있다
그곳이 곧 인류의 귀착지이다

나는 서둘러 이 험한 길에 올라섰다
산을 넘어가고 바다를 건너가고

깊은 골짝을 뛰어넘고 가시밭을 달려 지나가

나를 향해 오라고 손짓하는 "인류가 귀착"하는 곳으로!

1930년 봄에[63]

---

63) 林敏英, 『愛國誌』, 愛國精神宣揚會, 1951, 45~47쪽. 윤봉길이 지은 「이향시(離鄕詩)」원문내용은 다음과 같다.

이향시(離鄕詩)

윤봉길(尹奉吉)

슬프다 내 고향아
자유의 백성 몰아 지옥 보내고
푸른 풀 붉은 흙엔 백골만 남네
고향아 네 운명이
내가 어렸을 때는
쾌락한 봄 동산이었고
자유의 노래터였네

지금의 고향은 귀막힌 벙어리만 남아
답답하기 짝이 없구나
동포야 네목엔 칼이 씌우고
입눈엔 튼튼한 쇠가 잠겼네
고향아 옛날의 자유쾌락이
이제는 어데 있는가?

악마야 간다 나는 간다
인생의 길로 정의의 길로
어디로 가느냐고 물으면?
유랑의 가는 길은
저 지평선 가리켜
오로지 사람다운 인류세계의
분주한 일군 되려네

잘 곳이 생기거든 나를 부르오
도로가 울룩불룩 험하거든
자유의 불꽃이 피랴거든
생명의 근원이 흐르려거든
이곳이 나의 잘 곳이라네

떠나는 기구한 길
산 넘고 바다 건너
구렁을 넘어 뛰고
가시밭 밟아 가네
잘있거라 정들인 고국강산아

청도의 생활

　지구의 흡인력에 따라 우주간의 모든 것은 다들 일정하게 궤도를 따라 진행하고 있는 것이다. 양양한 바다의 파도도 그의 흐름에 따라 영원히 흐르고 있다. 총명한 인류는 물의 흐름을 이용해서 쇠로 만든 배를 물위에 뜨게 하였다. 그래서 윤의사는 며칠 안 걸려 그가 탄 배가 청도 항구에 정박하였다.

　윤의사는 청도를 그리 동경하지는 않았다. 그러나 돈이 넉넉하지 않아 상황이 여의치 않았다. 어쩔 수 없이 일단 이곳에 머물고, 나중에 다시 계획을 해야겠다고 생각하였다.

　낯선 나라에서 다른 말을 쓰고 다른 옷을 입은 사람들이 그의 앞에서 혹은 저 멀리서 오가고는 있지만, 그들이 무엇을 말하는 지 전혀 알아들을 수 없었다. 단지 그들이 말을 하고 있다는 사실만 알 수 있을 뿐이었다. (이때가 아름다운 늦은 봄날이었다)

　생활의 원천은 이미 끊어지고 게다가 낯설고 물선 이국 타향이었으니 이제서야 고생이 실감났다!

　굶주림과 추위 속에서 그는 거리를 유랑하게 되었다. 모진 사람들로부터 자주 욕을 먹거나 모욕을 당하였지만, 살아남기 위해서는 참을 수밖에 없었다!

그는 비록 거리에서 유랑하고 방황하고 있었지만, 그래도 열심히 직장을 찾아서 몸을 의지할 일거리를 찾았다. 그러나 삭막한 사회에서 낯선 이국땅에다 말도 통하지 않으니 번번이 거절만 당할 수밖에 없었다. 그래서 그는 계속 유랑과 방황 생활을 하였다!

어느 날 마침 행운의 신이 그를 찾아왔다. 지나가는 길에서 우연히 여러 중국 가게들 속에서 한 한국인 상점을 보게 되었다. 그는 너무나 기뻐 여기서 밥이라도 얻을 수 있는 직업을 구했으면 좋겠다고 생각했다. 그는 곧 바로 들어가 주인을 만나게 해달하고 하고, 자기가 왜 여기에 왔는지 자기의 내력을 얘기하였다. 주인이 그의 말을 듣고 그의 처지와 그의 품은 뜻을 가상히 여겼다. 그래서 주인이 이곳저곳을 강력히 주선한 결과 일본 사람 나카하라 겐지로(中原兼次郎)의 세탁소에서 일자리를 구하게 되었다. 그래서 윤의사는 겨우 유랑생활을 마치고 안정된 생활을 할 수 있게 되었다.

남 다른 뜻을 지니고, 이상을 굳건히 가슴에 품고 있는 윤의사는 이때부터 마음을 놓고 열심히 일하기 시작하였다. 그는 보잘 것 없는 월급을 저축하여 노자를 마련하여 오랫동안 동경해 온 곳으로 가려는 계획이었다. 그래서 윤의사는 부지런히 일하여 약 일 년 사이에 넉넉히 차비를 마련하였다. 윤의사는 시간이 덧없이 흘러가는 것에 매우 분통하여 한시바삐 이곳을 떠나고자 했다. 그래서 그는 세탁소 주인에게 사직해야 하는 이유를 설명하였다. 그러나 주인은 윤의사가 그동안 열심히 일하였는데 봉급이 적다고 생각하여 떠나려는 줄 알고 월급을 더 올려 주겠다고 하였다. 그러나 윤의사는 이를 단호히 거절하고, 세탁소를 떠나 상해로 출발하였다. 이렇게 해서 윤의사는 청도에서 딱 일 년을 지냈던 것이다.

상해에 도착하여 독립당 애국단 수령 김구를 만나다

아름다운 봄날 햇살이 온 세상을 비추니, 모든 것이 아름다운 자태로 흔들린다. 남풍이 서서히 불어와 사람을 취하게 하니, 냉정한 사람들도 유혹하는 여인의 품에 빠진 듯하다. 파도가 물결치는 넓고 푸른 바다는 파란 하늘과 입을 맞추고, 은빛 갈매기는 하늘을 날아오른다. 이 모두가 사람의 넋을 빠지게 한다.

좁쌀 같이 작은 외로운 배가 파도에 흔들리며 앞으로 가니, 푸른 물결 가장 자리에 저 멀리 반원형의 수평선을 그린다. 아름다운 햇살이 봄 바다 속에 목욕을 하니 황금색 진주 빛 같은 찬란한 빛이 반짝거린다. 모든 것이 봄날에 취하여 아름다운 정경을 그린 듯 했다.

이때 갑판 한 구석에 이 아름다운 정경을 감상하고 있는 한 젊은이가 서 있었다. 그가 바로 윤봉길의사였다!

그는 출렁이는 망망대해와 바다 위를 날아오르는 하얀 갈매기를 멀리 바라보면서, 자신도 이 한 마리의 갈매기처럼 망망대해와 같은 사회에서 부지런히 날아오를 것이라고 생각했다. 그이 가슴을 설레게 하는 것은 오랜 동안 동경해 온 상해의 모든 것이 곧 눈앞에 나타나리란 것이었다.

하루가 가고 또 하루가 가면서 흐르는 물과 흐르는 시간과 함께 저 멀리 있는 상해는 모호해서 보일 듯 말듯 하다가 확실히 보이게 되고, 나중에는 높고 입체적인 빌딩과 굴뚝, 회색의 섬과 숲까지 뚜렷하고 눈앞에 보이게 되었다. 뱃고동 소리가 울리고 배는 천천히 오송(吳淞) 항구로 들어갔다. 바다를 비추는 등대가 우뚝 솟아 있었다. 회색 군함과 노란 상선들이 각기 바쁘게 움직이고 있었다. 그는 이것이 바로 위대한 상해 도시의 특징일 것이라고 생각하였다.

상해에 도착하자 그는 그곳에 있던 한국 교민단장 김구 선생을 만나 자기의 내력과 상해에 온 목적을 이야기했다. 옛말에 '영웅이 영웅을 알아 본다'라는 말이 있듯이 김구 선생은 윤봉길의 거동과 강개한 담론을 보고 나서 앞으로 큰일을 성취할 수 있는 청년이라는 예감을 가졌다. 그때부터 윤의사는 상해에서 생활하기 시작하였다.

상해의 생활과 미국으로 갈 준비

세월은 살같이 빠르게 지나 윤의사가 청도로부터 상해에 온 지 수개월이 되었다. 시간이 감에 따라 윤의사의 경제 상황이 이미 궁색한데다가 귀족적인 상해의 분위기에서 지내다 보니 그의 생활은 더욱 어려웠다.

그래서 그는 생활을 해결하기가 어려워졌을 때 보수가 적더라도 일자리를 구하면 좋겠다고 생각했지만, 그의 생각과 현실은 잘 맞아들지 않았다. 상해에서 일자리를 구하기가 얼마나 어려운지는 상해에 가본 적이 있는 사람들은 누구나 잘 알고 있는 일이었다.

그래서 윤의사는 손실을 감수할 생각을 하고 일자리를 찾아보고자 생각하였지만, 어두운 도시 사회에서 다시 그를 받아주는 곳은 없었다. 그래서 그는 여전히 일자리를 잃고 궁한 처지에 있었다.

처음에 윤의사의 생활이 어렵다고 느꼈을 때 주변 친구들에게 도움을 받아 대충 생활을 유지하였지만, 궁한 날들이 하루 이틀도 아니고 계속되니 윤의사가 친구들에게 도움을 받은 것이 한두 번이 아니었다. 그는 미안하여 더 이상 친구들에게 폐를 끼치고 싶지 않았지만, 궁한 상황은 이루 다 말할 수가 없었다. 이처럼 궁한 상황에서 하늘은 사람을 굶기지 않는다는 말이 있듯이 뜻밖에 그에게 좋은 소식이 찾아왔다.

한 친구가 윤의사의 처지를 보고 너무 불쌍하여 그에게 인삼을 판매해 보도록 권하였다. 인삼 장사를 하면 밑천이 많이 없어도 할 수 있고, 잘 되면 생활을 유지할 수 있을 뿐만 아니라 부자가 될 수도 있다고 하였다. 윤의사는 친구의 권유를 듣고 인삼장사를 시작하게 되었다.

인삼 장사는 이곳저곳 집집마다 돌아다니면서 인삼이 필요한 고객을 찾는 것이었다. 인삼은 몸에 좋은 신비의 영약이므로 돈이 있는 부자들은 그것을 사서 보약으로 먹었다. 윤의사는 이렇게 몇 달 동안 행상을 하였다. 그러나 그의 천성은 고집스럽고 과묵하여 고객의 마음을 사지 못하였고, 다른 한편 중국어도 서툴러서 고객으로부터 오해를 살 때가 종종 있었다. 그래서 아무리 열심히 해도 이 두 가지 결함 때문에 비록 그가 열심히 판매하고자 노력했지만, 언제나 고객으로부터 거절만 당하고, 또한 문지기들로부터 업신여김만 당했다. 결국 마음만 아프고 육체만 힘들고, 아무런 수익도 남기지 못하고, 또 다시 실업자가 되었다.

그가 이렇게 실업한 후 다시 곤궁한 생활이 이어졌다. 그 후 다시 친구들의 소개를 통해서 프랑스 조계에서 한 한국 사람의 모자 제조 공장에 일자리를 구하였다.

모자를 제조하는 기술은 원래 쉽지 않은 일이었다. 몇 개월 훈련을 받지 않으면 결코 할 수 없는 일이었다. 그러나 타고난 총명함과 인내심을 지닌 윤의사는 취직한 지 한 달도 안 되어 능숙한 기술자가 되었다. 그래서 이때부터 정식 직원이 되어 돈을 벌기 시작하였다. 다른 사람이 보통 하루에 두 개밖에 못 만들었지만, 윤의사는 하루에 서너 개를 만들 수 있었다. 그래서 다른 사람은 하루에 1원 20전을 벌었지만, 윤의사는 하루에 1원 50전을 벌 수 있었다. 동료들은 모두 윤의사가 부지런한 사람이라고 하였!

예전에 상해는 그가 동경하던 도시였다. 상해에 오기 전에 책이나 신문을 통하여 혹은 남들로부터 상해에 대한 이야기를 많이 들었다. 상해에서 영향력 있는 한국 임시정부와 애국지사들의 업적도 많이 알게 되었다. 그는 그들처럼 큰 사업을 하고자 상해에 왔다. 그러나 와서 보니까 혁명 지사들은 대부분 소극적인 자세였다. 이에 그는 혁명의 시기가 아직은 도래하지 않았다고 생각하였다. 그래서 그는 깊이 생각한 끝에 미국으로 가서 몇 년 동안 미래의 혁명사업의 기초지식을 다지기로 결심하였다. 그래서 그는 낮에 더욱 열심히 일하여 여비를 준비하고, 밤에는 열심히 영어를 배웠다.

모자공장의 '친목회' 조직

직공들은 대개 지식이 얕고 이해성이 적어서 사소한 일에도 서로 질투하고, 서로 싸웠다. 그래서 직공들 사이에 동료애도 적고 단결심도 부족하였다. 그래서 공장 안에서 자주 불행한 싸움과 유혈사건이 생겼다. 그들은 스스로를 몰랐다. 그들 자체가 자본주의의 착취를 당하는 같은 처지에 있는 사람인 줄을 몰랐다. 또한 자신들이 어떻게 함께 단결하여 자신들을 착취하는 자본가와 공장주들과 싸워야하는지를 몰랐다. 그들은 오히려 귀뚜라미처럼 서로 상처를 주고 파괴하였다. 이런 불행하면서도 불쌍한 현상이 어찌 사람의 마음을 아프게 하지 않았겠는가? 보는 눈이 다르고 뜻을 품고 있는 윤의사는 이런 불행한 사태가 공인들이 처해 있는 열악한 환경에 잠재해 있는 것을 보았을 때 매우 마음이 아팠다. 그래서 윤의사는 직공들에게 존경을 받거나 생각이 있는 사람을 찾아 모아 친목회를 조직하는 일을 상의하여, 직공들이 서로 원수처럼 여기는 감정을 고쳐서 직공들의 생활을 보장할 수 있는 단결의 힘을 공고히 하자고 하였다.

그래서 친목회가 몇몇 사람의 발기에 의해 성립하였다. 이때로부터 그 이전의 문란하고 싸우던 일은 그치고, 나아가 서로 아끼고 사랑하기 시작하였다. 동시에 그들은 과거 자기의 모든 적대 감정은 다 잘못된 생각인 줄을 알고 친목회의 지도 아래서 어떻게 서로 단결하여 자기의 앞날의 생활을 보장하는 것을 알게 되었다. 그래서 친목회가 많은 사람의 사랑 밑에서 점점 활기가 넘치고 밝아졌다.

원래 이 모자 제작공장은 한국인과 중국인의 합자로 출발한 회사였다. 서로 간에 이익을 공평하게 나누지 못하여 의견 충돌이 자주 발생하였다. 그래서 일할 때 합작의 효력을 발휘하지 못하고 물품 제작에 필요한 원료의 공급에 정체가 발생하였다. 그래서 직공들이 그 여파로 자주 일을 쉬게 되는 상태가 되니, 직공의 생활에 불안감이 일어났다. 그러나 교활한 회사 측의 공장주들은 내부의 충돌 때문에 원료가 공급되지 못한다고 하지 않고, 시국이 불안하여 원료 구매가 어려워 기계를 움직이지 못한다는 것을 구실로 삼았다. 직공들이 실제로 조사한 결과 공장주의 말이 사기극이라는 것을 알았다. 윤의사는 이 소식을 듣고 나서 매우 분노하여 즉시 공장주 측에 항의하였다.

1. 공장주 측 내부의 분쟁으로 직공들이 놀게 될 때는 공장주 측에서 이전과 같이 봉급을 지불해 줄 것.
2. 새로 들어온 견습생이 직공이 될 때까지 공장주 측에서 적당한 돈을 빌려주어 생활을 보장해야 할 것.

이 항의 조건을 공장주 측에 보내지자 공장주들은 뜻밖의 충격에 놀라 마음속으로 암암리에 윤의사를 미워하기 시작하였다.

윤의사는 친목회의 회비에서 일부분으로 중국과 한국의 신문 두 가지와 몇 가지 잡지를 구독하여 직공들의 지식을 늘리는데 사용하고, 또 한 부분으로 새로 들어온 신진 직공들의 생활비에 사용하였다. 그는 또한 남몰래 자신의 돈으로 생활이 어려운 직공들을 도와주니 윤의사의 남을 위하는 마음 씀씀이에 동료들이 감동하였다.

윤의사의 해고와 동료 직공들의 파업

　친목회가 생긴 다음에 서로 아끼고 돕는 분위기가 조성되자, 이로 인해 생산 작업이 전에 비해 현저히 나아졌다. 예를 들면 전에는 한 사람당 하루 모자 3개를 만들었는데, 친목회 성립 이후 서로 아끼며 돕게 되자, 현재는 5개 이상의 모자를 제조하는 성적을 거두게 되었다. 그러나 이렇게 생산량이 증가하자 교활한 공장주는 이를 보고 기쁘지 않게 여겨, 마침내 착취수단으로서 직공들의 임금을 낮추고자 종전에 모자 1개를 제조하면 임금을 4각(角) 5푼(分)으로 하던 것을 이제는 3각(角) 5푼(分)으로 낮추었다.

　직공들 쪽에서는 모자 1개를 제조하는 원료에서 시중 판매에 이르기까지 원료 가격보다 3배 이상의 이익을 얻을 수 있는 것을 잘 알고 있었다. 그러나 교활한 주인은 이것으로 만족하지 않고 직공들의 공임을 깎고자 하였다. 분노한 윤의사는 공장주가 있는 곳을 찾아가서 공장주 측에 모자 제작 과정에서 원료로부터 시장에서 판매할 때까지 얻는 수익을 수치로 보여주면서, 무슨 생각으로 만족하지 않고 직공들을 착취하려 하느냐고 따졌다. 그래서 윤의사와 전체 직공들이 공임을 내리는 방안을 철폐하라고 주장하면서 직공을 착취하는 것을 반대하는 구호로 주인을 공격하였다.

공장주 측에서는 일을 선동한 사람이 윤의사라는 것을 잘 알고 있었다. 그래서 이런저런 핑계로 윤의사와 주사(主事) 서모 씨를 해고하였다.[64] 직공들이 이 소식을 듣고 나서 "윤·서 두 사람의 복직을 요구한다", "임금 내리는 안을 취소하라"는 구호를 외치면서 파업을 시작하였다. 이렇게 양 쪽의 싸움 아래서 형세는 점점 심해져 갔다.

그때 상해에 머물던 한국 혁명의 우두머리 안창호(安昌浩) 선생과 상해에 주재하던 한국교민단장 이춘산(李春山)[65] 선생이 쌍방이 점차 심각해지는 것을 보고 윤의사와 서씨 그리고 공장주를 청하여 전후의 사정을 물어보았다. 공장주 측에서는 억지를 부리면서 이 두 사람은 무지한 직공들을 선동하여 소란을 일으키므로 해고하였다고 주장하였다. 그러나 결국 안창호 선생과 이춘산 선생의 해석과 조정 아래 한국인 공장주는 자신이 중국 공장주와 상의한 다음 윤·서 두 사람의 복직을 허용하겠다고 선언하였다. 그러나 그 후 중국인 공장주가 반대한다는 핑계로 4가지의 가혹한 조건을 내세워 이를 모두 수용한다면 두 사람의 복직을 허용하겠다는 조건을 내세웠다. 윤의사와 서모는 공장주 측의 압박을 느껴 공장을 떠나 다른 곳에서 취직하기로 결심하였다. 이때부터 윤의사는 공장 생활을 떠나게 되었다.

---

64) 윤의사의 심문조서에 따르면 여기에 등장하는 '서모 씨'는 徐相錫이다.
65) 본명은 이유필(李裕弼: 1885~1945). 독립운동가. 대한민국임시정부에서 활동. 평북 의주 출생. 호는 춘산(春山). 1919년 임시의정원 창설에 참여, 임시정부 내무총장, 국무위원 겸 재무부장 역임. 윤봉길의사의 거사 이후 일본영사관 경찰에게 피체, 국내로 송환, 신의주 지방법원에서 징역 3년형 선고 받음. 8·15해방 이후 북한에서 조만식 등과 반공지도자로 활동하다가 월남 도중 타계하였다.

미국에 갈 계획 단념과
홍구공원 폭탄투척 계획

중·일 양국은 압박과 피압박의 입장에 있기 때문에 군사적으로나 정치적으로나 대치 상태에 있었다. 9월 18일(1931년) 일본 제국주의가 중국 동삼성을 강점한 이후 전 세계의 이목은 모두 중·일 양국의 군사·정치적 행동에 쏠려 있었다. 또한 1월 8일 이봉창 의사가 도쿄에서 일본 천황에게 수류탄을 투척한 사건으로 전 세계를 놀라게 하자 군국주의 일본과 세계열강의 이목은 다시 이 사건에 집중되었다. 이어 일본 제국주의가 상해에서 횡포를 자행한 1월 28일 사변의 발생으로 오랫동안 동요해 온 전 세계는 다시 긴장하여 일본 제국주의 침략 아래 고통 받고 있는 중국의 4억 인구에 이목이 집중되었다. 웅장한 장래의 뜻을 품고 있던 윤의사가 어찌 이 기회를 놓칠 수 있었겠는가?

이로 인해 윤의사는 마음속으로 천재일우의 좋은 기회라고 생각하여 오랫동안 동경해 온 도미 계획을 포기하는 한편 여러 애국동지들과 위대한 계획을 세웠다. 그래서 3월 하순에 홍구 시장에서 가게 하나를 빌려서 혁명 활동 계획을 다시 진행하였다.

4월 중순 어느 날 윤의사는 애국단장 김구 선생을 만나 시국에 대응한 활동계획을 의논하였다. 김구 선생[66]은 원래 윤의사의 미래에 대해 많은 기대를 품고 있었기에 윤의사가 4월 29일 일본 천황의 생일인 천장절(天長節)[67]을 이용하여 일본의 수뇌들을 일망타진하려는 계획을 듣고, 고개를 숙여 잠시 동안 묵묵히 사색한 다음 무거운 마음으로 칭찬을 하면서, 참 좋은 계획이라고 회심의 미소를 지으며 결심한 뒤 이 일의 결행을 위임한다는 뜻을 표하였다.

　　김구 선생은 윤의사가 이 위대한 계획을 이행할 수 있다고 굳게 믿고, 통쾌한 마음으로 허락하여 뜨거운 손을 맞잡고 이 일의 성사를 마음속으로 기원하면서 이 일의 앞뒤 진행을 지시하였다. 그래서 애국단에 가입하여 단원으로서 선서를 하였다!

---

66) 원문에는 문맥상 金九 先生으로 되어야 할 부분이 尹義士로 기록됨.
67) 일본 천황의 생일.

「애국단」

"애국단[68]은 한국독립당의 특무대장 김구 선생을 비롯하여 애국 동지가 모여 조직한 단체이다. 목적은 적극적으로 무력을 이용하여 조국을 구하는 것이었다. 오로지 스스로 무한한 희생을 원하는 자만이 단원 자격이 있다. 대체로 단원으로 추천하는 자는 모두 단장의 위임을 받았으므로 각 단원은 단장만이 알뿐이고 서로는 몰랐다. 또한 단원들은 회의를 하지 않으며 일의 진행은 절대비밀이었고, 사업의 주요 목적은 적의 요인을 살해하는 것과 적의 행정기관을 파괴하는 것이었다. 이를 통해 조국의 독립과 민족의 자유를 회복하는 것이다."

「선서문」

"나는 뜨거운 정성으로써 조국의 독립과 자유를 회복하기 위하여 한인애국단의 일원으로서 이번에 중국을 침략하는 적군 장교를 처단할 것을 이에 맹세합니다."

대한민국 14년(1932년) 4월 26일

선서인 윤봉길

한국애국단

---

68) 한인애국단을 말함. 한인애국단에 대해서는 뒤의 주를 참조.

윤의사의 유언

「강보에 싸인 두 병사(아들)에게」[69]

너희도 만일 피가 있고 뼈가 있다면

반드시 조선을 위하여 용감한 투사가 되어라

태극에 깃발을 높이 드날리고

나의 빈 무덤 앞에 찾아와

한 잔 술을 부어 놓으라

그리고 너희들은 아비 없음을

슬퍼하지 말아라

사랑하는 어머니가 있으니

어머니의 교양으로 성공자를

동서양 역사상 보건대

---

[69] 아직 어린 아들이었던 두 아들 모순(横淳:淙)과 담(淡)에게 남긴 윤봉길의사의 유언. 원문의 백화문 시와 약간 다른 차이가 있으나, 한글시를 전재하였음(윤병석 지음, 『윤봉길전』, 매헌 윤봉길의사기념사업회, 2007, 85쪽 참조).

동양으로 문학가 맹가(孟軻)[70]가 있고

서양으로 불란서 혁명가

나폴레옹이 있고

미국에 발명가 에디슨이 있다

바라건대 너희 어머니는 그의 어머니가 되고

너희들은 그 사람이 되어라

「백범(김구) 선생에게 올린 유언」

높고 웅장한 청산이여 만물을 품어 기르는도다

저 멀리 곧게 선 푸른 소나무여 사시장철 변함이 없도다

맑고 빛나는 봉황의 날음이여 천 길이나 드높게 날아오르도다

온 세상이 모두 흐림이여 선생은 홀로 맑아 있도다

늙을수록 더욱 강건해짐이여 오직 선생의 의기뿐이로다

참고 견디며 원수 갚을 날을 기다림이여 선생의 붉은 정성이로다[71]

「윤의사가 청년들에게 남긴 시」(한글 문장을 백화문으로 번역함)

피 끓는 청년 제군들은 아는가

무궁화 삼천리 우리 강산에

왜놈이 왜 와서 왜걸대나

피 끓는 청년 제군들은 모르는가

---

70) 맹자(孟子). 본명은 맹가(孟軻)로 전국시대 노나라 출신. 공자의 이상을 발전시킨 유학자. 주요 사상은 성선설과 왕도 사상, 민본주의. 그와 제자들이 주고받은 어록을 모은 것이 〈맹자(孟子)〉이다.

71) 윤병석, 『윤봉길전』(매헌윤봉길의사기념사업회, 2007), 84쪽 참조.

되놈 되 와서 되가는데

왜놈이 와서 왜 아니 가나

피 끓는 청년 제군들은 잠자는가

동천에 서색은 점점 밝아오는데

조용한 아침이나 광풍이 일어날 듯

피 끓는 청년 제군들아 준비하세

군복 입고 총 메고 칼 들어

군악 나팔에 발맞추어 행진하세[72]

「윤의사의 마지막 한 걸음」

그 침통한 4월 29일이 아름다운 봄빛을 따라 다가왔다!

이날은 분명 침통하고 슬픈 날이었다. 이날이 있기에 폭탄을 폭발시켜 민족과 나라를 위하여 분투한 윤의사도 희생되었다. 아울러 일본 제국주의의 기세등등한 여러 장교들도 폭살하였다. 이를 슬퍼해야 하는가? 축하해야 하는가?

오전 7시 새벽 공기 속에 윤의사가 동지들과 악수하면서 마지막 작별인사를 하였다.

"친애하는 동지 여러분, 이번이 가장 슬픈 최후의 이별입니다. 이번의 이별로 우리가 다시 만난다면 아마도 내세이겠지요?! 비록 저는 여러분 보다 먼저 가지만 장래의 성공과 축하는 내세에 다시 만날 때 환호합시다!

제가 지금 바라는 것은 제가 당신들을 떠나간 다음 여러분은 여전히 애국정신을 드러내어 계속 분투하여 태극기를 높이 들고 개선의 노래를 부르면서 우리의 새 나라와 새 민족을 개척하여 남들처럼 생명이 있고, 자유가 있는 세상에서 사십시오!"

---

72) 앞의 책, 『윤봉길전』 86쪽 참조.

슬픈 이별 후 윤의사는 사랑하는 동지와 번화한 상해 도시를 등 뒤로 하고 황포 강가를 따라 한걸음 한걸음씩 홍구공원으로 발길을 옮겼다. 누런 황포강물이 빠르게 흐르고 있었다. 그는 다시 상상하였다. 백발이 성성한 부모는 이때쯤 꼭 죽을 운명인 아들이 돌아올 것을 기대하고 있지나 않을까? 아내는 고요한 밤 창가에 기대어 하늘의 외로운 달을 보면서 객지에 떠나가 있는 남편을 그리워하고 있지는 않을까, 아니면 외로운 기러기의 울음소리에 깨어나 남편의 편지가 오기를 기다리고 있지나 않을까, 아아 모두 실망하겠지, 몇 시간 후면 나는 영원히 다시 돌아오지 못할 황천길로 떠나갈 터인데!

　　윤봉길의사는 왜 백발이 성성한 부모와 고독한 아내를 떠나 영원히 다시 되돌아오지 못한 길을 선택하게 되었을까? 그는 압박 아래 신음하며 사선에서 방황하는 2천만 동포와 일본 제국주의가 자행한 9·18사변,[73] 1·29사변[74]으로 슬픔에 젖어 있는 4억의 중국인 대신 분노하고, 또한 세계와 동아의 평화를 파괴하는 일본 제국주의 군벌을 박멸하기 위하여 자신의 목숨을 버리기로 결심하였던 것이다. 윤의사는 두 개의 폭탄을 지니고 위대한 사명을 띠고 한 걸음씩 홍구공원을 향해 갔다. 앞으로 걸음을 옮길 때 마다 길가의 모든 것들이 영웅의 마지막 길을 비장하게 환송하며 뒤로 사라져 갔다. 귓가를 스치는 바닷가의 미풍은 마치 윤의사를 위해 슬피 우는 것 같았다. 윤의사 또한 세상을 떠나는 슬픔을 느꼈다!

---

73) 9·18사변은 1931년 9월 18일 일본 제국의 관동군이 중국의 만주를 침략하기 위해 벌인 자작극. 일본군은 유조호(柳條湖)의 남만주철도를 폭파한 후, 장학량(張學良) 지휘하의 동북군 소행이라고 발표한 후 만주 침략을 개시하였다. 유조호사건(柳條湖事件) 혹은 유조구사건(柳條溝事件)으로 칭하며, 만주사변이라고 함.
74) 본문의 1·29사변은 1·28사변을 말함. 9·18사변으로 인해 만주에 집중된 열강의 이목을 분산시키기 위해 1932년 1월 28일 일본군이 상해를 습격한 사건, 〈제1차 상해사변〉이라 칭함.

윤의사의 마지막 외침

일본제국 민족은 원래 법치라는 것이 없다. 옛날부터 야만스럽고 잔인한 것은 더 말할 필요가 없다. 칼을 찬 무사라는 자들은 살인, 강간, 재산 약탈을 마음대로 자행하였는데, 18세기[75]에 이들이 자주 황해 연안에 출몰하니 이들이 이른바 왜구라고 불렸다.

일본은 명치유신 이후 과학 신법으로 힘써 무력을 연구하여, 몇 년 안 되어 세계 5대 무력 강국 가운데 하나가 되었다. 그래서 오늘날 일제의 정권이 군벌 손에 장악된 것도 이상하지 않다. 예로부터 무사를 존중하는 전래 사상 때문에 무사는 제멋대로 횡포 부리며 날뛰었다. 그래서 백성들이 살아남기 어려웠다. 위정자들도 겁이 나서 무슨 일이 있으면 일단 도검과 창으로 거미줄처럼 만들어 무력으로 폭력을 행사하여 국민들을 탄압했다. 국내에서조차 그랬으니, 국외에서는 더 이상 말할 필요도 없었다. 4월 29일 일인의 경비는 전과 달리 탱크·비행기·철갑차·대포·기관총·전기망 등의 무기를 홍구 지역에 펼쳐놓았다. 갑북(閘北), 강만(江灣) 일대는 모두 경비선내에 포함되어 수많은 무장 군경들이 걷거나 말을 타고 공원 내외를 물샐 틈 없

---

75) 왜구가 고려말 이래 조선과 중국의 해안에 자주 출몰한 것은 주로 14~15세기에 해당한다.

이 지키고 있었다. 중국인, 한국인은 말할 것도 없고, 외국인도 출입증이 없으면 들어갈 수 없었다. 그 기세는 마치 철로 만든 담처럼 견고하고 장성처럼 높았다고 비유해도 모자랄 지경이었다. 아! 세계 일등 강국의 대군벌의 권위로도 한 젊은이의 위대한 정신을 막을 수 없었다는 것은 역시 기이한 일이 아닐까?

열사(烈士)는 이미 4월 27일에 홍구공원으로 가서 사전 답사를 하였다. 그리고 홍구의 일본인서점에 가서 시라카와(白川)[76]의 사진과 일본국기 하나를 샀다. 4월 29일 아침 양복을 입고 어깨에 군용 수통(안에 수류탄 한 개를 숨겼다)을 메고, 손에 도시락(일본인이 사용하는 '벤또'(便當) 안에 폭탄 하나가 들어 있었다)을 들고, 홍구공원으로 재빨리 들어갔다. 일본의 군인과 경찰들은 그가 자신들을 위해하려고 하는 한국독립당 애국단원 윤의사라는 것을 몰랐다.

윤의사는 공원에 들어가자 연단 뒤로 가서 서 있었다. 일본의 상해주재 문무고관들이 연대에 서 있고, 일본인 교민들이 연대 아래 운집하여 일본천황의 만수무강을 경축하고, 일본의 국운이 날로 번창함을 즐거이 환호하였다. 정오가 다가오자 하늘에 먹구름이 가득 차고 날이 갑자기 흐려지며 비가 오자, 윤의사가 단상을 향하여 수통을 던지자, 소리가 천지를 진동하면서 연대 위에 있는 자들이 쓰러지고 연대 아래에 있던 군중들이 아우성을 쳤다. 폭탄을 던진 '범인' 윤의사가 잡힌 것은 오전 11시 40분이었다.

소위 21발의 예포도 윤의사의 폭탄 소리에 따라 멈추었다. 순식간에 장엄한 축하 행사는 처참한 아수라장으로 변하였다. 이것은 일본 제국주의의 몰락을 선고하는 조포 소리였고, 살인방화의 강도짓을 징벌하는 벽력이었다. 이 폭음 소리를 듣고 크게 통쾌하게 느끼는 이들이 어찌 2천만의 한민족일 뿐이랴, 4억의 중국인도 모두 동감이었다. 상해사변 중에 죽은 수만의 생령들도 이제 지하에서 편안히 눈을 감을 수 있게 되었다.

---

76) 상해 파견 일본군 사령관 시라카와 요시노리(白川義則) 대장을 말함.

아! 필부가 뜻이 있으면 적군 장수의 목숨도 빼앗을 수 있다. 진심으로 나라를 걱정하는 사람이 이런 위기가 눈앞에 닥쳤을 때 어떻게 속수무책으로 가만히 있으면서 일어나 싸우지 않을 수 있겠는가?

왜적 일본 각 장령의 마지막 운명

상해를 침략한 총사령이자, 사복 경찰대의 대장인 시라카와(白川) 대장은 몸에 무려 204개의 파편상을 입고 중태에 빠져 5월 26일 끝내 상해에서 절명했다.

제9사단장 우에다(植田) 중장은 왼쪽 다리 4개 발가락과 오른 쪽 다리가 파편을 맞아 떨어져 나가는 중상을 입었다. 수술을 받고 나서야 간신히 생명을 건졌다.[77]

해군 제3함대 사령관 노무라(野村) 중장은 오른 쪽 눈과 오른쪽 가슴, 왼쪽 복부 그리고 두 다리 모두 중상을 입고 수술 결과 한 눈을 실명하여 가짜 눈을 달았고, 흉부, 복부와 다리에 수술을 받고 나서야 살아났다.[78]

중국 주재 공사 시게미쓰(重光葵)[79]는 좌우 사지에 날아온 파편에 이십여 군데에 상처를 입고 그중 오른 쪽 다리의 뼈가 부러져 수술하여 절단하고, 상처가 너무 깊어 과다한 출혈로 몇 번씩 혼절했다가 그의 형 시게미쓰(重光簇)로부터 수혈을 받고 겨우 살아났지만, 불구가 되었다.

상해 주재 총영사 무라이(村井) 및 상해 주재 교민단 서기 토모노(友野)는 양쪽

---

77) 제9사단장 우에다 겐키치(植田謙吉) 중장.
78) 제3함대 사령장관 노무라 기치사부로(野村吉三郎) 중장은 폭탄에 맞아 오른쪽 눈을 잃었다.
79) 상하이 주재 일본공사 시게미쓰 마모루(重光葵)는 폭탄에 의해 오른쪽 다리가 부러져 불구가 되었다.

다리에 모두 경상을 입고 수술 후 회복되었다.[80]

상해 주재 교민단 행정위원장 가와바타(河端)[81]는 폭탄 파편이 흉부를 뚫고 들어가 폐장을 관통하였으므로 상태가 매우 위중하였는데 바로 다음날 오전 3시 20분 병원에서 절명했다.

그밖에 일본 위병 및 부녀자 두 명도 경상을 입고 수술한 다음 불구자가 되는 것을 모면했지만, 충격이 매우 컸다.

---

80) 상하이 주재 일본총영사 무라이 구라마츠(村井倉松)는 폭탄에 중상을 당했다.
81) 상하이 일본인 거류민단 행정위원장 가와바타 사다츠구(河端貞次)는 폭탄에 의한 장 파열로 다음날인 4월 30일 사망했고, 그 외 일본인 거류민단 서기장 토모노 모리(友野盛)가 중상을 당했다.

윤의사의 처형

　2천만 민족의 생존을 위하여 부득이 위험을 무릅쓰고 자기의 생명까지 희생하여 4월 29일 일본의 비상 경비선을 돌파하여 홍구공원에 잠입하여 오로지 하나의 폭탄을 사용하여 일생의 최고 목적을 달성한 윤의사는 얼굴에 만족한 미소를 짓고 승리의 개선을 나타내면서 잡혀갔다. 일본군 사령부는 윤의사를 체포하여 사령부에 7개월간 구속하는 동안 각종 혹형으로 사건의 전후를 추궁하고 11월 18일 배(太洋丸)로 압송하여 일본 경찰의 경호 속에서 20일 오전 4시 고베(神戶)에 도착하였다. 다시 오사카(大阪) 헌병대 나카무라(中村) 중위 이하 군경의 경위 속에서 오사카 위수형무소(大阪衛戌刑務所)로 보내져 군법처 회의를 통해 사형 판결이 내려졌다. 12월 17일 오사카에서 가나자와(金澤)로 압송되어 19일 아침 7시 40분 총살형이 집행되었다!

「우체국에서 보낸 한 통의 영문 편지」

한인애국단 영수 김구의 서명이 있는 일본요인 암살계획 경과

「홍구공원 폭탄투척사건의 진상」 (5월 8일 시보 원문 원본 초록)

홍구공원 폭탄투척 사건을 이용하여 일본 측은 자신들의 목적을 달성하고자 이 사건과 모 기구와 연관시키고자 했으나 상해에 있는 한인들에게 아무런 증거를 확보하지 못하자 마구잡이로 사람들을 체포하였다. 그래서 내가 모종의 임무 때문에 상해를 떠나기 전에 나(이 폭탄 투척사건의 주모자)는 인도주의의 공리에 의해 세계에 이 진상을 공포한다. 아울러 나의 동지들에게 일본의 침략정책 타도하는 사업을 완수하기 바란다.

「계획과 실행」

일본은 무력으로 한국을 삼키고, 이어 만주를 강점하고 또 다시 아무런 이유 없이 상해까지 침입하여 동아시아와 세계의 평화를 파괴하였다. 그래서 나는 세계 평화의 적이자 인도주의의 공리를 파괴한 자에게 복수하기로 결심하였다. 첫째로 나는 이봉창을 동경으로 파견하였다. 그는 이미 1월 8일 일본 천황을 저격하다가 미수에 그쳐 체포되었다. 그 다음에 나는 윤봉길을 파견하여 4월 29일 홍구공원에서 일본의 군사 우두머리들을 척살하였으니, 이제 나는 홍구공원 사건의 경과를 밝히고자 한다. 동경 사건의 자세한 경과는 앞으로 기회가 있을 때 다시 서술하겠다. 4월 29일 아침 나는 단원인 윤봉길을 불러 그에게 내가 스스로 만든 폭탄을 두 개 건네어 하나는 나의 원수인 일본 군벌을 암살하는 데 쓰되, 그 외 다른 사람들은 상하지 않도록 조심토록 부탁하면서 비록 일본 사람일지라도 상하지 않도록 하라고 당부하였다. 또 하나는 일을 완수한 다음 자결하는 데 쓰도록 하였다. 그는 숙연하게 나의 훈령을 실행하기로 약속하였다. 우리는 눈물을 흘리며 악수를 하고 작별을 하면서 내세에서 다시 만나기로 약속하였다. 나는 곧 차 한 대를 빌려 홍구공원까지 그를 보내주었다. 그가 갖고 있는 것은 오직 폭탄 두 개와 네 개의 은전뿐이었다. 나는 그의 성공을 빌었다.

「윤봉길의 약력」

윤봉길은 1908년 한국 예산의 한 가난한 가정에서 태어났다. 그의 양친은 아직 살아 있고 부인과 어린아이 둘이 있다. 윤군은 어렸을 때 매우 총명하여 사람들이 신동이라는 별명을 붙이기도 하였다. 그 후 그는 열정적이고 언제나 열심히 분투하는 사람으로 성장하였다. 17세 때 야학을 설립하여 5년 동안 가난한 농민을 가르쳤다. 그는 일본의 경제·정치적 압박에 의해 한국이 파산지경에 이른 것을 보고 이를 복수하고자 집을 떠나 상해로 갔다. 먼저 청도에 와서 나카하라 겐지로(中原兼次郎)가 개업한 세탁소에서 일하며 여비를 넉넉히 저축하고 나서 작년 8월 상해로 떠났다. 그는 현지의 모 공장에서 일하며 생활하던 중 공장주에게 정당한 대우를 요구하다가 떠났다. 그 후 그는 홍구의 작은 야채시장에서 상점을 열어 장사를 하면서 조용히 기회를 기다리다가 최근 김구와 한국을 구하는 대책을 논의하였다. 얼마 후 한국 애국단[82]의 단원이 되었다.

「한인애국단」

한인애국단(韓人愛國團)[83]은 하나의 기관으로 나와 많은 애국자들이 조직하여 적극적으로 한국을 구할 목적을 수행하는 기관이다. 다만 어떠한 희생도 감수하려는 자만이 단원의 자격을 가질 수 있다. 단원은 모두 내가 임명하고 접수하여 어느 단원도 다른 단원의 성명을 알 수 없다. 회의를 열지 않으며 우리의 공작에 대해서는 절대로 비밀을 지킨다. 우리는 적의 요인을 암살하고 적의 행정기관을 파괴하는 방식으로 우리나라의 독립을 회복하고자 한다. 우리는 돈과 무력이 없이 적과 싸운다. 우리의 유일한 무기는 '사람'이다. 이미 계획과 훈련을 거쳐 일본 측의 견고한 경계를 뚫고 들어가 맨손으로 폭탄을 던져 적을 죽이고 싸웠다.

「나는 누구냐?」

나는 누구냐? 누가 이 글을 쓴 것이냐? 나는 김구라고 하며 나이는 57세이다. 나의 일생은 이미 구국과 동포의 영원한 자유를 쟁취하기 위한 사업에 바쳤다. 나는 1896년 21살 때부터 나의 몸을 모험사업에 바치기 시작하였다. 그 해에 한국은 비

---

82) 한인애국단의 착오.

83) 한인애국단은 대한민국임시정부의 국무령 김구가 한중(韓中)의 우의와 일본 수뇌부 암살을 목적으로 1931년 조직한 단체. 주요 인물은 단장 김구를 비롯, 이유필, 이수봉, 김석, 안공근 등이며, 단원은 이봉창, 윤봉길, 이덕주, 유진만, 최흥식, 유상근 등이다. 김구 등은 만주사변 이후 중국인의 한국인에 대한 나쁜 감정을 없애고, 독립운동의 전기를 마련하고자 일제에 대한 파괴와 암살을 계획하였다. 이봉창은 1932년 1월 8일 동경의 사쿠라다문(櫻田門) 앞에서 일본 천황에게 폭탄을 투척하였다. 이때 중국 국민당 기관지 『국민일보』에서는 '한국인 이봉창이 일본 천황을 저격했으나 불행하게도 적중하지 못했다'(韓人李奉昌狙擊日皇不幸不中)고 대서특필하였다. 이후 윤봉길의 상해 의거, 1932년 4월 이덕주·유진만의 조선총독암살미수사건, 최흥식·유상근의 국제연맹 조사단원 암살미수사건 등이 있었다.

록 독립국가라고는 했지만 왜놈이 우리의 서울을 짓밟고 우리의 왕후를 궁중에서 암살하면서 전국에 소동을 일으켰다.[84] 이에 나는 즉각 복수할 계획을 비밀리에 세웠다. 나는 한국 황해도 안악지방에서 맨손으로 쓰치다(土田) 대좌(大佐)를 암살하였다.[85] 그 근처의 성벽 위에 긴 글을 써서 나의 이름, 주소 및 암살 이유 등도 썼다. 일본 쪽이 계속 요구하는 바람에 20일 후에 나를 구속하고 제물포에 보내 감옥에 가두었다. 한국 법정은 일본 공사[86] 하야시 곤스케(林權助)의 압력 하에 사형을 선고하였다. 하지만 한국 왕이 이 일에 간섭하여 유기 징역을 집행하였다가 3년 후에 나는 감옥을 탈출하였다. 그 후 나는 궁벽한 절에서 1년 동안 스님 생활을 하고 나서 한국 각지에 돌아다니면서 활동을 다시 시작하여 신식 학교도 많이 창립하였다.

안중근이 1909년 하얼빈에서 이토 히로부미를 암살했을 때 일본 측도 안과 관련하여 나를 체포하였다가 석방하였다. 이후 나는 안악의 양산중학교 교장을 맡았다. 1911년 나는 다시 총독 암살을 기도한 혐의로 체포되어 15년 징역살이를 판결 받았다. 한국 경찰들은 내가 어떤 사람인지 잘 알고 있었기 때문에 나는 가까스로 안전을 유지할 수 있었다. 그 후 5년 동안 징역을 살다가 석방되어 1919년 3월 전국에서 일제히 독립운동이 일어나자 나에게 위험이 닥쳐와 나는 중국으로 망명을 하였다.

---

84) 1895년 서울주재 일본공사 미우라 코로의 지휘 이래 일본군과 영사경찰, 공사관원, 신문기자 등이 경복궁을 쳐들어가 조선의 왕후(명성황후)를 시해한 사건. 명성황후시해사건(혹은 을미사변)을 말함.

85) 김구가 황해도 치하포의 한 주막에서 살해한 스치다 조스케(土田讓亮)는 김구의 저술인 백범일지 등에서 일본군 중위 등으로 표현되었으나, 사실은 조선에 와서 활동하던 평범한 일본 상인(賣藥商)이라는 설이 여러 연구자들(도진순, 손세일, 배경식 등)에 의해 유력하게 제시되고 있다. 이들의 주장에서 보듯이 대체로 일본군일 가능성은 낮아 보인다. 다만 평범한 상인으로만 보기에는 몇 가지 의문도 없지 않다. 일본 육군참모본부에서는 이미 1880년대부터 한반도와 만주에 상인이나 조선인 등을 가장한 밀정들을 파견하여 정탐활동을 하게 하였다. 1881년 만주에서 광개토왕비문의 탁본을 입수해 간 육군참모본부 소속의 사카와 가게노부 중위도 그런 밀정 중 한 사람이다. 열국공사관의 기록들을 보면, 일본 상인단으로 위장한 일본 밀정이 많았고, 설사 상인일지라도 일본 영사의 지침에 따라 각지의 정보를 전하는 경우가 적지 않았다.

86) 원문에는 대사로 되어 있으나 당시 공사임.

그때부터 나는 왜놈과 끝까지 싸우기로 하였다. 나에게 있는 무기는 권총 몇 자루와 폭탄 몇 개밖에 없지만 나는 꾸준히 노력할 것이다. 우리나라를 회복할 때까지 심지어 죽을 때까지 멈추지 않을 것이다.

홍구 의거 후 외국인 여론

1932년 4월 30일 대륙보(大陸報)의 사설
홍구공원 폭탄투척사건

어제 홍구공원에서 폭탄사건이 발생한 후 사람들 마다 원동지역의 시국이 불안함을 느꼈다. 어제는 일본천황의 탄신기념일이라서 상해에 있는 일본군사 당국은 일본인 교포들을 이끌고 성대한 축하행사를 홍구공원에서 열었다. 그때 공원 주변에 경계가 삼엄하여 참석자는 검사를 받지 않고도 들어갈 수 있었지만, 많은 일본경찰과 탐정, 군인들이 행사장[87]의 질서를 지키기 위해 거동이 수상한 사람은 출입을 일절 금지하였다.

어제 오후까지 이번 폭탄사건에 대한 확실한 소식은 없지만, 일본대사관의 모 고급관원의 말에 의하면 폭탄을 던진 사람은 한 명의 한국청년이다. 그는 몇 개월 전에 길림의 간도에서 상해로 왔다. 간도는 한인의 혁명운동이 가장 격렬한 곳이다. 망명한 한국의 혁명당원들이 대부분 이곳에 모여 있다.

---

87) 앞뒤 글자 불분명.

중일회의의 중국 총대표인 곽태기(郭泰祺)씨[88]는 소식을 듣고 바로 외교부 정보 사장을 시켜 일본영사를 위로하였다. 이 사건으로 인해 많은 일본인 고급관원이 중상을 입고, 그중 몇 사람은 중일회의에 참석한 적이 있어서 중국 사람들은 주중일본대사 시게미쓰(重光葵) 씨가 중상을 입은 것에 대하여 더욱 불안감을 느꼈다. 왜냐하면 그는 중일문제를 평화적으로 해결하기에 가장 유력한 인물이었기 때문이다. 그러나 중광 씨는 부상이 너무 심해서 장기간 치료를 받아야 회복할 수 있다고 한다. 그가 퇴원하기 전에는 일본대사관 일등비서가 잠시 중일회의의 대표를 맡는다고 하였다. 일반 사람들은 이 사건이 진행 중인 중일회의에 영향을 끼치지 않을 것을 바라고 있다.

이런 폭행은 마땅히 중죄로 판결해야 하지만, 민족 사이에 갈등이 심하면 서로 간에 심각한 나쁜 감정이 생기는 법이다. 바야흐로 이 두 민족이 서로 적대시할 때 이런 암살 행위를 통제하기는 어렵다. 더욱이 청년지사들의 경우는 더욱 어렵다. 그들은 자신을 희생하여 나라의 운명을 개선하려고 하는 사람들이기 때문이다.

중국에서도 요인을 죽이려고 하는 폭행은 가끔 있었다. 일본 경찰의 실력이 아무리 강해도 국내정세는 나날이 심각해지고, 일반 요인들도 각별히 보호해야 할 것이다. 이 사건 발생 후 우리는 원동의 시국이 안정되지 못한 것을 더 잘 알게 되고, 무력으로 국내와 국제의 평화를 유지하기 어려운 것도 알게 되었다. 이런 참극이 다시 발생하는 것도 막을 수 없을 것이다. 만약 정부가 민중에게 참정권을 주지 않고 일방적으로 고압적인 수단을 사용한다면 민중은 반드시 끝까지 저항하여 완전한 해

---

88) 곽태기(郭泰祺, 1888-1952). 1930~40년대에 걸쳐 중화민국의 외교정책 결정에 중요한 역할을 담당했던 중국의 관료이자 외교관. 1904년 미국 펜실베이니아대학에 유학하여 1912년에 귀국했다. 이후 국민당에 가입하여, 려원홍(黎元洪)과 손문(孫文)의 기밀담당비서와 고문을 지냈다. 손문 사후 장개석(莊介石) 정부에서 외교 관련 요직을 역임했다. 1932년에는 외교부 차장으로서 중국과 일본 사이의 상해를 둘러싼 전투를 휴전시키고자한 정전 회의에서 중국 측 수석대표였다. 1932~41년 영국대사, 1932~38년 국제연맹의 중국 대표였다. 1946~1947년 사이 유엔 안전보장이사회의 의장이었다. 캘리포니아에서 여생을 마쳤다.

방을 얻을 때까지 멈추지 않을 것이다.

어제 홍구공원에서 체포된 광포한 청년은 마땅히 중죄를 받아 틀림없이 극형을 받을 것이다. 그러나 이런 폭행을 유발하는 상황이 하루라도 존재한다면, 이런 참혹한 사태는 결코 엄중하게 경비한다고 하여 줄어들지는 않을 것이다.

사실 이런 폭행은 아무런 도움도 되지 않고, 오히려 적들로부터 더욱 심한 압박을 초래하여 더욱 심각한 시국을 조성할 뿐이다. 어제 폭탄사건으로 희생된 이들에게 동정을 표하며, 원동 각 민족은 원한을 철저하게 소멸시켜 영원한 평화를 유지하기 바란다.

1932년 5월 2일 대륙보 사설
상해의 한국 교포

상해에 있는 한국 교포는 대략 1천명이며, 대부분 프랑스 조계에 살고 있다. 모두 자신의 본분을 지키며 때로 한국 혁명의 정치범으로 의심되는 사람도 있지만 매우 적다. 그들은 프랑스 당국의 허가를 받아 여기에 은거해 살고 있다. 홍구공원에 폭탄을 던진 윤봉길은 상해에 온지 몇 개월밖에 안 된다. 일본인의 말에 의하면 그는 남만주의 간도에서 왔는데, 그곳은 원래 한인의 혁명운동이 활발한 곳이다. 상해의 한인들은 윤씨가 온 것을 몰랐다.

부상을 당한 일본인 장령은 통고문을 보내 일본인은 이 폭탄사건에 대하여 매우 분노하고 있는 것을 알고 있지만, 포악한 수단을 쓰지 않기를 원한다고 하였다. 비록 이 사건은 분통한 일이지만, 그러나 살인자가 이미 잡혀 당국의 심판을 받을 것이니 일본인들은 절대로 폭동을 일으켜 또 다른 사태가 발생하지 않기를 바란다고 하였다.

무라이(村井) 총영사의 권고를 일본인들이 따른다면, 상해에 있는 한국인 교포들은 학살당하지는 않을 것이다. 그러나 사적인 소식에 의하면 한국인 교포가 이미 11

명 체포되었고, 일본 경찰은 아직도 다른 한국인들을 검거하고 있다고 한다. 그들은 프랑스 당국에 의해 체포되어 일본 당국에 넘겨졌는데, 체포된 사람들이 사건과 관련이 있는지 아직은 알지 못한다. 아마도 수개월 내에는 알 수 없을 것이다. 다만 관방 소식에 따르면 장래 일본인들은 한국인 교포를 살해하지는 않을 것으로 보인다. 왜냐하면 한국인 교포를 살해한다면 이 지역의 치안을 교란시킬 것이기 때문이다. 그러므로 프랑스 당국도 이 점을 고려하여 한국인 교포를 보호해 줄 것이라고 생각한다.

또한 폭탄을 던진 사람이 일본인이라고 하는 얘기도 있다. 이것은 일본인으로 하여금 매우 분개하게 하여 일본 측은 최선을 다하여 반대선전을 펴고 있다. 윤봉길은 중국인의 종용에 따라 한 것이고, 윤씨는 중국의 국민당과 관련이 있다고도 한다. 어제 일본 관보의 북경 소식에서는 장학량(張學良)[89]이 한국독립당원을 부추겨 만주국을 소란하게 한 것이 사실이라고 하였다. 듣건대 한국인 두 명이 만주국에 파견되어 고위관원과 만주의 일본인 요인을 살해할 것이라고 한다.[90]

1932년 5월 3일 대륙보 사설
안창호 사건

안창호는 4월 29일 오후 프랑스 조계지에서 일본군 당국에 체포된 후 그의 친구들과 만나지 못하게 되었다. 근래 안창호가 체포된 소식에 대해 사실과 부합하지 않는 점들이 있다. 소문에 따르면 안창호는 금요일 아침, 즉 사건 발생 이전에 체포되

---

89) 장학량(張學良, Peter Chang, 1898~ 2001) 중화민국의 군벌 정치가. 1936년 12월 12일 시안(西安)에서 장개석(蔣介石)을 구금하고 제2차 국공 합작을 요구한 시안 사건을 주도하였다. 군벌인 장작림(張作霖)의 장남. 1936년 장개석을 서안(西安)에서 감금하고 제2차 국공 합작을 이뤄냈다. 이후 10년의 징역형을 받았고, 1949년 이후 1991년까지 대만에서 가택 연금되었고, 장개석 사후 미국의 하와이에서 여생을 마쳤다.
90) 한인애국단에서 만철 총재 겸 관동군사령관 처단조를 파견한 것. 요원들이 일본군에 붙잡혀 실패했다.

었다는 소문이 있었다. 그러나 사실은 사건 발생 후에 체포되었다. 안 군이 체포된 정황에 대해서도 대부분 정확하지 않다. 어떤 이는 안 군이 프랑스 측에서 체포되어 다시 일본 영사 경찰에 인계되었다고 전하며, 또 어떤 이는 일본 측이 프랑스 측의 허가를 받아 프랑스 조계에 들어가서 체포하였다고 한다.

어떻든 안창호는 확실히 일본 당국에 구금되었다. 폭탄사건과 관련이 있다는 혐의가 있다. 그러나 안 군이 폭탄사건과 분명히 관련이 있는지 없는지는 관방의 소식이 없어서 알 수가 없다. 어쨌거나 안 군의 체포는 매우 관심을 끄는 일이다. 왜냐하면 안 군은 평소 한국의 독립을 제창한 사람으로 유명하여 일찍부터 몇 번씩 국제회의에 참석하여 한국의 독립 문제를 토론한 적이 있다고 한다.

미국도 안 군을 체포한 일에 대해 관심을 보였다. 왜냐하면 안 군과 그의 가족들이 모두 미국의 호놀룰루(檀香山) 및 캘리포니아 주에 수년간 살았고, 지금 그의 부인과 그의 미국 국적자녀 5명은 모두 캘리포니아 주에 거주하고 있기 때문이다. 안 씨는 3남 2녀가 있고, 그중 3명이 호놀룰루에서 태어났고, 여타 2명이 캘리포니아에서 태어났다. 안씨 부부의 나이는 금년에 약 50세이고, 모두 다 한국에서 태어났다. 일본이 한국을 병탄한 후 해외로 나아가 미국의 로스앤젤레스에서 지금까지 15년 살았다. 안 군은 지금 이미 중국 국적을 취득하였다.

안 군의 미국과의 관계는 그의 가족뿐만 아니라 안 군의 친척 김 박사도 미국과 밀접한 관계가 있다. 김 박사는 미국에서 오래 살았고, 지금은 미국의 의과대학에서 학술연구를 하고 있고, 자녀는 6명인데, 그중 한 명은 이미 미국 국적을 취득하였다. 상해일보에 의하면 일본 측은 이미 김 군의 가족을 체포하는 영장을 작성하였다는 데, 그러나 이 소식은 아직 관방의 확인을 받지 못하였다. 그 동안 미국인 한 개인의 전보에 의하면 안, 김 두 사람의 미국에 있는 유력한 친구들이 미국의 국무경에게 요청하여 미국 정부는 우호적인 입장에서 안 군과 관련된 폭탄사건에 대해 일본 정부에 공개심판을 요청하였다고 한다.

1932년 5월 3일 대륙보 통신란
일본이 이미 프랑스 조계를 합병했는가

대륙보 주필 선생님께. 상해의 일본인 교포들이 일본천황 탄신을 축하하기 전에 우리는 이미 일본인 친구들에게 예고하기를 오늘날의 상해에서 이런 축하 행사를 하는 것은 적당하지 않다고 하였다. 왜냐하면 여기는 일본의 영토가 아니기 때문이다. 우리들이 되돌아 보건대 중국을 위하여 생명을 바친 소덕(蕭德) 의사(義士)의 장례식 당시에 중국의 제5군이 소수의 병사를 보내어 공공 조계지의 일부를 경유하여 장례식에 참석하여 경의를 표하고자 하였는데, 영사단에게 거절당하였다. 오늘 수천 명의 일본 병사들이 조계의 큰 길을 행진하여 홍구공원에 가서 열병식을 하는데, 일본인이 중국인들에게 아무런 방해도 되지 않는다고 생각할 수 있겠는가. 40명의 의장대 병사(총에 실탄이 장전되었는지는 막론하고)조차 공공 조계의 치안에 방해된다고 한다면. 수천 명의 병사들이 홍구공원에 가는 것은 왜 아무도 간섭하지 않는가.

만약 중국의 비행기가 홍구공원 상공에 날아가서 폭탄으로 연설대를 폭파한다면 틀림없이 우리는 매우 놀랄 것이다. 이와 같은 폭탄사건이라 해도 일본 비행기가 갑북(閘北), 강만(江灣), 태창(太倉) 및 남상(南翔) 그리고 오송(吳淞)을 공습한 것과 무슨 차이가 있는지 이것은 천장절 이후 내가 자주 생각하는 것이다. 물론 이번 사고의 희생자들은 대부분 요인들이지만, 일본 비행기의 폭격으로 인해 죽은 수만 명의 중국 사람들과 비교하면 1천분의 1의 비례이다. 이런 사실들을 일본인들이 생각해 본 적이 있는지 나는 모른다.

이것뿐만 아니라 이번 폭탄투척사건에는 한 사람의 중국 사람도 기소되지 않았다. 폭탄을 던진 사람은 오랫동안 정부의 보호를 받은 일본 국적의 한국인이다. 그가 체포되었을 때 주변 군중에게 포위되어 손에 선혈이 묻어 있고, 허리춤에 폭탄 하나를 아직도 메고 있었다. 사람들이 얘기하기를 일본인이 이 범죄자를 체포하는 것은 당연한 일이라고 생각한다.

　더욱 심한 것은 일본인들이 프랑스 경찰의 도움을 받고 프랑스 조계지 내의 모든 한국인의 주택과 기관을 수색할 수 있고, 여기서 몇 년 동안 은거하여 본분을 잘 지킨 한국인 정치범들 모두가 체포되어 일본인에게 인도되었다. 모든 사람들에게 존경받은 안창호 선생도 체포되어 그의 운명은 혹시나 홍구공원에서 체포된 수백 명의 중국인 운명과 비슷하지 않을지 모른다. 신문에 의하면 일본 당국은 안 군이 이번 폭탄사건과 별다른 관계가 없으나 일본 사람들은 이를 안 군을 체포할 절호의 기회라고 생각하여 안군이 돌연히 체포당하였다. 아! 앞으로 프랑스 조계의 한국인은 한국인이기 때문에 장차 평화롭게 살 수 없을 것이다.

합병을 반대하는 사람 올림

1932년 5월 4일 대륙보 사설
미국과 한국

　최근 발생한 심각한 폭탄 투척사건으로 인해 우리는 미국과 한국의 관계를 되돌아보게 되었다. 전 미국 참의원 스펜서 씨[91]는 헨리 정[92]이 쓴 『한국 문제』라는 책의 서문[93]에서(정씨는 몇 년 전 한국을 위해 미국을 방문하여 조사한 사람이다.) 미

---

91) 셀든 피이 스펜서(Selden P. Spencer). 미조리주 출신의 미국 상원의원.
92) 헨리 정은 정한경(鄭翰慶, 1891~?). 독립운동가. 1921년 4월 대한민국임시정부 구미위원부 위원에 임명되었으며, 영문으로 〈한국사정(The Case of Korea)〉을 발행, 한국의 역사·지지 (地誌) 등을 알리고 일제의 침략상을 지적했다. 1944년 10월 주미외무위원회 위원 겸 비서주임으로 임명되어 대미외교를 전담했다. 1962년 건국공로훈장 단장이 주어지고, 제도개편으로 건국훈장 독립장으로 바뀌었다.
93) 서문은 다음과 같다. "미국인들은 사실을 원한다. 정의(正義)는 감정이나 감상적 열광에 기초한 것이 아니다. 정의에는 진실이 따라야 한다. 이것은 때로 늦어지는 경우도 있지만 반드

국과 한국 양국의 관계를 자세히 서술하였다. 스펜서 씨는 먼저 권력이 진리에 따라야 비록 늦더라도 유효하다고 하면서 그 다음에 조미우호조약의 의의를 논하여, 미국 정부가 1883년 6월 4일 조약을 체결한 후 오늘날까지 공식적으로 폐기하지 않았다고 하였다. 조약에서는 양국 정부와 국민은 영구적인 평화를 유지해야 하고, 만약

시 이루어지게 마련이다. 이 책의 내용은 다분히 설명적이며 큰 감동을 준다. 모든 미국인들이 신중하게 고려해 볼만한 가치가 있다고 본다. 이 책은 주의를 끌만한 가치가 있으며 당연히 그렇게 되어야 한다. 미국이 건국했을 때 이미 4천 년의 역사를 갖고 있던 세계 역사의 창시자인 한국은 우리나라의 양심에 호소하고 있다. 1883년 6월 4일 미국과 한국 사이에 '평화 우호 무역 항해에 관한 조약'이 공포되었다. 그것은 1882년 5월 22일 양국 정부 대표의 합의를 거쳐 1883년 1월 9일 미국 상원의 승인을 받은 다음 1883년 2월 13일 미국 대통령(아아더 대통령)이 공식 재가를 했었다. 이 조약의 중간에는 이런 구절이 있다. '미국 대통령과 조선(朝鮮) 왕 사이는 물론 양국 국민들 사이에도 평화와 우호 관계가 영원히 지속되도록 할 것이다. 만약 다른 나라가 조약 당사국 정부를 부당하게 침략적으로 대했을 경우에는 쌍방은 그 사실을 아는 즉시 우호적 화해를 가져오기 위해 주선에 나설 것이며, 이렇게 해서 우호 감정을 보일 것이다.' 이 조약은 2천만 한국인들에게 힘과 정의를 가진 대국(大國) 우방을 갖게 해준 셈이었다. '은둔왕국'은 빗장을 풀고 즉시 세계 각국에 대해 문호를 개방했다. 잇따라 다른 조약들이 체결되었지만 미국과의 조약이 가장 먼저였다. 우리는 최초의 철로, 최초의 발전소와 최초의 수도 시설을 지었으며, 최초의 증기선을 제조하고 광산에 최신 시설을 갖추도록 했다. 한국은 수세기 동안 전래되어 온 관습을 외국의 것에 맞추어 변화시켜 나갔지만 정신적으로나 문서상으로나 조약을 성실히 지켰다. 한국인들은 이 조약을 절대로 바꾸지 않았다. 그것은 예나 지금이나 그들에 있어 희망의 등불인 것이다. 조선 왕이나 수상 중 아무도 그 조약의 폐기에 동의하지 않았다. 오늘의 외교적 상황이 어떻든 간에 이 사실이 간과되어서는 안된다. 일본이 한국의 지배에 성공하고 1905년엔 보호국으로 자처하여 이 유식하고 자립적인 국민들의 외교권을 장악한 것, 그리고 후에 한국을 완전히 합병하여 하나의 지방행정구역으로 만들어 버린 일, 또 한국인들이 대한민국의 독립을 어떻게 선언했는가 등의 사건 경위가 한국의 관점에서 그림을 보듯 잘 나타나 있다. 이것은 역사적 정확성과 정치가다운 공정성을 나타내 주는 것이다. 지구상의 어느 나라도 한 동안 자치국가(自治國家)를 이루어 온 그들을 무기한 혹사할 권리가 없다. 결국 그것은 절대적 지배를 의미한다는 것이 세계의 여론이다. 이러한 견해는 서서히 형성되고 있는 것일지 모르지만 그러한 행위를 저지르고 있는 나라는 전 세계의 저주의 대상이 될 것임은 너무도 뻔한 일이다. 그것은 스스로 자기 목에 굴레를 씌우는 일이며 바다 속으로 빠져 들어가는 행위라고 보는 것이 타당할 것이다. 선전이란 기술적으로 이용하고 열심히 전파시키면 당분간 속일 수는 있다. 그러나 언젠가는 조각난 구름 사이로 태양이 비치는 것처럼 세계는 사실을 인식하게 마련이다. 나는 미국의 동료 시민들에게 이 책을 추천하며 주의 깊게 생각해 볼 것을 권장한다. 이 속에 담겨 있는 현재의 외교적 사건 기록은 일본의 해명을 불가피하게 할 것이다. 이러한 해명은 세계의 심판대 앞에서 어떠한 나라도 주저하거나 거절할 수 없는 것이다. 문명은 진실을 필요로 한다. 오직 진리만을 요구하는 것이다. 역사 정의(正義) 명예라는 관점에서 볼 때 문명 세계에서 미국보다 더 이것을 주장하는 나라는 없을 것이다. 워싱턴 D.C. 상원의원회관에서."

양국 중 갑국(甲國)이 제3국에게 침략을 당하면 을국(乙國)은 도와주어 만족스러운 결과를 얻도록 하여 호의를 표시해야 한다고 분명히 밝혔다.

이 조약의 체결로 인해 한국은 처음에 미국의 도움을 많이 받았다. 스펜서 씨에 의하면 한국의 철도, 전기, 수도, 그리고 버스, 신식 채광업 등은 모두 미국인이 먼저 시작하였다.

한국인도 늘 이 조약을 중요시하였다. 임금과 신하 모두 이를 폐기하고 싶어 하지 않았다. 지금까지도 이 화약은 한국의 앞날에 한 가닥의 희망이라고 생각한다. 오늘의 국제정세는 어떠하든 이 화약의 내용을 결코 소홀히 해서는 안 된다. 스펜서 씨의 서문에는 아래와 같은 감동적인 말이 있다.

세계에서 가장 위력이 있는 것은 공론이다. 공론의 형성 과정은 느리지만 매우 효력이 있다. 횡포한 국가는 비록 교묘한 선전으로 잠시 세상 사람의 이목을 속일 수는 있지만, 일단 진리의 빛이 세계를 비추게 되면, 폭력에 의지하는 자는 반드시 세상 사람들에게 버림을 받을 것이다. 문명이란 먼저 진리를 추구해야 하는 것이다. 진리 이외에 추구할 것이 없다. 오늘의 세상에서 진리를 계속 지킬 수 있는 사람은 역사적 맥락으로 보나, 세상의 공리로 보나, 그 자신의 번영으로 보나 미국인밖에는 없다고 생각한다.

1932년 5월 11일 대륙보 통신란
안창호의 운명은 어떻게 되는가

대륙보 주필 선생께. 사람들이 존경하는 저명한 한국인 안창호군이 불법적으로 체포되어 일본 측에 인도된 지 이미 10일이 되었지만 아무 소식이 없습니다. 일본 당국은 안군과 이번의 폭탄투척사건이 아무 관계가 없다고 하였습니다. 일본경찰이 프랑스 조계지에 있는 한국인들을 수색할 때 한민단 단장집에서 안군을 보고,

일본인들은 이 기회를 놓치면 안 된다고 생각해서 한교민단 단장을 체포하라는 영장을 가지고 안군을 체포한 것입니다.

일본 당국은 안 군을 무기한 구속할 것인지, 법적으로 공개 심판을 할 것인지, 아니면 갑자기 실종되어 마치 비씨기념당(費氏紀念堂)의 장목사, 모 중학교의 조(曹)교장, 오주(五洲) 약방의 경리 항송무(項松茂)[94]처럼 될 것인지요.

안군은 중국 국적의 한국인입니다. 설사 죄가 있어서 체포해야 한다면 그의 본국 정부의 처분을 받아야 하며, 일본경찰의 체포를 거절해도 무방합니다. 지금 일본 당국은 그를 체포하여 구금했습니다. 이런 고압적 수단을 조계지 영사단에서는 과연 사리에 따라 제재할 수 있는지요.

오늘도 여전히 한국인 교민을 검거하고 있습니다. 한국인 교민들은 마치 화살에 놀란 새처럼 감히 거리를 다닐 수도 없고 집에도 돌아갈 수 없습니다. 어제 또 두 명의 일본 경찰이 프랑스 조계 경찰과 함께 한국인 조목사의 자택에 뛰어들었습니다. 조씨가 집에 없는 것을 보고 그의 부인 및 가족들을 윗 층으로 몰아내고, 그들은 아래층의 개인 우편물과 안마기계 6대를 모두 가져갔습니다. 천금 정도의 거금을 손실 보았습니다. 이런 고압적 수단과 위법행위가 언제나 끝날지 모르겠습니다. 일본인들이 마음대로 한국인을 체포하고, 사택을 수색하고 약탈하는 일을 어찌 프랑스 당국에서 허가를 하였겠습니까. 프랑스 사람들이 다른 나라의 정치범을 보호하는 것처럼 여전히 한국인들을 보호해 줄 수 있겠습니까.

---

94) 중국 절강성의 영파(寧波)는 '장사의 신(神)'들이 산다는 고장. 상해 지역은 영파 상인들의 많이 몰려와 활동했다. 여기서 말하는 항송무(項松茂)는 중국 최초로 비누공장을 세워 부를 축적한 '영파방'의 한 사람이 아닌가 생각된다. (강효백, 〈중국인의 상술〉, 한길사, 2002 등을 참고).

1932년 5월 3일 『대미만보(大美晚報)』[95] 사설
신중히 고려하기를

지난주 폭탄투척사건은 물론 심각하고도 놀랍지만, 우리는 상해의 각국 당국이 이 사건에 대해 성의를 가지고 협조하고 신중히 고려하여 이 사건을 신속히 마무리 지음으로써 사건이 확대되어 더 이상 다른 곳까지 파급되지 않기를 간절히 바란다.

우리는 일본 정부에게 매우 감복하고 있다. 일본 정부는 억지로 중국 사람을 연루시켜 이 사건이 중국인이 부추겨 일어난 일이라고 하지 않았기 때문이다. 우리가 이렇게 말하는 것은 이 사건의 결과를 예언하는 것이 아니며, 또한 이 사건의 교사자가 따로 있다고 시사하는 것도 아니다. 일본인이 사실에 근거하여 조사하면서 혹시나 중국인을 연루시킬지도 모르지만, 지금까지 이런 얘기를 들은 적이 없다. 이것은 실로 일본 사람들의 조치가 정확하고 고의로 중국 사람과 연관 짓는 것을 피하기 때문이다. 우리는 일본과 두 조계의 당국이 선의로 한국인을 조치하여 그들로 하여금 우리와 같이 조계 안에 살 수 있고, 불필요한 소요를 피할 수 있기를 바란다.

물론 많은 한국인들은 조국의 상황에 대해 고통스러운 마음으로 일본인들을 미워하지만, 본분을 지키는 한국인들은 무력으로 저항하는 것을 주장하지 않는다. 그들은 이런 폭동이 조국의 운명을 개선하지 못할 뿐만 아니라 오히려 막대한 손실을 받게 될 것으로 여긴다.

상해의 한국인 교포는 대략 1천 명 정도인데, 대다수는 본분을 지키고 이치에 밝으며 자존심이 강한 사람들이라서 다른 나라 교민들과 다름이 없다. 지금 일본인들이 이 사건으로 인해 상해의 모든 한인교포를 연루시킨다면 정의를 무시함이 이 보다 더 심할 수가 없다.

---

95) 『상하이 이브닝 포스트 앤 머큐리(Shanghai Evening Post and Mercury)』의 중국어판. 『대미만보(大美晚報)』는 '위대한 미국의 석간'(Great American Evening Newspaper)의 뜻.

본분과 법률을 잘 지키고 있는 한인의 안전을 보장하려면 반드시 일본인들은 성의 있게 한 가지의 법률을 준수해야 가능할 것이라고 생각한다. 즉 일본은 한인에 대해 다른 무죄한 사람처럼 대해야 할 것이다. 한인의 범죄행위 증거가 없다면 절대로 혐의범으로 대하면 안 된다. 이렇게 해야 일본은 다른 나라의 호감을 얻을 수 있을 것이다. 일본과 한국의 문제는 매우 복잡하고 게다가 이 폭탄사건까지 발생하여 지금의 정세가 매우 심각한 이때 일본에게 필요한 것은 열국의 동정과 우호이지 결코 무력으로 짓밟으며 원수에게 고함치는 것이 아니다. 내가 남에게 예의를 잘 지키면 남도 나에게 예의를 잘 지키는 법이다. 일본인은 이 말을 깊이 새겨들어야 할 것이다.

지금의 상황으로 보면 일본인들이 반드시 한인을 엄중 조처할 것이다. 그렇지만 일본인이 지나치면 안 될 것이다. 각국 당국은 절대로 일본인의 폭력행위를 고무해서는 안 될 것이다.

1932년 5월 18일 『대미만보(大美晚報)』 독자 논단
불법행위(국제공법은 어디에 있는가)

주필 선생님께. 국제공법은 명백히 규정하고 있습니다. 아무리 사안이 심각해도 정치범은 인도할 수 없습니다. 이는 국내법이 정치범을 유죄라고 볼 수 없다는 것이 아니라, 그들은 고국의 진보를 도모하고자 부득이 국외로 망명하기 때문에 국제공법의 보호를 받아 인도법(引渡法)의 적용을 받지 않는다는 것입니다. 지금 서양의 법학자들은 한결같이 이런 국제적인 보호막을 일단 철폐한다면 한편으로는 정치범들이 무리한 압박을 틀림없이 받게 되고, 또 한편으로는 관계국의 진보를 틀림없이 방해하게 될 것입니다. 그래서 일본인이 프랑스 조계에서 한인을 체포하는 것은 국제법을 파괴한다고 할 수 있습니다. 오호라! 우리 모두가 함께 준수해 온 존엄한 법률이 일본인들에게 오히려 유린당해 버렸습니다.

신문에 의하면 사고와 밀접한 관계가 있는 소수의 한인은 다들 프랑스 조계 안에서 체포되었다고 합니다. 프랑스 영사의 간략한 심문을 거쳐 일본 당국의 요청으로 즉각 일본군사령부에 인도하였다고 합니다.

이것이 사실이라면 일본 당국이 한인정치범을 인도해 간 것은 국제공법을 파괴한 것이 전혀 의문의 여지가 없다고 할 수 있습니다. 일본인들이 우리가 존엄시하는 법률을 이미 파괴했다면 그 행위는 전적으로 불법이라고 할 수 있으니 그들은 어찌 법률을 잘 지키는 자들이라고 할 수 있겠습니까. 이상 나의 의견을 간략히 피력했고, 별다른 실례가 없다고 생각하니, 부디 신문에 게재하여 널리 알려주시기 바랍니다.

김위리(金威利) 올림

1932년 6월 6일 『자림보(字林報)』 사설
폭력은 국제간 교제의 장애물이다

이번 문제는 또다시 일본인 때문에 발생하였다. 중국의 국민정부는 마땅히 최선을 다하여 처리해야 할 것이다. 이번 사건 발생 후 각국은 이미 일본에게 여러 가지 질문을 제기하였다. 문제는 동경 정부의 태도가 솔직한지 아닌지에 따라 결정될 것이다. 상해 사람들의 여러 가지 의심은 대체로 이치에 부합한다. 지금 본보에서 한 편의 문장을 실었는데 일본 정부에게 왜 안창호를 한국으로 압송했느냐고 하는 질문으로서, 그 어투는 매우 침통하다. 4월 29일 폭탄사건의 심각함을 보면 일본인이 사용하는 수단도 이해할 수 있을 것 같다. 이처럼 심각한 사건을 처리하려면 엄격히 법을 준수하지 않을 수도 있을 것 같다. 비록 안군이 중국국적의 한인이지만, 폭탄사건과 관계없이 일본인은 그를 불법적으로 체포하였다. 이는 우리로 하여금 과거에서 몇 번씩이나 발생한 참극을 회상하게 한다. 그 참상이란 다시 상상하기도 어렵다. 우리는 모두 일본이 자주 우방국에게 원망을 듣는 것이 사실상 일본의 거만하고도 횡포한 행위 때문에 그런 것임을 잘 알고 있다.[96] 일본인들이 국제 교제를 개선하려면 무고한 양민을 연루시키지 않도록 해야 한다는 것을 이점에서 재삼 유의해야 할 것이다.

1932년 5월 7일 『밀라드 평론보(評論報)』
홍구폭탄사건의 괴이한 현상

4월 29일, 한국인이 홍구공원에서 폭탄을 던졌다. 일본 관원 여러 사람이 중상을 입었다. 그 중 한 명이 즉사했다. 이 사건 발생 후 각지에서 위문전보를 당국에 보내면서 이 사건의 경과에 대해 물어 봤다. 이런 폭행은 마땅히 엄하게 꾸짖어야 하지만, 우리가 생각해야 할 것은 이번에 한국인이 일본인을 폭살시킨 것은 1월 28일 밤에 일본인이 대포로 갑북(閘北)을 폭격한 것과 비교하면, 유일한 다른 점은 갑북에서 죽은 중국 사람들은 중·일의 정치분규와 상관없는 무고한 시골 사람들이다. 그런데 이번 홍구사건의 희생자는 일본 정부의 정책에 관련된 요인들뿐이다. 우리가 생각해 보아야 할 것은 일본인이 정치 침략을 실행하기 위해 중국에 선전포고도 없이 습격한 포악한 행동이 과연 암살과 다른 점이 있을까 하는 점이다. 한 나라의 정부가 정의를 멸시하여 폭력행위를 자행할 때마다 민중들은 이런 고통을 견딜 수가 없고 특히 일반 극렬분자는 마침내 일어나 복수 행동을 하였다. 비록 폭력 행위에 가담하지 않은 사람들도 그의 공격을 피하기는 어렵다. 결국 집정자가 야심을 이루기도 전에 생명들을 잃었으니 어찌 아쉽지 않겠는가. 우리는 이번 사건에서 일본의 인민 및 피해자들에게 마땅히 심심한 동정을 표해야 하겠지만, 또한 한인들이 실제로 일본인들의 압박을 견디다 못해 저항한 행동이라는 것도 알아야 한다. 아울러 한국에 이웃한 만주에 대해서도 더욱 주의를 기울여야 할 것이다. 만주도 장차 일

---

96) 원문에는 기지(旣知)로 되어 있으나 개지(皆知)의 오자로 수정하여 해석했음.

본인들에게 똑같은 압박을 받을 것이다.

이번 사건을 한인이 주모했는지 여부와 상관없이 우리가 주의해야 할 것은 일본인들이 계속 한인들에게 죄를 묻는 목적이 한국 문제의 심각성을 확대, 선전하기 위한 것이란 점이다. 한국에서 전해 온 유언비어를 살펴보면 우리는 이 말이 틀리지 않음을 입증할 수 있다. 지금 일본인들이 프랑스 당국의 도움을 받아 마음대로 프랑스 조계 내에 있는 한인들을 체포한 행위가 어찌 심각한 국제정세를 완화시킬 수 있겠는가.[97]

1932년 5월 7일 『밀라드 평론보』전재
New York Evening Post(『紐約晚郵報』)의 평론

뉴욕 이브닝 포스트의 평론에 따르면 만주에서 하는 일본의 행동은 족히 원동의 평화를 파괴할 수 있다. 상해에서 발생한 폭탄사건은 또 하나의 일본 정치 암살이다.[98]

또 말하기를 일본 군벌은 자주 일본의 자유당 사람을 암살했다. 그래서 군벌의 적들이 같은 수법으로 군벌을 상대한다 해도 이상할 것이 없다. 이번 사고의 발생은 한인이 여전히 일본인의 통치를 반대한다는 민의가 있으며, 아직은 일본인에게 완전히 동화된 것이 아님을 충분히 증명해 주고 있다. 이것으로 보건대 일본이 한국

---

97) 『密勒氏評論報』(Millard's Review)를 말함. 1917년 6월 9일 상해에서 창간. 창간인은 미국 『뉴욕헤럴드논단보』의 원동주재 기자인 토머스 밀러(T F Millard)이다. 그의 이름으로 명명된 이 신문은 토요일마다 간행하던 주간지로서 16절지로 매회 50페이지 정도 분량이었다. 자산계급 자유주의 색채의 영문주간지였다. 중국과 원동의 정치경제시사를 중심으로 평론 보도를 하여 해외에 독자가 많았다.

98) 원문에는 『紐約晚報』라 하였으나 『紐約晚郵報』(New York Evening Post)의 착오인 듯. 뉴욕 포스트(영어: New York Post)는 미국 뉴욕 주 뉴욕에서 발행되는 일간신문이다. 1801년 알렉산더 해밀턴이 석간 신문으로 창간하였다. 미국에서 일간으로 연속하여 현재까지 발행되는 것으로는 가장 오래 된 신문이다. 초기에는 뉴욕의 정론지로 여론을 주도하기도 했으나, 후에 창간된 뉴욕 타임스와 뉴욕 데일리 뉴스에 밀려 경영이 악화되었다. 소유주가 몇 차례 바뀌는 과정을 거치며 1934년 현재의 뉴욕 포스트로 제호를 변경했다.

에 대한 정책을 가지고 중국의 만주를 대하고 동시에 원동의 평화를 유지하려고 한다면 과연 가능할까?

런던 각 신문의 평론

타임지[99]의 평론에 따르면 이번 상해의 사건은 중·일 교섭에 장애가 될 지도 모른다. 왜냐하면 이 사건은 마침 중국 주재 영국대사 램프슨 씨[100]가 중·일전쟁을 중재하여 이미 상당한 성과를 얻은 직후이므로 우리는 더욱 주의할 필요가 있을 것이다.

최근 동경의 소식에 의하면, 상해에 대한 일본 정부의 정책은 변경할 생각이 없는 것 같다. 그래서 한인이 일본 요인을 죽였다는 이유로 상해에서 체결한 중일화약(中日和約)을 막으려한다면 그 계획은 이미 실패했다고 말할 수 있다. 우리는 일본인과 이 사건의 피해자들에게 매우 깊은 동정을 표하지만, 우리들의 생각으로는 일본이 존엄과 평화의 자세를 갖는다면 이것 또한 승리를 얻는 방도가 아니겠는가 생각한다.

런던일보에 의하면 이번 사건의 발생은 일본외교상의 모욕이므로 반드시 일본인민의 분노를 일으킬 것이다. 그러나 우리들은 일본인들이 절대로 이 일을 구실로 삼아 다시 상해의 중국인을 도살하는 행위가 없기를 바란다. 동시에 일본사람들이 절대로 그들이 일으킨 상해전쟁의 책임을 회피해서는 안 될 것이다.

일본이 만약 상해에서 군대를 철수하여 조용히 중·일간의 문제에 대해 국제연맹의 공평한 중재를 기다리지 않는다면, 원동 지역은 영원히 평화로울 날이 없을 것이다.

---

99) 원문에는 『太晤士報』. 타임지(Times: The Times of London)를 말함. 영국에서 가장 유서 깊고 영향력 있는 신문 중 하나. 『The Guardian』 『The Daily Telegraph』와 함께 "영국의 3대 일간지". 오랫동안 세계 최대의 유력지 가운데 하나로 평가되어 왔다. 1785년 1월 1일 존 월터에 의해 『The Daily Universal Register』라는 이름으로 창간되었고, 1788년 1월 1일 『타임스』로 명칭을 변경했다.

100) 원문에는 藍浦森. Miles Wedderburn Lampson(1880~1964)으로 이튼(Eaton)에서 수학. 1903년 영국 외무부에 들어가 근무. 이후 일본, 불가리아, 북경, 만주에서 근무했고, 1926~1933년 주중영국대사로 재직했다.

런던매일신문의 평론에 의하면, 한 국가가 시국이 긴박한 때는 오로지 진정한 태도를 가지고 시선을 멀리 두어야 위대한 정신을 보일 수 있다. 우리도 일본인이 이번의 소소한 악의와 모욕에 대하여 반드시 담담한 태도로 처리할 수 있다고 생각하며, 중·일 문제도 평화적으로 해결되기를 바란다.

(김광, 『윤봉길전』, 상해 프랑스 조계 한광사, 1933)

원문 영인

尹奉吉傳

馬君武題

國旗下之尹奉吉義士

韓人愛國團長金九先生

韓國革命領袖安昌清先生

行賓誓之禮奉尹奉吉義士

宣誓文

나는赤誠으로써祖國의獨立과自
由를回復하기爲하야韓人愛國團
의一負이되야中國을侵略하는敵
將校를屠殺하기로盟誓하나이다

大韓民國十四年四月二十六日 尹奉吉

韓人愛國團 앞

우七百
한 公園에서 編者하며~

美ㄴ한 芳草야
明年에 春風이 오거든
玉같으로 더부러 갈거요

青 한 芳草야
明年山河를 이을즈그거든
高麗江山에도 또 무가오

多情한 芳草야
今年四年있음에
敬砲壽포로 盟誓. 하네

一二八之滬變元凶

白川陸軍大將

野村海軍中將

植田陸軍中將

二八滬變之元凶

駐華公使重光

房留民團長河瑞

駐滬總領事村井

192

十九路軍軍長
蔡廷楷將軍

十九路軍重要將領

白川天長節祝式體時之演講

總領事村井在白台上謹觀禮

炸發前一分鐘

焼 分 一 後 襲 空

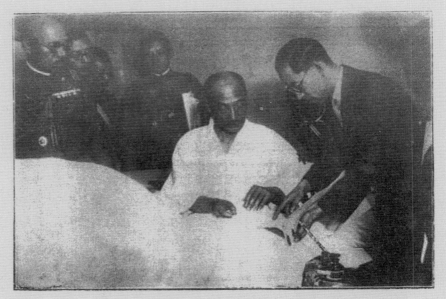

植田在病中簽簽停戰協定條約之博況

（甚一）　器銳甲堅倭之帶一口虹於橫縱

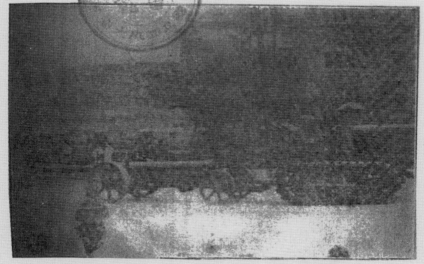

（甚二）　影　　・　　之帶一口虹於橫縱

199

倭軍長官在四處檢巡

虹口公園內往來巡查之倭審

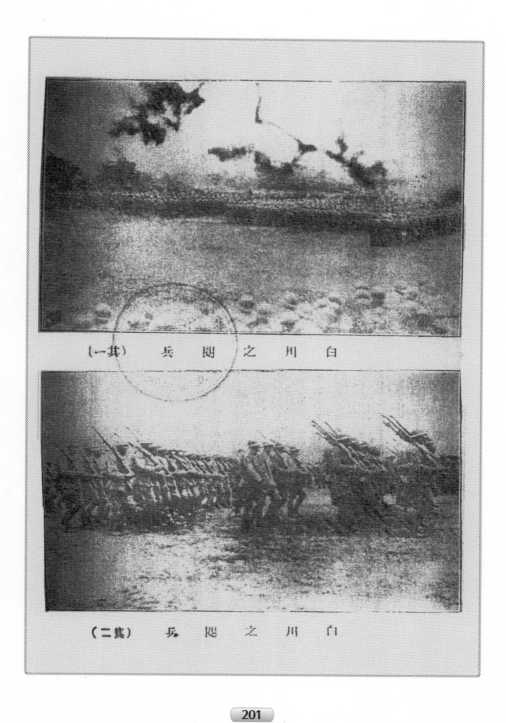

白 川 之 閱 兵 （其一）

白 川 之 閱 兵 （其二）

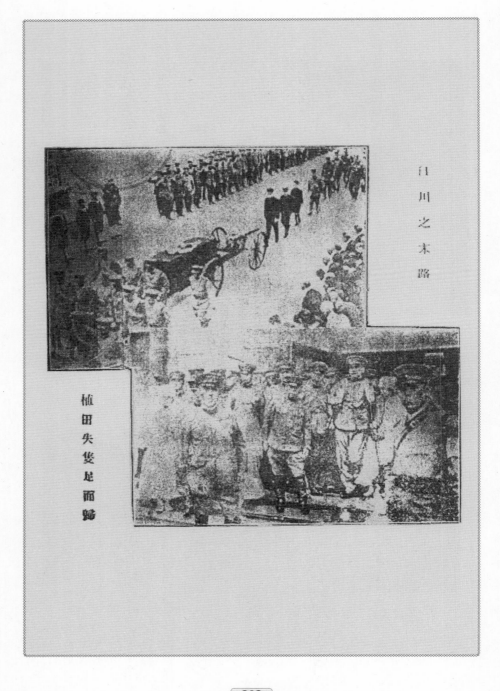

白川之末路

植田失婆足宵歸

野村失雙眼而返

尹奉吉傳目錄

尹奉吉傳　目錄

205

尹奉吉傳　目錄

五

尹奉吉傳　目錄

六

序

公曆一九三二年四月二十九日，尹義士於上海虹口公園擊殺白川大將，重光公使，植田，野村，村井，河端等以寒膽蠻橫無肆的日本帝國主義者，以發揚韓族的鐵血精神，當時余曾在上海親目見聞其忠勇之肝膽，窃闖偉大之精神，欲爲之表影者在朝夕，而惜有意未誠者一年有餘，其友金君以其所編尹義士之傳稿，授余爲之序，余讀其書，尤信尹義士之讀書養氣具有根底，金君之敘述編輯相得其宜，伊今回顧安重根之於伊藤，李奉昌之於日皇，繼之尹義士之此舉，皆爲韓復國，爲中國救亡，爲東洋平和計，乾坤一擲，事既震動環宇，故不重贅矣，而此書當如暮鼓晨鐘，足以

贊易壯人也

事吉傳 序

韓國紀元四二六六年六月　日

金起元識

尹桌吉傳　序

二

自序

可恨，萬惡無比的日帝國主義，吞併了我韓國三千里的彊山，奪去了我二千萬民族的自由，

更進一步的掠奪，榨取，整個韓國國內一切的利益，但是在它日帝國主義的本身上還以為不足，

更拳一步投足到中國，開始吞食滿蒙，這是世人所賭之一般共見矣！

日帝國主義之存心滿蒙，決不是由於最近之需要而強佔，乃有三十餘年長久的歷史矣！

當際吞韓首功之伊藤博文之在朝，曾有親自出視滿蒙以為吞食滿蒙之長計，無乃伊藤博文觀

察至哈爾濱車站，被安重根義士所擊，由是伊藤博文之侵略滿蒙收策，始告段落！

然而日帝國主義決不因此而甘心沈毒，更加上多運用其鬼計多端之頭腦尤苦心滿蒙，戰復以

實力之後盾，深切的壓迫中國，向中國挑戰，示威；至於我們在民四的二十一條以及民十七的濟

南慘案，發作霖之炸案等皆為好例！

這樣不間斷的延續着向中國脅迫，侵襲，始於在去年的九月十八日，終畨扯破了它那日帝國

主義的橫暴野發的猙相強佔了滿腿，任窓的，橫肆的，殘殺，盜淫，搶劫，無辜的東省良民，至

於破壞，毀燼，燉燬的財產，但所謂擁兵十萬，支配一切主權的東北邊防楊司令，是在不抵抗的

尹奉吉　自序

辱名之下，把一塊肥沃廣大的土地，雙手送給敵人，因此東省三地就此作了日帝國主義支配下的

殖民地，而三千萬的東省人民，也都作了無家可歸無國可投的亡國民族了，凡有血歷的中國四萬

萬人民對於日帝國主義的這種強盜般的行為，誰不切齒填胸了呢？可恥的日帝國主義的辮相，無

慮由此暴露於世矣！

可恨，日帝國主義的野心不死，雖强奪了東省三地的肥沃之地還不以為是，更進一步，墾

年的一月廿八日闖人了上海，若視中國為無人之境，任其自橫自肆，到處任意的殘殺警萬的良民

和，掠切無數的財產，在這一髮千鈞之際，可和川皖勇可佩的十九路愛國兵士，為了民族的正義

，國家的危亡而出陣抵抗月餘，國族上爭耀了不淺，同時聲橫無嘴的日帝國主義者，給了不少的

打擊和教訓；可悲後來因後方求援之不濟，乃疹苦的雙重挾攻之下，乃憤而退却了，要知在這次

淞滬戰事上，被日帝國主義者所殘殺的良民和兵士，以指數之不清。而在物質上所受的損失，更

為累贅難數，不但這些，這締結了屈辱的條約呢？唉！這不但使中國四萬萬人民共同悲憤的一件

事，乃至同處於日帝國主義歷迫下的被壓迫民族們，亦皆為共同憤慨之鄰！

中韓兩國不但基於孫中山先生之遺言，「連合世界上之弱小民族共同奮鬥」，而更基於自古

至今，以地理以及歷史上不能互相脫離的唇齒關係，而今一旦又共趨於日帝國主義的鐵蹄之下共

同受蹂躪的同病者，在這種密切關係下的韓國，豈獨不痛心氣憤哉？中國今處於國難，不獨決定了四萬萬人民的生存問題，同時也是決定了韓國二千萬民族獨立運動上的極大的脅迫：所以中韓國爲處於「彼亡則此亡」，「此存則彼存」之共同立的塲上，故韓國目視日帝國主義之壓迫中國的種種非人道的行動，豈甘願忍受耶？

在這種深切的意義之下，產生了一九三二年四月二十九日，尹奉吉義士的上海虹口公園之炸驚世橫行上海戰事的日帝國主義諸將領的炸彈案，這種義舉，不但表揚了我整個韓國二千萬民族的精神，同時也代表了中日兩國切實抗日的共同表現，這種偉大的尹義士之精神是，實爲世人欽佩不已的偉事！

尹義士是爲我們中韓兩國的共同抗日而先鋒的勇士，也就是他啓了我們韓國革命忠士，在日帝國主義的殘酷的鐵蹄之下，打出了一條光明活路的先鋒者，我們一則不愿辜負了尹義士這種犧牲的犧牲精神，另一則我們應該對於這種偉大的事蹟，必定讚揚至千秋萬歲，也應讓尹義士爲我們抗日的唯一之目標！

本著者在過去與尹奉吉義士是爲很知交，尹義士在殉舉義之前曾共寢同食年餘，在此共同居住之間，從彼我之間至互吐肺腑之志，故著者對於尹烈士之詳情皆為盡知，而後有尹之琴義，乃

尹奉吉傳　自序

三

尹奉吉傳　自序　　　　　四

得尹義士之日記以及龐龐諸册，以此耗費年餘之時間才著將此書，內容雖不似一般小說之精彩，

但乃爲赤裸裸，針針細細之事實炎！

本著者，對于中國文學方面以及文字的構造上不十分明瞭，故這本傳稿雖耗費年餘的時間和

心血，但還不免內容的文字與構造上，一定有許多的錯誤和矛盾點的地方，可望讀者多多的原諒

和指教！

一九三二，四。本著者識

日本侵畧韓國概史

韓國與日本之發生關係，還在距今二千年以前，但最近日韓發生關係之開端而論，是在日德川家康幕府時代起，互相遣派國使交往國交之事；其後又曾經一度的斷絕往來，至最近韓高宗十三年二月廿六日（即西一八七五年），即韓日政府訂立重要協商締結修好的條約以後，重復的發生了國交往來之起端。

當時，在韓，國朝，內有朋黨之爭執，幼年君主之在位，而引起外戚之威意；故內爭迭相繼而起，外則有兩國，邊寇之侵迫，因此於內爭外擾間之韓國朝勢，一旦日漸陷於衰亡之地步矣！日倭，日覬韓朝國勢之沉淪，遂俱有侵畧之野心，故乘勢利機極力伸張其勢力，并其後復與在朝內之維新親日派合作，乃如締權發偶韓朝之勢。當時爲爲在韓所擁護之大清國，（中國）見倭密已於此，即便遣將衰世凱率兵二千駐于京城以監視倭日侵韓於已勢；自此以後清日開顯在韓勢力之衝突日越對立，果後即隱有名之甲午中日之戰者，其結果，依據日本之勝，與中國媾和，驅清於韓之勢力，并利用原有之親日派，遂在朝廷組織內閣，因此倭日在韓之勢力早已根蒂逐漸矣！名義上韓國雖爲獨立國，但由此實際上已

少　年　吉　傳

五

皆爲倭日之保護國矣！

中日戰事之日本獲勝，奸滑成性的倭日，遂乘勝之餘威，對消頹索遼東半島，後經極法俄三

國之干涉，不得其志，遂退於海！

俄國依據助退東牛島之功效爲理由，卽與中國稀結中俄密約：（一）送其在中國建敗東清，

中東州鐵路之建設權。（二）旅順大連兩處爲俄國之租借地，期限爲二十五年。

俄國在東亞地域上既有了伸張自巳勢力之根據地，以後一方遂要重添管韓國，故派駐韓公使

貝勒以謀組織韓人親俄之策劃，以爲伸其在韓之勢力！

倭日於俄，出沙逐東半島一事而早已懷懼在心，今彼又复於韓城見倭累自巳勢力之頻發舉動

，由此不能再爲膠忍，遂與開始向俄戰！

由此倭日卽派使三浦悟樓，卽與親日派共課合謀，於韓紀元四二二八年十月八日，突僕內宮

謀殺有親俄派雄鷙之明成王后，以及宮中之排日親俄之大臣宦婢多人，因此兩國勢力之對立，

益見險惡，卒於酉曆一九零四年臘虒所開甲辰之日俄戰爭炎！

日俄戰爭之開端，日海軍於旅順屢得勝利之捷報，倭乘勢遂使林權金權公使去，帶領陸軍二

師團，入京（京城）至屯駐，幷脅迫韓政府承受其不利我韓之條約，韓卽在倭日威迫之下，遂成以

其條約，概要如下：

（一）韓日兩國為保持恆久不易之親交，韓國政府確立日本政府之信賴，關於施政改良，容其忠告事。

（二）日本保証韓國皇帝之安全康寧與韓國之獨立及領土之保全事。

（三）第三國之侵害或內亂而危及韓國皇室之安寧或領土時日本政府得臨機措置，韓政對於此須以充分便利，日本政府幷得收用軍事上必要之地點。

（四）兩國政府議互相承諾，不得與第三國間成違反本協約主旨之締結。

（五）關於本協約之未悉細條，大日本代表與大韓國外部大臣，互議臨時協定事。

由此約之成立而韓之主權全失，國家之運命遂懸於日人之手矣。

度支部大臣李容翊，反對此條約而被革職；中樞院副議長李裕寅等多人，反　而上疏君側：其外有多數愛國之紳士連絡登報，以反對此約之成立；幷有打印此條約之外部大臣署理李址鎔與參書官其完濩等家之投彈事。以此諸民對此約而极力反對！

其後月俄戰爭之俄國尤顯失敗，日訂此條約遂不盂半載，仍不以為滿足，遂乘其驚悼之餘威，復向韓朝提州寄館之條約，並強迫在韓朝政局之吏宜，日政府所派委之官員不可不記，蓋召顯

尹　奉　吉　傳

七

218

外國顧問員以及參事等，亦以為如此；並強謂，韓聯與第三國之間如有立條約或外交公文之時，無

非由日政府協議或改刪，便不能立，故韓朝之一切政治權力，幾為倭日所隴斷，並覦日為韓之宗祖

國之高幹矣。

其後日既挫俄國，兩國全權委員會於韓紀元四二三八年九月，同於美國普孜瑪斯締結和約：

而俄國承諾日本在韓國之政治，經濟，軍事上均有特別之掟權，於是，伊藤博文被派為大使，於

同年十一月十日入韓京，翌日曆見晏日皇親審，菠後退往仁川留滯十五日入澈玉軒陛見揚皇保護

條約，韓皇戲辭岐斥日朕誓以身殉國決不可認也，伊嚇以兵力從事，而終不得撓其承允，十七日

令其憲兵警捕多數，逼韓諸臣，入闕開御前會議，伊藤與公使林權助大將長谷川好道等率兵入闕

，槍砲刀劍列森嚴，皇陛肉與諸大臣協議參政，韓圭卨揚力咬呼反對皆以身殉，伊藤令其兵拘

覆別室，外部大臣朴齊純亦反對數次，終及歐然，伊藤乃餙快其可否，度支大臣閔泳綺，法部大

臣李夏榮等，決否；學部大臣李完用之修改條文之事，軍部大臣李根澤，內部大臣李址鎔，農

工商部大臣權重顯，皆贊其李完用之修改條文案，伊藤強言，參政與否決而諸重要大臣皆以改訂

為可耶，則此案已決矣，既命日使官過部員前閒恭作，外部補佐員沼野等強奪外部關印，即將

約簽字條文如下：

一、日本政府今後當指揮韓國之對外關係及事務，日本之外交代表及領事，可保護外僑之（韓）國臣民及利益。

二、日本政府當任完成韓國與他國間現存條約之實行，約定韓國政府今後由日本政府之仲介，不得締結有國際性質之各種條約或約束。

三、日本政府設置統監（Resident General）於韓國京城，與其日政府之代表，專于管理有關外交事項：又設置理事官（Resident）於韓國各商港，及其他認為重要地，以管理完全實行本條款所必要之一切事務。

四、日韓兩國間現存之條約及約束，辭抵觸本協約條欵者外統其賡續效力。

五、日本政府保訂其繼持皇室之安寧及尊嚴。

於是皇城報直登雷要日強勒條約之真相，而廣怖全國之，又揭論文放聲大哭而哀之之國民祉長張志淵發捕入覊嗣，并誌報館被封，大韓每日申報忽放光明，即梁起鐸與英人裴說開辦而朴殷植執編輯之役將縮約顛末，纖悉記載，攻擊伊峰，激發輿憤，賢者血淚學生閉校痛哭，教徒籲天悲泣，商賈撤市狂呼，儒生投牒叫闐，元老火臣，抗爭累日，而日人或以異卻之，或拘而辱之，於是待從武官閔泳煥拔刀自澁原作義政大臣趙秉世，鍾官呆滾瑋參判洪萬植學部主事李相哲軍人金本

尹本吉傳

九

學飲藥自裁，殉十獨立，農民金台根在水原停車塲，投石擊伊藤不中，奇山度李鐘大，金錫懷等

十一人謀刺朴齊純，李址鎔李根澤李完用柟車顯等五賊事洩旋逮，李達兩嘔血死於獄中矣！

隨其五條約之成立，H政府設置統監於京，幷以日使伊藤博文爲任統監之職，繼達其侵韓野

心，而常韓國排日之輿論與民聲，尤其洶勢。

常時排H最醒之團體，如有一進會，大韓自強會，西友學會，成業學會等；幷以輿論最顯之

報界。如有帝國新聞，皇城新聞，萬歲報等；并由美洲閔國之安昌浩，日本歸國之李甲等，亦

爲反對，故加入排日戰線，亦爲猛烈攻蘗日政府之侵韓。

五保護條約的成立不及兩載，四二四零年七月廿四日由統監伊藤博文之呈文，締結可以說二

韓合併之準備條約之七條約的內容如下！

（一）關於施政之改善，乞統監之指導事。

（二）關於立法及行政上之必要案件，須預先受統監之承認事。

（三）關於司決，事務及普通行政事務各其區別事。

（四）關於高等官員之任免，須得統監之同意可能事。

（五）關於韓國政府，以欲監推薦之日本人任命韓國官吏事。

（六）若不得統監之同意則不得聘用外國官員之事。

（七）明治三十七年八月廿五日調印之日韓協約第一項廢止事（度支財政顧問廢止事）。

七條約之締結成立，使與韓國多數之愛國志士之激憤各處踴躍發生武力的不平舉動之緣起，并與日軍隊衝突而流血之慘案，又有各處組織喑殺朝日之要人等：在紀元二四四三年（一九〇八年）三月二十六日，於美國之桑港，有韓國志士張仁煥田明雲等兩人，刺殺日奸官美人須知份遜事。

美國之須知份遜者，四二三九年六月以日米政府之推薦，任韓國之外交顧問，而伊藤博文之締結保護條約（即五條約）為須知份遜之極力幹施而就，故勉思於日俄食韓之嚴而以誠韓之主使者也：述其解職歸國之時，得受伊藤博文之密囑，攜帶秘密遣類，乘桑港，報於有日韓宮內之失德奸淫之事，非頑固黨之掠奪人民財產，人民之愚昧不能獨立資格等之事，若不歸日本而以此牲下，恐為被葬於俄國之假事，又曰，伊藤之治韓有進有利於民等云云，故刺之。

翌年十月二十六日，安重根刺殺視察北滿中之伊藤博文同年十二月二十二日，李在明之刺傷賣國賊李完用之事。

伊藤之被殺，日政府隨派派韓國統監份曾彌，其後立志日韓合併之大野心而復進派陸軍大臣寺

尹奉吉傳

一一

內正毅為復任之。

寺內正毅之任韓，先奪警察權，設警務總監以及憲兵二十排隊派遣各道要處，并暗中散佈偵探隊以助之，復軍艦數十艘遊戈仁川釜山之間，以耀其兵威：并勒銷各報館解散各團體，并以稍有著名之韓民，皆以拘致警廳：遠兵，警察等皆荷銷低刀森列衢巷日夜戒嚴之。以同年八月二十九日勒締合併條約而宜佈韓國之屆日，陳太皇為德壽宮，太王為昌德宮，皇宮改為統監府，統監府改為朝鮮總督府，以寺內正毅為任朝鮮總督，山縣伊三郎為政務總監，有吉忠一為總務部長，荒井賢大郎為度支部長，倉富勇三郎為司法部長，水內重四郎為農工商部長，宇佐川勝美為內務部長，所塚英藏為取調局長，官依遜一為土地調查局副總裁池由十三郎為通信局長。

嗚呼！半萬年文明之徨國為爽島日寇之窠中矣！

此時國人之慷慨亡國之殉命者曰柔矣，而各報即為被封，倘有憤激而譏目之言者，低被倭警撻斃，并奇其家族不得住外宜洩，嗚呼！死者亦受此慘迫而咒生命之乎：其自殺或被殺者如下：

錦山郡守洪範植，駐俄公使李範晉，承旨（官名）李晚壽進士黃玹官，宣官潘學榮，承官李被尤，承旨宋鐵奎，判書金尚鉉，参判鄭某，議官白某，議官宋益勉，正言鄭在健，監役金智深，監察李某，英陽儒生金道賢，同福宋完命，泰仁金天述，金永世，靈山鄭東植，善山鄭某，文義

李䔍，忠州朴某，公州趙京夏，迎山李換純，全義與剛約，泰仁金永純，洪州李根周二十八人，而其餘不得姓名者亦衆，該以上諸人，即以自縊，或自刎自腹，或投水、斷食，飲藥而死者，其意義寧願潔身而死，不願目睹亡國之民矣，此舉實不愧其生之本意，大韓之人民也。

日本帝國主義鐵蹄下之韓國

政治

日本合併韓國後，以總督府，為最高行政機關，行政長官總督，除日本政府之限制外，亭有統治韓國之專制權，同時沒有議決機關，總督之命令即發生法律同樣之效力，在地方沒有自治機關，直屬於總督府之行政，人民只服從而沒有發言，決議、抗議權，對於人民只有義務，而沒有權利，迄種行政機關之官吏採用，依不問法而農格的制限，最高機關總督府裏，沒有韓人的影子，至於地方行政機關，雖有一二的道知事，郡守等與所屬署員，下級官吏，書記等，並非以官吏之實格採用，而為統治之工具與宣傳之善奴。

韓人之道知事，郡守等等，縱有名義，而沒有何等之權限，却非懸介於部下日官之監督不可，至於薪水，同級官吏之日人，倍於同級官吏之韓人，所以韓人雖居高位，非支配於下官與滿足

尹奉吉傳

一三

於少下下官之薪水不可，這些非韓國不可見之奇象。）

警察之制度，本為保證人民之生命財產及安寧秩序而設的，但在韓國之總督府警察為壓迫人

民，強奪人民之財產。而所設者，合併的當時，即解散韓國軍隊與警察，使日憲兵隊可令官委任

警務總監，各道郡府島內，設有千六百二十四個的警察機關，配置一萬六千八百之警官與五千二

百六十的憲兵，處理警察事務，後齋藤總督繼之，所謂文化政治之名目下，雖嚴止憲兵警察，但

警官的發行，苛酷的處罰，如前無所別，據一九三〇年總督府之發表，韓國各地之警察機關，算

四千七百十五處，警官數，達三萬五千六小七人，一年間所謂犯罪事件數，將五十八萬六千四百

六十三件，犯罪人數，毛於六百二十四萬三千二百八十九人，其中思想犯占十分之八。

總督府因為：一掃韓國人之愛國思想，作成順從之奴隸起見，不許言論機關之認可，倘有一二

稍之新聞雜誌必須一一檢閱，發見所有抗觸日當局之言論，則命令廢刊或停刊，一方面拘留記者

，處以酷刑，又無條件逮捕稍有思想之人僞造罪名，虛構灌銀，加以拷問，施以惡刑，以所謂制

令途反與治安維持法違反之罪名，處於徒刑，而甚至死刑，雖然，反此思想犯之數日加月增，在

快反抗日帝國主義者以幾何級數增加，此可以証明國家雖亡民族不亡之事實矣！

經　濟

賣本主義之第三階段的帝國主義的獲得殖民地，因為對內對外殖民地經濟的搾取與獨占了，

日本對於韓國各種的政策不外於此。

韓國，本為農業國，人口十之八為農業者，沒有假關革命以前那樣的大地主，土地之分配，

比較不均，自作農居多，然日本侵韓人以後，加以重稅，付以公課金，自作農的地位不能維持

前漸變佃戶，侵佔後二十年之今日自作農與佃戶之比較如下表。

韓人農家戶數比較表

佃戶	五六‧八%	佃戶兼自作農‧	
自作農	九‧五%	地主	三一‧五%
			二‧二%

以上表看來，佃戶占全農家之十分之九，這些自作農所有之土地究竟為誰奪占耶？不用說都

日本人奪取的，日本人用如何方法來奪取土地呢？韓國人以自作之農產物納付各種稅不夠，維持

生活計而要借欵，在這地步已經預備貸費的日本公司，銀行，乃至個人以擔保土地為條件，借於

農民，這樣自作農人年年增加負債而沒有還償之機會，還償期間內不能還償，則沒收土地為日本

人之所有，這樣沒收上地之機關有東洋拓殖會社，殖產銀行，金融組合等。

救韓國人與日本人之在韓國土地所有比較表示於下：

尹本吉傳

一五

226

韓國人與日本人土地所有比較表

所有別	耕作面積	未墾地
國有地	一〇三，〇三四	九〇，二九〇
東拓所有地	二三三，七四九	—
日人大農塲所有地	三五七，二六〇	二七，三五〇
日人小農塲所有地	八〇，九二〇	—
日人低常地	八八五，二〇〇	—
計	一五四〇，一六三	一一七，六四〇
韓人所有土地	二九一六，三三二	五，九六七
合計	四四五六，四九五	一二三，六〇七

以上表此比較來日本人所有土地，占全面積十分之四，此為二十年間之成績，可以推斷自今二十年以後，韓國土地完全為日人之手所歸，此為可痛可慘之事。

還擇所奪之土地，不肯給韓國人耕作，便日本移民耕作，所以韓人欲没有土地，欲住没有地方，求生路於他，此韓人跑到東三省的原故。

227

至於工業韓國本爲工業落後之國家，日本侵韓以前完全依靠手工業而沒現代式大工廠，日本

侵韓以後大阪的工廠所製的大規模的工業品，以無關稅輸入韓國，壓倒手工業，日韓國內乃設許

多工廠，生產商品，結果，韓國的手工業完全滅蕭，以後韓國於少數資本家，因爲自造工業品，

罷沒工廠，總督府對於日本人工廠及其他企業，以無利息借給巨額，補助經費，使依資本主義的

自由競爭之原則，設蕭韓人工廠，此証明日人之對韓國而至殖民地之政策如何奸巧如何酷毒。

至於商業亦以種種的手段保護日商，如上面所說的，借給巨欵日商，使與韓人自由競爭以外

，各學校，各種官公廳其他公共團體需要的商品，非經日商不買，而且大改其他各地之工廠，非

日商不許特約，結果，韓國各地之商權完全歸於日商人之手中。

輸業的認可特予日人以優先榷而對於韓人四害者甚多，其他一切的產業都如上例。

教　育

朝鮮總督府之教育，一方面爲同化教育，另一方面爲奴隷教育，日韓合併後，卽自京城，平

壤等主要都市而至各村落沒收韓國政府機關或學者及韓國高官等所蒐集保藏之寶書，又使憲兵警

官全國的細密搜索家宅，強奪關於韓國歷史之重要審檔類焚燒，這樣，使韓國後生不知本國之歷

尹奉吉傳

一七

史與文化及與日本之關係，所謂文化教育之名稱下存着輸入日本之文化，努力於文化征服。

關於教育機關，人口的比較上君來對於韓國人二千三百萬，有一千五百四十四個小學，二十

個中學之設，對於日本人五十萬人口設六百六十四個小學，十八個中學，至於高等教育，有五個

官立專門學校一個帝國大學，但是表面上宣傳爲韓人本位所設的，實際上，此韓學校，十分之八

九，收容日本人學生，今年之帝國大學選拔二百名之學生之中祇有三十韓國學生在內，這樣少數

韓國學生的入學，不以考試成績爲標準，以學生之排日觀日思想爲標準。

至於教職員教授，在小學採用韓人占全教員之半數，在中學，專門學校，大學，稀見韓人之

教員教授一二人，此壁非以教授之資格採用，而爲調查脅迫學生之工具。

關於學課之排定，普通學校（小學校）教授之學課日完全問一日本之小學，內延有一星期二時

間之韓國語，在授用此韓國語之時間以外不許用韓國語，若韓人教員與學徒間偶發除語則必被罰

責，教課書之內容抹殺韓國之文化偶道韓國之歷史，誇張日本，韓國隸屬於日本，卽爲歷史之使

命。

非依賴日本，韓國人不能生存等辭所包含。

這種教育隸道之下韓國學生，忿慨而鳴，奮然而立，「反對殖民奴隸教育」，「撤廢民族差別」，

「減下授業料」,「排斥壓迫教育」等口號下,有時提出要求,以罷課之手段抗爭,有時以毆打教

員破壞建物桅具等之暴動手段,反抗日本,這種運動逐年而增,逐月而加,全國之韓國學生,秘

密淇互相連絡而組織化,其力量之增大不可忽視,他們之於韓國革命線上地位,亦占首要,這運

動之一例一九三〇年之光州學生事件,本書之主人公尹義士有關此事故可見於下,

韓國革命之沿革

韓國因東洋之鎖國思想,修文偃武,閉關自守,民至老死,不見外事,紀元四一九九(西曆

一八六六)年,俄艦來元山要求通商,而被拒之,是年十月法艦陷江華,而被我軍擊却之,自此

五年後,美艦來江華,要求修約通商,而又被拒之,即大院君攝政十年力持排外主義之時代,當

此李朝末葉,內政紊亂,貪官污吏之披扈,將以誤國,於是金玉均,朴泳孝,徐光範,徐載弼等

諸人,以遊覽外國,而鎖國主義之不適宜,開始通商各國,欲改革革復政,新建獨立帝國,於四二

一七(一八八四)年甲申十月,雖起革命,時運不利,降於失敗,後名曰甲申革命,此為韓國革命

之嚆矢炎。

甲申革命失敗後,新進之談時務者,佛被退蹴,而頑固之勢益漲,十年以來,惡政日甚,搖

尹奉吉傳

貴之家，視官場爲金穴，地方之吏，取民膏爲貨泉，小民失產，愁冤滔天，於是保國安民，宣傳布德

天下，廣濟蒼生爲目的，而各自爲心，同歸一體之大團結爲方法之東學黨出現，宣布檄文，宣傳

各地，編勵民衆，黨員激增，不久乃成大太之勢力，於紀元四二二七年甲午春，條起革命，殺害

貪官汚吏，壓迫土豪劣紳，其勢蔓延於全國，以韓國政府之勢力，不能鎭壓逐請兵於李鴻章，使

，淸日戰爭之導火線，此卽之甲午革命也。

淸日戰爭告終，依焉關條約，韓國殺承認完全無疑之獨立帝國，先是，於甲午革命失敗，而

赴美國之徐戴弼歸朝，欲鞏固獨立之基礎，倡建獨立門，獨立館，發行獨立新聞，豪策人士，組

織獨立協會，欲改꿘政，打破階級，實行平等，然當時官僚，嫉忌徐氏，追令去國，遂再渡美，

徐氏去國後，安昌浩，李商在，李承晩諸氏，承徐氏之盧繼續奮鬪，亦因官僚之壓迫及日人之陰

謀，憾歸失敗。

紀元四二三七年（一九〇四）日俄戰爭，始告終局，日人之圖韓政策，日益顯著，韓國之迷命

，危在旦夕，國內革命志士，呼號奔走，新興之氣，選發金燈，獨立協會失敗後，負笈赴美之安

昌浩，乃奮然返國，專行遊說於全國各地，與梁起鐸，朴殷植等諸氏，辦理大韓每日新聞，帝國

新聞　皇城新聞等言論機關，設立新興學校等，喚醒人民，培養人材，與全德志，安泰國，李甲

，李東寧，金九，李裕弼，車利錫等諸氏，秘密結社，名曰新民會，組織嚴密，精神確固，會員

選八百餘人，此為韓國秘密結社之始祖，初有之現代式之革命黨，其目的，在排除在韓之日人勢

力，革新腐敗政府，建設新興獨立國家，此會日益壯大，勢成浩大，將有傾國大舉之概，此會之

內容，為日人所探悉，(時韓國被完全合併後也，)日人以謀殺寺內總督罪名，加諸新民會員，以

致尹致昊，梁起鐸，柳東悅，車利錫，鮮干燻等一百五人之大疑獄事件，一網打盡，當時之革命

分子，此外安昌浩，尹致昊等所組織之新民會之表現部門運動團體「青年學友」，與同安昌浩

所謂立之國內最優教育機關「大成學校」亦受同一之扼，寧前安昌浩，李甲，以射殺伊藤博文之安

重根共謀嫌疑，為日人所嚴視壓迫，亡命於美國，儼免百五人事件之難。

國內革命志士，以日人誣告種種之罪名，非罹法網，為被其所監視，國內革命運動，一時沉

潛，而在國外之俄領滿洲領地，同志會合，劃策復國之大計者不少，特在美國，因安重根射殺伊

藤博文之關係，亡命此地之安昌浩，改設國民會，為韓人唯一之自治機關，改前次被在美所發行

之共立新聞為新韓民報，益加整理擴充，宣傳獨立運動，指導民眾。又與宋鍾翊等十三人發起與

士閥，作會在本閥所設立「青年學友會」之後身，其部門運動之目的，以勞實力行忠義勇敢之精神

，間盟修鍊，作成健全人格，鞏固神聖團結，作民族前途大業之基礎，此實為革命人材之養成，

革命黨之基本組織矣！

紀元四二五一年（一九一八）歐洲大戰告終，美國威遜大統領所主唱民族自決主義之聲，高徹

於全世界，各殖民地以及被壓迫民族，怵齊起解放運動，十年間日倭鐵蹄下，臥薪嘗膽，以復國

作生命之韓國民衆，墨一九一九年三月一日，一齊蜂起，高唱獨立萬歲，反抗日本，宜骨韓國獨

立，內外響應，震動世界，組織韓國臨時政府於中國上海，由送到上海之安昌浩，李東寧，李東

暉，李東寧，金奎植等，均爲政府閣員，進行獨立運動，一方安昌浩，李東寧，金九，李承晚，李東

暉，宋秉祚等舊新民會之老同志，糾合革命志士，組織韓國獨立黨，孜孜進行革命工作，本

黨之主人公尹奉吉義士，亦保此黨之工作，此外以滿洲爲根據，有朝鮮革命黨之組織、內地之

關保雖名稱相異，而與韓國獨立黨完全同其步趨矣。

環境與尹奉吉義士的誕生

日帝國主義，自從中日甲午，日俄甲辰二次戰爭之勝利以後，金發的批開了它那帝國主義的

摩像，以種種非決的強窃手段去，掠奪或強韌弱小民族的領土，數十年以來一步步的搶去了台灣

，琉球，繼而又惡慢慢的把束方一個不知腹革的韓國奪去了！可憐韓國既在這慘淡的歸命鐘擊的

悲鳴之下喪失了它那三千里秀美錦繡的山河，截斷了它那五千餘年放着光明歷史的巨輪，而更把

二千萬自由的民族，驅逐在日帝國主義的爪牙鐵蹄之下，以供它們任意的嘴唱和戲踏！嗚呼！三

千里江山，二千萬民族，就此這樣無聲無息的淪亡下去嗎？

時在一九〇八年的五月二十二日，春之神照例的降到人間，蔚藍的天空，驕的陽光正放射出

七色的光華，照遍着宇宙的萬物；恢了彷徨街頭，流帶載逖的韓國民族，也賜給了深深的安慰。

白雲片片，烏見旋空，放喉鳴着「春之曲」，枯寂的農村也添滿了與奮愉快的美意；就在這樣

的明媚存天的一日，韓國，忠清南道禮山，柿樑村之某一個貧苦的農家中，呱呱的一聲，降下了

人類社會的一個肉驅，這就是在下要逃說的漏動宇宙，恐懼了日帝國主義的尹奉吉義士矣！

古語說得好，時代造英雄：看當時時代社會是和平安逸的話，必定需要一些詩人，藝術家

等承，歌頌這個社會的美滿；反之它那社會的一切是在不安，殘氣所瀰漫了的社會的話，必定

是應用一些英雄豪傑之聲來改造它；這正是時代的反響，是天經地義的原理，那麼在那時誕生尹

義士的時代，環境，是如何的一種時代，環境呢？至面何以會有今日這般，萬古不朽的偉蹟呢？

收容，客傶們的分蠶鍋竈，是當窮的一種特形，賣仲國逃如絲如雨，他們只知求滿足自已的

慾望，而對於政治，人民，更是莫不關心所以民不聊生，皆陷於悽苦的境遇裡去；在這樣的危存

尹 奉 吉 傳

二三

眉睫之時，如有閔泳煥，趙秉世等之話烈士，都不顧月旰，這般政治之腐敗，甘顯流逝自巳的鮮

血去，呼醒大眾：因此這種血淚的呐喊，正使了甘莎於危絡上的民眾，給了很大的反響；而縣勤

一世的謀刺日使伊藤博文的安重根義士之傳聞，又使了徘徊於亡國線的民眾，又給了極大的教訓

和感慨；同時在裸裎中的尹義士也，就在這樣的環境之下受了神偉的洗禮！

受了偉人，烈士，洗禮的他，未來的前途是怎樣的呢？

自古有諺！山明水秀之處，必產出些寵兒嬌女；巍巍奇峯的所在，必定的有些士豪傑，等來

點綴著這個自然的形勢。

奇巍的山崟，嬌麗的遙野；有涼漂的泉溪，汪海怒號的滄海，有層巒重疊的枷仰山，嵩嵩吐

煙的柿樑村；遺正是誕生尹義士的所在，這種天然的雄勢，足以使凡人，憶起桃源之慨，忘其為

起出了凡俗，登上了絕世的天堂一般了，因為有了這一種環塊的陶冶，會產出了尹義士那種超人

奇烈的性挤吧?!

處於危機的家鄉

人類社會的進化，隨著人類勞働力的進化改良而逐漸減變其生進方式：由愚笨的手工業，而

渡進了現世工業資本主義的社會：在這種畸形的資本主義制度下的社會，常常的以其鋒鑼的手段

去鎖堅弱小的民族，使了出於大自然界裡，自食其力的人們，也就漸漸的旋入這慘苦的奴隸，壓

迫的境域裡去！

底層沒落於社會軌輪後的韓國，在歐美諸國雖都渡過了資本主義制度的社會，但它依然的在

原始社會所遺下來的自食其力的手工業的方式箝制度之下他們還過着那大自然的安樂生活，但是

自從發生了日本帝國主義的容併摧殘了以後，逐張開了血盆似的鵬口，把繁千鉅萬的韓國人民的

生命，都吹入了恐慌的旋渦裡去，使他們過那流浪，彷徨，飢寒交迫的生活：而推聯到和平的禮

山柿梁村這個地方（尹戰士之生地）亦隨着狂風般的惡潮，旋入了恐慌的危機裡，以此開始其人類

底哟哦：經濟恐慌底旋渦裡去了！

尹義士的神才之超群

因着尹義士的天資非常聰明，所以在三歲時就由他的祖父教晤，他咿咿啞啞的囁嚅的聲晉，

非常瞭亮動人，并且他的記憶力特好就能教他一他就記得一，所以隣家的人們，都說他是神童，

以此稱讚不絕，在他祖父也聰朋之下，亦忘不自勝，常以手撫摸着尹義士之頭頂，讚其神威的厲

尹奉吉傳　　二五

明，而自慰以為神靈的前程，亦是不可限量的！

隨著日月的消逝光陰的奔流，尹義士漸漸長大起來了，他那強硬不屈的性格，和天性沈靜淑

然的態度，時時隨著生理的異化而露落于外，使人引起燭明的崇拜：有時與鄰童因細故鬥毆的時

候，不論其對于之年齡較為自己或大或小結果總是使他屈服於自己之下才止。有時或受師長之最

勵的責備　或是受父母的鞭韃之時，他只是以剛強沈默的態度去，始終不言不語的恍惚，從沒有

求過牢寵的情憐，所以村中多人，皆論其性格皆與衆人不同，故又呼叫之謂，小英雄之別號，並

且都希望他將來能做一番驚濤世界之事業，為了這村爭口氣，尤其在他的父母，更希望他的前途

之偉大，而時時熱心的教導他走入正途，以備將來為祖國爭名，為爭族耀！

一年學校生活的斷片

韓日「七條約」成立以後，過不去三年的時光，奸惡的日本帝國主義遂運用其豐慵的手段去強

追韓國。于是就訂立了「日韓合併」的亡國條約，因此遂引起一般愛國民衆之極為憤恨之舉動，自

此以後，使慾個的韓民族，整個的國家，被日帝國主義盆大的血口之中吞了下去，過著那奴隸般

的生活：被支配搾取在日帝國主義的鐵蹄之下過着一切非人類的鞭屍之生活，所謂錦繡江山，自

由民族，燦爛的歷史，隨著這區區者小的一張條約而葬送到人類間最爲痛苦最爲卑賤的「亡國奴」

慘境裡去了！就此以後，韓國自由的民族，再也得不見光明的天日了。

韓國自從「日韓合倂」的成立以後，日本卽委命寺內政毅爲朝鮮總督，自他就任以後，他那如

政治的手段以及陰謀的手腕，毫不下於前任統監之伊藤博文之奸惡，因此他就運用了他的辣端手

腕去，先着于文化侵略的奴隸教育與同化教育於韓國，以此由他的所謂新文化教育之下：厲行箝

一切麻醉民族意識的教育，使著韓國人民，聽了他的甜言密語便入其陷井，好作爲基本的奴隸和

任其支配下的牛馬。

但是，從自過去三千年來受了深根蒂入的漢學影響的韓國民族，他們的觀念之中，只有儒教

，道德的桔梏來堅錮着，任憑日帝國主義去使用任何陰猾的宣傳和煽動新文化教育，結果難于發

生一些効力，只有一般甘心作亡國奴的一部分人們被是愛花花的黃金和昇官的夢所迷，而在那裡

繼續揚其莫明其妙的新文化和新教育政策的優美而已。

刁滑的日本帝國主義，早已料到這種方法之失敗，因此遂改變他的第二步方針，一方面利用

了金錢去出弄愚知的人們，並且在學校裡多設些博得兒童心理的玩具，遊戲等，使學生們打消版

惡漢學之心，和增加入學者之興趣，並且能通日文日晤的韓人，可以高資去作官等之便宜，往另

尹　奉　吉　傳

二七

一方面強迫的手段去，調查入學年齡的兒童，以便實行強迫拉入學校等事，在這種強權威脅之下，俱有子弟的人們，不得不含怒抱憤去，把子弟由慈愛的父母之慈懷裡送到仇親敵人的虎口之中以資來來的奴隸，將來可奪其日本帝國主義的爪牙，這時候尹義士的父母，也把自已的兒子，不得已的強迫的威脅之下，亦送到日教育的學校裡去了。

隨著光陰的消逝和日月的循環，日帝國主義開始實行其強制新教育的時間也有一年的韶光了，在這一年的距離裡日帝國主義的爐勤同化教育的力量，一天比一天浩大，同時在反面，反對它的對豎也不因此而減少，在這樣形勢之下的，俱有被逼入學兒童的父母家長們，乘此兩派鬥爭的險潮之下，紛紛的逃離日帝國主義的強迫教育機關而策入漢學私塾裡去，尹義士也在這時候，從俸的逃出來了，這樣多事煩亂的日帝國主義的強迫教育之下就有受日教育一年的歷史。

漢學者李光雲先生的敎授

自此尹義士離開了日帝國主義的教育機關以後，重復的回到漢學者李光雲先生的私熟裡，李光雲先生者，不但對於漢學積長，而對於古代歷史以及政治，哲學等，尤為透澈，他那時俱有的贊誠熱烈的愛國恩想，尤爲使人欽仰，所以當地的大小人民，無不喜歡聽他的言論以及受他的指

李先生，自幼就有超人過目的愛國思想，至到在年青的時候，就投身到政界，以熱烈淋血忘

置論去，常常對那徘徊於亡國歧途的民衆們，喚其醒步；後有了甲辰年的日俄戰爭以後，目視着

國運是日衰，民更為不聊生，而眼看着日帝國主義的血盆大口，處乎臨頭，在迫危在眉睫的當兒

，他再毋不能坐視針鈒了因此又進一步的投到新聞界，以及列物上，更進一步的鼓吹民

衆思想的運動，並立在街頭巷尾，招集民衆，對民衆講演，語詞多以珍籮當代政局之腐敗，以及

人民之不覺悟；在糖陥下的民衆，無不感嘆其愛國熱烈精神；便有紛紛投身其下，共同救國救民

之同志，因此招集了大衆的同志，不願賣夜的勞心費力，奔走各方，以視救當時之危機，不了好

事多聯滅不人意，可惡的賣國政官們，便私私的訂下了喪國辱族的七條約，君到這樣悲慘的事情

的李光雲先生是，如同受到千把萬的尖刀，齊入他的心坎一般繁痛，他負着滿腔的悲憤，就端下

了他的革命工作，隱退鄉間，過他的絕世隔塵的安逸日子，以開始他悠悠的教腰生活炎！

自有三千餘年來，爛行韓國的孔孟的淺學，已經早使二千萬的民族，堅牢的梧鴒，所以李先

生一方面台乎當代人心之渓岸以教授於民衆，並另一方面則檢入歐美的新學術去灌溉人民，如教

授世界以及歷代之歷史地理偉人記等，以開邃學生之潮流的思想及萌芽他們愛國的意識！

朴奉吉傳

二九

在這樣教育下的學生們，學業是日益發展著長進，同時愛國種族的意識，亦隨之而堅固，在

此中尹義士的超群之思想，早已流露於外，以此李光零先生的異眼，早已識顧到尹義士的宋來，

故特別的器而他的將來之前途故尹義士就在這時起，就由愛國先烈李先生之愛國意識之下灌洗了

偉大的思想！

國恥紀念日講演的片斷

大概是吧！？在一九一〇年八月廿九日的那天，是韓國歷史上民族上給了一個最慘痛，最憤屏

的永遠不能忘悼的一個日子，因著有了這一天，便使了韓國五千餘年來遺下來的光輝歷史，和二

千萬自由的民族，一拚葬送到死的墳墓裡去就此深深的剝下了永久洗不去的亡國跡痕！

唉！不知是時間的無情？是人類的不關心？亡國後在懷慘的日常國主義的鐵蹄之下，過那奴

隸般不自由的生活，也就悠悠然的已經育了十（三）個年的幽貶時光了！在這長長的十三年亡國日

子裡的韓人民，是無時無刻的在聲悼的隙睛之下，過着撥殘的生活，拚且無日不在深厝的地獄之

下吟唔；在孝先生每年輪到這個日子的時候，他總是高賦着噪調去痛擊着糊耝的昏庸和無能，至

於講到激烈悲憤的時候，總是推胸呱足，仰天大罵，誠懇的熱淚，也隨之滴滴的落下，若火的廣

衆，也遂成爲哀號的飛揚，以至感嘆的意識之下，大衆的愛國的心是，不覺的種下在心田裡了。

尤其，常常的以他尖銳的目光和靈活的頭腦去，給一般學生們，或是民衆們暴露着當前的衰亡危途的根源和，由過去所流傳下來的處於不幸的國運，以至細透的把學生們指給於愛民族之道

路上，被他的熱心所感化的學生們，都以沉痛的態度去，接受這偉大的灌漑和力量！

走到第十二週紀念日的今日，李光雲先生是，依然悲懷沉痛的態度去，走上了萬衆的台上，悲不盡的顏臉去，回顧了周圍，開始講演了：

親愛的諸位！我相信吾韓三千里疆土的命運，二千萬大衆的生命是沒有死盡的了，只有在待需着生命的餘燭還在持燃，還待挽救：只要我們的潑的熱血，還在奔流，燒的心火還在燃的話，我們肯負起頭火的使命去努力，不難挽敉在這彷徨流浪於危途的國家，和同時亦不難恢復於我們已亡的自由，只要我們是俱有百拆不挑的精神，那麼成功不遠於在我們之前了。

哦！親愛的諸位和未來的戰士：過去流着鮮血的先烈他正在渦鬱着你們去，踏着他淋漓臭的血路，繼他們的遺志，你們應當會想像到如何去努力和奮鬥以達到這個目的以安慰在九泉下含怒抱怨而死的諸얼士嗎？

諸位：我百二十分的希望諸位，千萬不要爲了自己私慾的利益而爭執，應當投身革命，爲國

尹奉吉傳

三一一

尹奉吉傳　　三二

為族而犧牲：與敵至死澈底的爭鬥到底，一刻也不可遲忘，並且你們的意識，一刻一秒也不要忘掉已處於亡了國的我韓民族，這種事情是人類生存於宇宙間的一種有代價的生活，也就是榮耀了祖國的一種偉事，但是進一步要明白，在過去曾產出了無數不計的先烈士那幾人之偉蹟已悗國犧牲了不少，如今反而為什麼吾韓國光明的歷史，曾悼入這種亡危的路途上走呢？

諸位：這是在我們未來戰士們，不可不檢討的一件頂要問題，如不以此對症下藥，反會發生出無數白犧牲的無價值的事情的，那麼，我們要探討在過去錯誤的是在那裡呢？誰都不能否認的寶事，也是在過去的歷史，業已告訴我們說：黨派之割據和不能共同一線的「自私」觀念裡，就會引起自相慘殺，招入外寇，以禍自身的種事情，我們卻然覺悟澈底到這一錯點，聽當不願晝夜，無時無刻的反省着記宇者，並朋了自己所負的重大底任務，而認識着應該如何去為國盡族效勞，？！

親愛的諸位：歷史業已告訴我們，使我們也已輕知道了，在過去歷史中的汚幹國民族的思想，是俱着梅幼稚最卑賤的觀念的，那時在他們的觀念中的想像中的人物之外，還有什麼民族和國家有血肉關係的親人們，其外他們并未料到這些觀念和國家的觀念：因此他們便不懊得，他自己是俱着重大任務于國家之一員，更未料到，他們自己和國家民族忍發生着有甚麼關係？更到不會覺悟到，一國一族的興亡，會有與人民的「幸福」與「不幸」有

243

潛伏着怎樣的關係？所以他們在狹義卑賤的污念之中，只有慾壑的滿足和卑陋的妄想是他們唯一

的人生觀，因着他們的人生是如此，至而頭腦中所盤旋的意識是只有貪取目前的微些稟利，因

此他們再不會爲遠的將來享不盡的一切幸福。諸位要明白這種家族個人的觀念是極錯的。

諸位呀——要曉得在當時不論是執政的官吏以及在下的人民，皆不會顧念到的國家的前途是

在危險，只是在混頭混腦般的迷夢裡，只過着作澎般的生活，只會在機械般的飯碗的支配之下，過着木

偶式的人生，他們以聽雲之根本爲，不是爲「大衆」，而是認它是保持個人的一種招牌，所以

以至會發生出「搖尾巴」「獻鬼臉」種種的醜態！以此錯將錯的下去，如今到了這種不可敗拾的地步

，以至有了今日這般將要死滅了整個民族，喪失了整個國家的痛苦的日子的。

唉！諸位！我們，要徹底的明瞭，我們國家所淪亡的最大原因是在那裡？這不但除了狗黨狐派

的自相割裂之外，還由負着偉大使命的歷史車輪，早已判決它興亡的命運了，同時由過去的昏官

庸政裡所積下來的惡政所致；但是諸位試閱間，韓末執政者的官吏們，如果人人都捨了個私的

利益而以犧牲的精神去團結一致，都要想救出這將走於危亡的國家和民族的生存的話，那麼我相

信那種犧牲精神的結晶裡將必定會發生出葵明其妙的一種偉大底力量的，雖說如今不能夠圖强族

與之形勢，也不至於會走到如今這般亡國前途亡中的，那麼諸位啊！在過去的一切，成了水已

尹奉吉傳

二三三

戌舟的悲史了，不必再提起的必要，在現在只是拿出嶄新的精神和無畏的力量去，探討怎樣的由日帝主義的虎口之下會逃生出來，以重新恢復我們的愛好江山，自由的民族呢？我想這是很容易的一件事情，只要二千萬的飫惱民族的惱子裏，都有韓國二字在記牢的話，那麼，齊心一力的精神之下，必會瓷生出偉大的力量的，在那時便抓住了過去所錯誤的弱點，探取了激底的理論，鋼一般的團結之下，與敵不容分死～在鳴遊齊戈的喚醒之下與敵相殺，我相信勝利的凱旋不遠鳴在我們的耳中，光明燦爛的自由之光：不會不再囘照輝到慘淡悲慘的我們弱士上了。

呵諸位！我們卽知道了我們的時機是在臨，不能再坐視沉淪了，國家與亡匹夫有責，抱着破斧沉舟的精神去，應當赴緊的挺身拔劍，執弋起舞，與敵作一死戰以決最後的雄雌，以求爲國爲旗之榮吧！

五小時的睡眠和尹義士的篤學

尹義士自然承光雲先生的指導之下，所培養的愛國精神是非常明澈和眞實：在他每每目睹着二千三百萬的民族，會蜷曲在日本帝國主義者鐵蹄之下過着悽苦捱殘的情形的時候，他的心斯得如千刀萬刃薺入他心坎一般。～以此他是梅漬恨日帝國主義的蠻橫，幷且暗暗的威嘆着國家運命不

牢的遭遇，因此他常常的反省到：

人類本都是俱着同樣平等權力的？但為什麼日本帝國主義者會壓迫會支配我們的權力呢

？反一方面，我們同是平等的人類為何在他的鐵蹄之下，當牛馬般的會受他們的壓迫和支配

呢？這恐怕不是造世的原理吧：：喉！明白了，這都是現人類就會制度之下產生的一種不平衡

的產物，因為有了它，所以在安樂的人類社會上，常常的會發生着衰號，呻吟，的嘆聲和

壓臭，鮮紅，流血，的慘劇，我們是應該拼命的奧它反抗為掙取我們已失去的自由和改善我

們奴隸般的牛馬生活：我只相信，這些都是依賴我們自己的力量去圖謀，才會謀將人類問異

實的平等？和權力的；所以我們不怕一切——，它們雖然以殺人的槍炮和利器來阻我們的反

抗，但是，那裡能阻得住我們的熱血的奔流呢？又回想到，在過去戰爭中鋪滿着鮮血的人類

歷史和韓國的亡史，這怎又不讓動他熱血的狂流呢？雖然有兇暴兇濤的滄海，巍巍奇崇的山

峰和滿途荊棘的簪路來阻搞我們的前進，但又那能阻止住他那血的沸騰呢？

人類決不是環境的屬物，是相對獨立的高等動物，但人類應當以其俱有之高尚的理想去，克

制環境，改非媽敗的社會，那實在才是娘人類，是偉大的勝利者，而且人類在不平的桎梏裡，應

當為了下面的群中，高桑者真理的旗幟打出一條活條，為自己大衆的不平等，那才是人類任社會

尹奉吉傳

三五

中的過程裡俱有真實生命價值的事情，如果一個人類不能克其惡劣的環境而受運命的支配的話，

那是駑者，是落伍的表示；

這樣不斷斯想的尹義士，決不會俱有這樣駑弱者的表示的，他是俱有著能克制惡劣環境的偉力

，同時他也在理想著將來，高舉著革命的旗幟高喊著向倭寇驅逐，以至恢復自由的韓國民族，因

此他又連憶到在壬辰之役以龜頭的龜船（潛水艇之一類）去破沒了無數倭敵海邪的勇將李忠武公鞞

巨此烈忠勇與智慧的事蹟，又想像到受了甲申革命的慘遭失敗而亡命日本的金玉均志士的偉大人

格，他常常以這種偉人標準的榜樣來比當著自己的前途，同時他常常的想著著在過去先逸義士們

所遺下的偉人的事業，是如何都走著慢給了過作付的，他遊歷茂省以及想像著自己前途的偉業是

不知有畫救的未敷了，他遂把自己的思想是已示出了將來寒的前途是光明的偉大的：

尹義士已籌謀滿田將來一切爭盟之成功，皆由勤勞與犧牲之精神而所得，由此他就開始實行五

小時睡眠的勤勞法以為上進之策，其以外之時間皆為攻讀之需，後因其雙親麗其這般勤苦，恐貽

其身者辭，便引之遊山打獵之舉，無為強心成性的尹義士　卒不得巳：後選般五小時睡眠的勵行

直至上海仍亦為篤行；尹義士之此般堅固的精神，恐為港此偉串之根原耶？

李光雲先生的逝世與三位先生的被逐

在尹義士十三歲的一個仲秋，他們認爲唯一的李光雲先生是因著急疾脫離了紅塵，走上了永

遠不返的陰間社會了，先生卒年四十二歲。

認爲比自己的父母還要熱誠慈愛的李先生之逝世、使了他們是受了怎樣的打擊和痛心的事情

呢？在他們是非常認爲李先生對於他們的教育是熱烈的、忠誠的；所以他們遇這般熱烈忠誠的受着

李先生的教導是，如同在黑暗的地獄裡，得着了光明的路門一般：又好像幼弱的一棵小樹，得着

了滿足的灌溉一般：但是到如今，他們一旦失掉了黑暗的光亮和碩足的灌溉之本的李先生之死，

怎不使他們悲哀和慨們哪！

自此，他們的生命是如同失了母羊的羊羔一般可憐，他們的前途是，如同無舵的孤舟，亂漂

于狂洋中一般的危險，他們是極感到現實生活是無上的悲哀和痛心。

尹義士就在這個時候，才讀完四書（從前是背誦古文），正是少年人求學邁進的時候，現在卻

然因著李先生的逝世而阻進了他們的學業，雖說成覺到李光雲先生的逝死是極爲悲哀的事情，但

不能不爲了將來的前途計，忍着心中的悲哀而還要圖謀繼續教授學問的教員，因此要力尋找的結

果，聘請了一位飯桶庸祿的先生，所以學生們非常感覺到氣憤，然「米已成飯」只得容納了。

嗣後，所謂新聘的新教員，觀察到一切學生之中，其中的尹義士是那般聰明超人，幷非特俱的性格，不能不使他暗暗的嘆稱其才能，因此他遂運用了自己一切的能力和學識去，盡心教導于學生們，但是亦然爲學生們反對着他的無能！

事情是愈向前愈要弄糟：在過去的反感而成爲排斥他了，幷且由尹義士等多人，就直接正面的質問他的誠能：「先生：你知道教育根本底意義在那裡嗎？「你知道教員的重職在那裡嗎」？

「你們這般所謂昏庸無能的飯桶先生們，只知教育的根本意義是，書本上的「之乎者也」的板書，所謂教育者的責任，是認爲一種混飯吃的」文官底的工具；自古至今溯憶吾韓國之所以會淪落這樣被人統治，被人壓迫的亡國立場上，也都是由你們這般昏庸的教育者所誤，像你們這般誤國家，誤民族，誤人子弟的罪孽，知道比天還高嗎」？

「在你們這般頑固，庸碌的觀念中，也曾經稍稍的想着，爲了一碗飯的卑鄙而，以至造成誤國，誤族，誤人子弟的罪惡是不對？」請你誠懇的明白，教育本質的所在，教育者即爲養成民族意識，而爲將來的國家民族而謀幸爲目的：同時教員責任之所在，是以先知先覺者之責任去領導後來學生，以造成將來之國家棟樑，改造新的社會和國家爲主的。」

在過去曾受李先生那般熱烈教育之下，栽培了愛國意識的這般學生們，使他們見了此種混屠

先生之眼，怎能不引起憤慨和趨焦的舉動了呢!？在這樣的形勢之下，換一個趨一個，一連調換了

三個教師，總未獲得他們所理想，所需要的教師，因此在他們的心目中，已明白在這種腐敗途地

的社會裡，再也求不到與李先生般熱心做教的教師了，因之自此他們就採取了躬行由自己的研究

與討論的方法，去遵進學業之策，這都是尹義士的指導之下，進行着：雖然自修的力量是較爲字

先生教授時微弱一點，但他們互相勉勵，互相勤篤與努力的結果，後來對於四書五經，無不精通

之勢，因此村中多人，都把尹義士稱讚爲將來可造之人，而勉其爲「少年學者」之別號矣！

韓國農村經濟的沒落和慘狀

日韓合併以後時形的日本帝國主義的資本主義，步步向着由都市復爲農村精極的侵略着，正

似猛獸毒蛇的風捷般，使韓與的農村也陷之步步的陷入破產，沒落的晋況裡去，加之土地，門所

有懷」決絆的碓立以後，即剝的產生積極使劍「土地兼併」的事情。可惡的日帝國資本主義，在這

種無人道殘酷決絆的保衛之下，由繁華的都市經濟裡再剝削，掠却到凋溚的農村社會裡，它這樣

所經過的地方　都在慢慢的殘落着，恐慌着，使將全國的整個經濟，都陷於崩毀的慘境裡去，使

尹奉吉傳　　三九

着在這經濟崩毀圈裡的人民，祁揚動着生活的拮据，都鬧着生活前途的危機。

「禍不單行」加之經濟崩毀的影响而來連到農產物價格的暴落和都市掳購買力之薄弱，因之

在都市裡漸漸的增加出小商人們的倒閉和失業群衆的蔓延：在農村裡，因之農產物之低落與洋貨

的暴派，本受於農村經濟恐慌影响下的農民，更使之他們越驅到死路的末上途了，

在這種雙頂危機下受宰割的人民，不得已由農村向着都市奔往，在都市的人們是破逐的過了

鴨綠江的國境，率着——父母，弱妻幼子，都向着北滿洲奔路！但有一些小資產小地主地位的部

分人，他把由先祖遺下來的一切遺產田地，可當的就當，可押的就押，以至當押賣之一空，他再

也無物可當可賣了，因之再由告資債賣而由高利息的撞償之下，他都向着，離開祖國，過了鴨綠

江國境北滿洲去，希望着再有此着優越些的生活。

還有一些農夫們，都希望着乘別人離開農村而向別處露路的當兒，乘機單獨的豐裕之慾，留

着暴光風雨的侵蝕，忍着饑餓迫塞的肚皮，忍耐着——流的血汗，疲勞的身軀：辛辛苦苦栽粞糧

糧米穀，一至疲心到粒黃的米穀，在秋風的飛遇之下在右搔濤着的時候，在一年中所洗的血汗，

和一切饞肚皮的痛苦，都忘慎到九霄裡去了。

但是不平衡的這個肚會：總是使着勞苦的人們，增加痛苦，這個時際，可惡的慣魔又妻來搖

命了，可恨，辛辛苦苦，怒歲儲儉的，由血汗的淚糊熟的米穀，來到這些農人手中以前，就由這偵郵押的名義之下，余之一矣：而還受地主們討本的難攤哩！可憐，又要攏聚家老妻少去，都逃亡者都市和北滿洲的地方x希望再有些比較安定的活路！

這般殘酷，慘淡的農村經濟之破滅，已經整個的瀰滿了全國三千里的彊土上了，同時覆蓋著，死的光芒和死的灰神，將要決定整個二千三百萬民族生命了，在這種萬難的墢域之下，君到冠慘狀的尹義士，忍著緊握著兩隻手，東奔西跑的呼吶著要想救濟處于危亡的農村經濟恐慌下的農民，因此由多數的同志籌劃著如何救濟農村經濟恐慌的危機辦法：結果，決定組織農種民組合的初步，農民會去以救濟的辦法了！于是一切都由尹義士的領導與謀劃之下，順利的進行著。

農民組合的準備初步「農民會」的組織

所謂「農民會」是為「農民組合」的一個準備集團，換而言之，它以組織農民會的初步去共同渡進農民組合的一個準備集集的集團；以其組織之內容及宗旨而言：以整個農民中所出箱的少數資本去經營一所交易商品的實業社，以低廉的價格去交賣農民所需之一切物品，此宗旨，不端要經過

資本家商人們的敎唆剝削這以至販賣商人的東西，以求自己的力量和財能去經營小規模的消費

合作社去賤價去賣與農民；還有在農民之中若有急需借欵的時候，盡可以到農民會去借債，

一則是輕利與無營過豪欵的便宜上，二則是可免掉資本家們的高利底剝削，以及擺債掠奪等種種

的事情，換句話說，這種事業的宗旨是，一方面以自己的力量去挽救自己的困難；另一面是，不需

要再被資本家抓束們的重剝和掠刼；這種事業的各點上，都與殘落的或不振興的貧農社會上是極

爲合法的事業：但雖說是違背人意，人們雖蒔此意，但受經濟掠刼一空的貧農社會裡，

是很小的資本，但已很難於籌劃了，但决不因而人們要打斷了此念，尤其熱誠的尹義士更爲活躍

著努力了。

結果，在貧農身上一時决不會拿出這些資本，因此由尹義士的提議，决計由每人每家，每日

家常生活的輕費上，减少減縮開支去寄金，這樣每人都實行其辦法了！

事情是這樣的决議了，每個人們也都是十二分的努力於這點事情上：并且還由尹義士以及熱

心的多人去到處給農民們講演，或解釋，如何的努力於寄金，如何的由自己力量去挽救自己，這

樣的一方宣傳和努力寄金的結果，不久的數個月果然募得許多資本了，因此立到要成立農民會的

事業了，這樣尹義士是很奔忙於組織農民會的事情！

尹義士的發起組織自進會

農村經濟沒落著的猛潮，無容不入的踐踏到立於死的生命線的韓國貧農社會裡，使之陷於這種

慘境的韓農們，都在緊緊的抵著饑餓的肚皮，都在等著死神來永久的將他們給以公平的裁制！

雖然部分的貧農陷于這種灰死底狀態裡，任其運命之神去擺佈，但部分的農民還在呼號著掙

扎著向活路，而尤為可威者，卽遠些農民中的子弟們，他們都因著這類遙潮的侵襲，使之家庭呢

蕩產盡財，而在自己為著經學停讀，但是他們決不因之這些痛苦而打斷了他們求知的慾念，他

們在口口聲聲的高喊要求著「人類平等教育」，但殘酷的社會，殘暴的人類，再也不會聽見到這種

的口喊聲，卽也不會憐恤他們的哀號了，仍然是按著慘航進行著：這種依然是在繼續的侵襲，呼

喊者就在依舊的呼怨。說明白一點，還是「不平衡」！

他們的要求教育平等是太認為睜眼了，說實在一些，現社會的一切——，都是有產階級與帝

國主義們庸猙佔物呢，教育何嘗不也是私有制的獨佔物呢，現在口呼著需要人類教育的他們，簡直

是硬搶和妄想！

在為去取會病醉人們的一般學者的謬論，依然橫行於世，還在「發腔做勢」的「依老賣老」的姿

嗎般的謀殺去甾腺著：若如，「惡者派鬼遊腦，善者由天施福」的逃話，這種逆耳的話，在過去的

人類，和在以三條腿走路的古代，是可以爲麻醉人民於「不反抗」工具上施用了，但時代的車輪已

馳過那個時代了，同時歷史的照魔鏡，亦終破了這補資本主義與帝國主義們麻醉者及弱者的西

洋花鏡了，聰明的人們，聰明的看看吧！在這純冷酷，惡洞，黑暗，腐化，不講公理的現實裡，

眼中所見的，都無非與士匪，強盜般亂強亂劫，弱者是被強者馴服著，無者是被有者支配著，那

裡還有會，什麼「由天施福啦」派鬼遊腦的「一會華呢」？

如果依着上面的道理，善者是該有福，惡者是應受禍，那麼由自幾千年以前起，就在「善良

社會裡渦着「善」生活的韓人民是何在「萬惡無比」的日帝主義手裡，任意的宰割和殘殺呢？這也

就是牽着「惡者派鬼遊腦，善者由天施福」的大道理的嗎？這種「善」與「惡」「禍」與「福」，不是專拾

著「有容」與「帝國主義」們強却無者和眼迫窮小者的一種欺騙的玩意兒的嗎？高唱者起碼麻醉意識

的走狗者們，說在高唱者又如「勤者之苦」，「慈者之貧」的謬論，迄又是多麼矛盾現實社會的一個

謬論呀。

不會否見嗎？資本家以及地主們，終年終日的在「金玉高樓」中以「美酒醉羨」將其過之生活方

式，但在這樣的反二面，就有很多的無產大衆，一日之內亦不能維持一飽，而逗流落彷徨於長途

：雖然資本家以及許多大地主們，不曾發過一點微力，而能夠任意的宰挹他們所想的慾望，并且還

能夠許多數不盡的地產和物財，深藏于「金櫃倉庫」裡磨爛肯臭爛着，但試問問他們做過些什麼勞

力的事情，而食享這種一切物質則命的報効呢？但反一面的那些貧苦的人們哥看吧！—他們也

未曾怨恨一些，而何以曾遭快樂挨凍的這種生活呢？這就是「勤者有賞，」「惰者有罰」的報効嗎

？現實社會上，一切都是不平衡的，都是假的，尤其是像這硬麻醉，欺騙人的謬論，更是假的，

有些資本主義以及統治別種族的帝國主義們，當以宣傳者「反抗」是違背進德(？)違背天意的一種

極大的罪惡，如果犯了便有「天罪」與「入地獄」的欺騙，麻醉的謬論。

但是處于亂蹄下受踩蹂的韓民是，在過去的欺瞞和失敗裡而，已認識了這些見像了，因此他

們進一步要挽救過些，沉醉民眾的意識起見，非常的需要填實的民族教育，但在上述一般，由日

帝國主義以及資本主義之搾取與掠奪之下，已陷於彷徨，徘徊於機餓的死途上的韓民，雖然需要

這些種種的希望，但是沒有力量呀！

若到這種危機和人們的需要而吶喊的尹義士，心已疼了，以為不能再坐久視，便起來來與志

同道合的幾個朋友苦心然意的籌謀組織了挽救「不等教育」與「人類知識」等的自進會，因此，在熱

誠和奮鬥的結果，在農民會的缺局之下，便組織成功了「自進會」了。

自進會的宗旨

一・組織夜校，以爲促進貧童們之免費求學之機會。

二・開設農民講習所，以促進無知農民等之科學合理化的農業常識上的一切知識，以爲改良陳窳之農產方式。

三・開設民衆講演會，以報告，討論國內外之時事，並演講公衆及私人衛生等，以促進普及知識化！

四・養成互相親善，親睦之美德，以聚圓團結民衆之力域！

夜學校的誠意

在當時因爲受了經濟的指挹和沒有相宜教師的原故，而不能夠繼續的再辦的那學校是，因若在這種困難的狀況之下，許多人都感到沒有學校的痛苦和得不到知識的痛苦，因此看到因難於大衆的尹義士，便再想法開辦學校的計劃，在他耗費神身去求助于鄉董與士紳們的結果，祖到在一個久爲廢址的私塾的病地，認爲開辦學校的地點了，就此尹義士便招集了隣村的村童，開始教授

郎功課了。

＼這樣的經過了幾月之後，有許多的學生們，因為家中趨于窘困，所以經濟上感到非常困難，

因此又不能夠再求學的能力了，所以都休學去幫助其家中的照料，在這樣的結果，這學校是又作

漸漸的淡下去了。

這件事情的發生，使為心中抱著挽救失學兒童而熱心著的尹義士，怎不痛心的事情呢？因此

他再思思焦苦的終日籌劃著怎樣才能夠澈底的挽救這些被經濟困難而失學的學生呢？正際這時，

正由自進會的領導之下，要開辦一個夜學，因此尹義士聽到這個意外的消息以後，十二分的高興

替立劃與自治會的多人，到各處去募辦夜校的經費以及幫助窮苦學生的同情金，在許多村人以及

稍為有錢的人們，都被尹義士的熱心嘆服者，皆願意捐助經費，因此在很順利的進行之下成立了

一個夜校，使有子弟的村民，皆能求到教育的可能了。

不上旬日的工夫，入學的學生已達至四十名以上的衆數了。因此分配著年齡和程度的比較，

開始實行分班制的教育了。

所訂的課目，有韓文，數學，農業，理學，日語，歷史地理，結果歷史與地理，由日警察的

取締之下，便取消了。

尹奉吉傳

四七

尹義士提醒學生演講的一片斷

親愛的諸位：諸君差不多都供有時代使命的青年人吧，那麼該明白我們韓國現處的立場是怎

樣的一種現象？同時，也要明白，立於這種地位的吾韓國青年人的責任，又是怎樣的重要的吧？

古語所謂，青年人好比是，一年的春天，一日的早晨，是一個，萬物滋生，復活一切的好

日，早日之候，是一朵含苞待放的花蕾，無限燦爛的前途在前，由此我們已知道青年人的燦爛和

寶貴了！

我們青年人，卽被一般人挑稱爲燦爛寶貴者，處於這樣有貴寶青年本身的我們，該怎樣的努

力與功效，才不辜負這樣有價值有意義的青年期呢？

諸位要明白，這正似農夫耕田一樣的道理，農人們在春天裡把穀子種下田去，經過幾番血汗

的幸苦和時間；在秋天才會收穫到良好的結果。青年人的培養前途，也正似這農夫耕田的道理一

般，在這種寶貴的時期，如果不努力去培養未來前途的種子，那麼將來怎能會得着光明偉大的

前途呢？諸位，這件事情，對於我們青年是最爲需要，故爲注意的一件大事情，如果錯誤了這

件事情，一生就會陷於無意義無生命的生活之中的，諸位我們自己也會看到，這茫茫如大海的社

會裡，那一條正是我們青年人應走的正確之道呢？而那一條是我們不願走的黑暗的岐途呢？我們

在猶豫的時候，又如何的會去？選擇嚴莊的大道呢？諸位青年們，真要再沉迷在醉夢中，不要一味

肯從？一味的傻呆；聰明些吧！不然！結果還是迷於岐途的路上，這豈不是有負於燦爛華貴的青

春時期嗎？

但是，聰明勇敢的諸位：我十分的相信諸位，一定不致於會如此的「一味盲從」？「一味愚呆

的，對於現在處於逪亡的國家，和沒落的社會，必有深刻的認識和判斷的，而對於自身的出路

和未來的途志，也一定有想當的準備和希望的！

親愛的諸位：目前的社會，國家正輪了我們最最重最需要解決的問題了，就是二千萬受應道

下的我們的同胞，盼望著我們青年人來我救過來；但要聰得這種痛苦的來源，都是由我們自已的

不覺悟和不努力所致的嗎？杯且在捌一方而自日帝國主義的惡魔，吞了我們整個大衆的生命，

以至推遠在他們匪顊的鐵蹄之下，任甚他們蹂躏和掠取諸位：我們是逢脊血的青年，目睹道懷慘

忍的事情，而甘願，默忍日獸家宰割我們的生命嗎？諸位呀，我的血液要裂出管蒲濺了，我活着

的心也要被狂焰焦枯了，諸位愛國的男兒：有血的青年：趕緊山夢裡醒醒吧，要起來準備東方火

明的當兒執戈殺敵吧！

尹本吉傳

四九

親愛的諸位，我從前也曾經說過，「人」決不是受環境支配的動物，反而要去克制環境，戰勝環境的：因此人類必需在這種合理的條件之下，改造新的生命，那才是人類俱有的本色；方今日帝國主義，正際手持矛戈，臨着彈雹見像，向着我們進攻，同時用了最慘酷，最殘忍的手段來統治我們的自由，搾取我們的生命；諸位呀！燎原的朋火，已燃在錦繡江土上了，我們的同胞，還是死氣沉沉，醉死夢中，遲待慘殺：親愛的諸位：我們趕緊的打破了惡劣的環境，手執明火，亦向日敵反攻，而奪回我們的江山，恢復我們的自由，光明的我們的太極旗，飄飛濤揚在燦爛的陽光之下高懸着！

親愛的諸位：以我們現在的時期來論：正際好修養，好受教育的可貴時期：但是我們習若，自從受到日帝國主義者樱標的倭喬之後，教育也隨之被他們羈了去了，現在已經於統治支配在他們之下，受着奴隸式的教育，預備着將來他們日帝國主義支配下的奴隸，再換一句話來說，他們用了鴉片，混合在教育上，麻醉我們，敗壞我們，好使我們永遠不能起身反抗他們，永久做他他倆的奴隸受他們的壓迫和搾取的；諸位呀！我們的二千萬同胞的血液，已被那倭虜吮盡了，而他們還不滿足，再向我們的生命開始推殘：唉！諸位，「死」已在臨頭了，與莠持獎亦是「死」，執戈反抗而「死」亦是「死」，總是免不了一個「死」，還不如赤手空拳，抵抗一下，誰知勝利之結果還歸

於我們呢？諸位：不要再沉迷了，如果這樣下去整個大衆的生命，終究是會被宰割的，坐著待斃

只死一途，如果想要生存，想要恢復江山只有抵抗一路，諸位如果還這樣的坐視不動着，光明的

大道，抵禦的力量，會自己生出來嗎。我一百廿分的相信，我們的自救，便是抵抗，我們就立刻

執戈向敵，走上荊棘不平的道路上踏上先烈已流盡血的路途上，翻過山，橫過海，死不悛的堅志

去，和那壓迫，吮吸，我們血液的倭魔，拼個嘶殺，滅盡倭鬼，奪囘江山，掙囘自由，簇新開闢

我們燦爛宏偉的新國家吧！

親愛的諸位：這種你大力量的產生，是必須在我們遍於痛苦中環境裏的青年裏所得！中西

先哲亦曾言過，勞工神聖」之可尊貴。你們就是會貴的勞働者呀。我深知我們現在所處的生活是

勞苦的勞働生活，不但只是作着勞苦的勞働，并且絕對的沒有給我們讚賞的時間和條塞的時間，

差不多天剛剛魚白，烏喙的黑灰色的天幕還籠遮着大地時候，全也就是人類亦然在甜夢中作微笑

的時候，你們就裏起身，又要把短時間解勞過來的身軀，施下田地裡去工作，以至流汗浹背，作

勞苦搾遍地，烏鴉歸巢的時候，你們才放工，荷鋤背月才歸，始得一些休息的機會：但是勞苦的

你們…要利用起這短休息的時間來不肯耗費些光陰，不顧終日披憊了的身體，還肯來夜校裏，

你們所需要的知識，以準備未來前途的邪業：供養這種可佩可欽猶神的你們，該怎樣的利用這

尹　奉　吉　傳

五一

種可畏的精神去，奮鬥你們未來前途的事業，和未來光明的前途呢？親愛的諸位呀；請你們去深深思的索肴吧！你們該怎樣的堅持着你們的意志去，破除一切惡劣的環境之魔，開拓你們個人，以及二千萬大衆的，光明的大道呢？

親愛的諸位：我相信人類事業的成功，是必定建築在奮鬥和一貫的精神上去才可以鞏固的，諸位呀，我們千萬不要悲觀着環境的惡劣和前途的暗淡：惡劣的環境而途意要來困止我們去前進，我們愈要去與一切前途上的障碍魔作戰，如果我們爲了環境的惡劣和前途的暗淡而抱悲觀者，這是人類的弱者和墮落委靡的表現，不能成就事業的象徵：這種悲觀決不是吾韓國青年們要求持的根本觀念：雖然是國家，民族已淪亡於倭敵，但是二千萬偉大不滅的精神亦然是存在，所以我們要樂觀，我們還要努力！

很德，爲們把爲去的農業劃歸來啊，可以需到人類史上最榮耀，是偉大的勇士之事蹟的，他們的環境，他們的生活是何嘗是優越呢？，但爲們與有趣人的理思和超人的精神：所以他們只知爲着大衆的利則着永遠不能金面奮鬥，因此會把他們澎湃的熱血，遍遍在人類的遺範上，深深的黯綠的痕財？這種可佩的精神當與日月同馳；我們應當把這些傷蹟，深刻在我們臟淅的紋板上，作我們未來事業的導師和途糧的標誌。

親愛的諸位，假如，沒有高的山，那裏會湧溢出的海？沒有黑暗，那裏知道有光明的亮呢？

人類如不努力去開拓我們的前途那裏會有幸福在後面等待呢？諸位我們相信，如果我們大家的力量

聯合一起去與敵拼命，我敢肯定，國家那懷滲淡的命運，立刻會盛旺起來，二千萬奴隸下的民族，

一定也可以得到自由解放的一日！

親愛的諸位，在最後要忠告的一點：就是不要在理論上只顧貪想著偉大前途事業的光明，

而忘却了「金石可透」的無畏精神的實際，這兩區一何的格言，隨視為不甚重大，但因君有了過

何的話現以在過去的余破崙會義蓋烈烈的驚展了全歐：余破器常以這句話來提醒自己的事業，勉

勵自己的前途。，他亦常常對人說！「事業之成功，『都由苦中得來的』」這句話誠然是很對的；再

看看晉朝的車胤，在幼年的時候，因為無資購燈讀書，所以捉了螢火虫借了牠的尾光去讀書；

又如孫康之流，亦為家貧無法讀書，便以借月色之反光來讀書，後來他們成就了大事，他們的成

功豈不是完全由苦中和努力中得的嗎？再又看看震名世界的解放黑奴者林肯之事蹟，他在幼小時

候，亦苦為貧苦，所以無法購書讀書，利用了鵝毛的管子來代筆，以綠草中所榨出來的漿汁來做

墨水，在造孽的葉上練字，終久他做了盛傳全世的关大總統，不袋不球的解放黑奴事業者，此也

不是由困難的境域裡，得到成功的事情嗎？

尹 本 吉 傳

五三

親愛的諸位，我十二分的相信，你們如今所處的痛苦和困窮的狀態是怎樣的利害怎樣的恐慌

，總比這些人的身世優越得多吧?!那麼你們努力吧！把這些過去的偉人事蹟來，根據，模範若你

們未來的事業，決定了意志，標定了目的，走上了理想的途徑，認識了「死」的代價，盡心努力

向前吧！

我希望諸位永遠的記牢着今日我所說的話，以達到目的為止！！

尹義士對於教育的誠意

誰敢否認人類社會的進化是遲慢？　誰又敢否認，處於迅稠迅遠進化的文明社會裏的人類

是，絕對沒有受過社會的惠澤呢？誠然，人類社會的進化是迅速的，由單純化的生活進為複雜化

的生活，由使手的愚笨而，進為科學的機械化，以至結綜不斷的進化着，而會產生出有諸般物質

文明的今日以至處在這文明社會裏我們人類，給以十足的安樂和美滿的！

所謂，過去人類所權護所崇拜的道德，禮教，早已隨着歷史的車輪，拼送到貯藏廢物的博物院

以及排物堆置的垃圾箱中了，受容現代文明洗禮的人們，把它只給以冷漠的白眼和漠觀去對待！

事實雖然如此，但是一班庸俗無能的教育家以及騙局的日帝國主義，却硬頑拉住受你大使命

的歷史輪子，仍就要奈陳腐，遂時代的廢物去，欺瞞庸碌無知的民衆，演起開到軍的巴戲，以此

在這種的形勢之下便麻醉了我們二千萬的大衆，使之水遠的菲送到奴隸生活的火獄裡，永遠麻醉

在他們的鐵蹄下永不使反身，的力量因此他們日帝國主義永遠的盡享受著支配與壓迫的主權，

唉！歷史上，自從有了這帝國主義侵畧，麻醉弱小民族的老巴戲之後，有血有氣的青年們，

不知有多少輩這於墜落，奴隸的歧途上，因此看破帝國主義們巴戲的一些青年們，到處吶喊著自

由的生命，到處鬱閉到流血的事情！這種慘痛的現象，在歷史輪子的推動之下，有帝國主義侵畧

弱小民族的觀點上，是不可避免的一種現象！

所謂一般，產生於物質文明，人類進化論調下的「現代教育」，尤其是像韓國一樣的被統治予

日帝國主義下的教育，只是假惺高唱君「文化教育」的腔調，它實際上沒有顧念到人類的生話以及

，人類平等的教育：在這種不澈究的教育之下，那會有生出什麼好的代價的教育呢？在事

實上也可以看到聽到，不知發生了多少青年人類作了無故犠牲的慘劇：在現代所謂教育當局老之

一般而論，只會獻媚於帝國主義騙局下的麻醉教育。結果，只知滿足了自己求物的慾望，那有工

夫去會顧念到火衆共利的教育呢？因若在过種畸形的「弱肉强食」的人類財价程，所有的政治，經

济，教育之發生，也就是帝國主義欺瞞，在收弱小民族的一種工具，還會有平衡的餘地嗎？再君

尹奉吉傳

五五

尹奉吉傳　　　　　五六

石所謂教育者之先生們，他是否真正的明瞭教育的本意和領導學生之責任呢？他們所謂本意，就是混飯獻媚；責任，也就是堪寒做碗，與麻醉本能，他們再也不會顧念到，還有「誤人子弟」之大罪，在內幕中潛伏著：這種蟒蚰殺自相殘殺的慘劇之發生，也就是現代帝國主義統治弱小民族之下，所施行「文化侵畧」教育之一幕悲劇，也就是不可避免的一種現象！

目下，受日帝國主義統治下的我們韓國教育是如何？我們亦可以概約想像的吧？！

依我知道：在目下受日帝國主義統治之下所設施的韓國教育，也就是失去民族靈神，蓋泯麻醉觀念的編局教育而已：絕對的不含著教育的根本意義：教育在國家民族的觀點上，本負有偉大使命的一種基礎物，在日帝國主義的統治下所謂搖尾巴的我韓國教育者，反而不覺悟，請願把自己的民族出賣，麻醉，以至自己整個的國家，整個民族的生命，意識，全送於倭敵的鐵路不踩睡已了；這正似一個麻人的新奏曲的交響，把曲奏完了便將整個韓國二千萬的民族，就開始演起一幕慘殺自己的悲劇了！——唉！可憐的吾韓國二千萬民族呀！這俗儘已夠使我們痛心不堪的事情了，而還有許許多多的悲劇在前仆後繼的推積過來，這令人又多麼悲楚的事呀！

自從日帝國主義的吞併韓國之後，一切的政治經濟都被那班惡悍倭強盜奪去了，現今只賸單的剩下了彷徨於街頭，流落於非途的二千萬整個民族的殘命，但是亦在日帝國主義的鐵路下不時

還受他們的宰割殘殺哩！

唉！廈羣的民族，因為一切都被倭日搾了取了，所以不久的將來，不忍再被宰割其現僅留有的一條殘命，所以狂呼着生路，要求着人類的平等教育：但一切都已被日帝國主義又搶刼一空了，吮豪無餘了，韓人民旱已宣告破產，沒落了，那會再有生路與教育的可能呢？

處於這種離難痛苦，挾於進退維谷的人民，簡直要死不成，要活不得之勢，都等待着死神來抓了去，給以公平的判斷！

這樣，都市經濟破產的浪潮，如同錢塘江的潮湖一般的街弃過來，便一般安樂無憂，自食其力的農村社會也同樣的陷入危機呼喊的腎獄裡去了！在這般演進的結果都市農村的人民，由富對財主的地位，而沒落到小農小商民之地位：由小農小商民之地位，破產流落，為饑荒的貧苦人民，這樣不絕的推動延賴於社會規輪之下的韓國一般人民的慘狀，已便深陷於絕境的情況，再也不能以苦形若了。

隨着這般經濟破產的餘燄的結果，在另一方面，一般在先能受教育的小商民小農民們的子弟們，在這時也要不能交費，不能供捑彼等等事情之發生了，由此漸走至退出學校的慘狀亦發生了；在陷於破產的人民方面已如此悲慘，而被迷於萬惡的日帝國統治下的教育當事者，不但不怕惜

這種破產學生的苦衷，而進一步，利用了人民末途的機會正要蓄意到剝削的污念上，因此近來又

立了這樣一條規定「學生在期滿三個月期內不再繳費者，卽經法律之手續，可沒收或押當對方財

產之權」唉！這種致死命於火獄的教育，只是單獨在悍悍奸靈的日帝國主義國家裡才能夠發見，

這也正証明了日帝國主義對于我國的搾取教育的顓頊史之餘脚，更進一步，批開了現日帝國主義壓

迫韓國的眞相的一件實事。

早自蓄心愛國思想，挽救民族教育的尹義士，在目視韓國的國運，教育的末途，已如此之

危，他再也不能束手旁視了，他何嘗不能瞭解，韓國人民是處於不自由，處於受支配的地域裡，

他又何嘗不知育人會出來領導，反抗倭日的舉動是一種挺而走做的事情，但他已堅決的決心了，

堅決了心的他決不會由退而消沒的，因之他途走便各方，捐助爲着這些撫錢讀害，半途綴學的學

生們的學費，他更進一步，縮短了他日常的生活用費，盡心極力的總想法幫助他們，若到這種步

義士熱心愛誠的鄉民以及稍有資產的人們，皆被其熱誠所感服，皆以傾囊而助：這樣可欽的同情

之下的學生們，都重入夜校的機會了，于是開辦夜校軍悄的尹義士的偉名，一日傳擴一日，并且

所辦的夜校成績，也一日良好一日，金鄕的人民，都崇拜感服着這尹義士的摯誠和精神！

歷史教授尹義士的施計

歷史的槍子早已揭穿了近代帝國主義們的醜像，便之於帝國主義的統治之下受宰割的殖民地

民衆，明指暗示的指出了一條革命的認識和路線，以此歷史就成了指示殖民地民衆的革命底明燈

了，但是在這種彌漫着白色恐怖的帝國主義們互相角逐的現實社會裡，只是强權者是唯一的勝利

者，雖然在人類社會裡，殺有着一切的，利益和一切的「享受」但亦都成了强權者帝國主義們獨佔

的贓物了，那裡還有餘地去給這般弱小的殖民地民衆去享受呢？有時候彼統治下的殖民地民衆，

實在受苦不忍，便有悄悄的起來想探問人類社會間一切應享的自由，因此反抗着或要求平衡着的

結果，帝國主義們總認爲「不利於己」，「反動擧動」的事情，它們用了酷菲苛辣的手段去壓制那反

抗他們的民衆，結果總是被帝國主義們得到勝利，但是要明瞭，時代的規輪，按着軌道慢慢的開

展着？由這裡恐怕就要決定兩者間的勝負了？

　韓國自受經日帝國主義的統治以後，對於一切的利益以及權力，自然皆爲日帝國主義者奪了

去，對于這無須細論：但在教育上，其痛苦與强迫之深，更不能言盡。」在日帝國主義者爲了永

久，長期的統治和支配韓國的獨念起見，便開始施行起麻醉的强迫教育，在其中最爲痛心者，即

取純韓國古代歷史的課目，更覺棘手，因此由幾千年以先由先祖古代所傳統下來的光明燦爛的歷

史遂爲殘酷的口帝國主義的宰制之下，就此截斷了翻開歷史的自由，而永遠的再不容翻閱着歷史

尹奉吉傳

五九

百的時候了。

尹義士是自幼在小的心靈中栽培著革命意識的一個忠勇愛國志士，他目前所睹的一切悽苦的景況，已痛心如剌了，至而再若到日帝國主義復設施壓迫教育於韓國，取締代表民族意識的歷史課目，更爲恨之珠珠：但在強迫的日帝國主義底暴力之下又能若何呢？只是嘆息着容忍着國運的不幸。

但熱烈的尹義士，雖然是處于嚴酷的歷迫的決網之下受監視着，但他到苦熱心的闘劃的結果，能夠在嚴備的日帝國主義法網的監覗之下，能夠逃避了日當局，可以很自由的教授韓國歷史的奇妙方法了了。因此在從前憂慮着不能教授韓國歷史的缺憾，在這時可以達到實現的機會了。

事情是這樣的簡單：上課的鐘聲衝破了平靜的空氣，走動的音波傳到每個人的耳膜上，的時候頭鶯的與先前一般的腰中夾着與時間差上同一的寫着韓語讀本四字的書，進到課室裡按位坐下，面中帶着沉重態度的韓語教授尹義士，也覺得大家亦來到講座前面，行過了與先前一般帶板的禮儀之後，他就黑板上以白的粉筆去剤上幾個韓語讀本小的有些字，開始啟動了沉默的口唇，一字一語的誅他心中所欲說的事情？在學生方面呢？在書桌的板面上亦照先前一般的擺放着韓語讀本以及附屬的應用品，亦很沉重屍肅的運用了各人不同的耳膜和腸膜去專心的癌着記着先生的諱

授：但許多事情是常常出人意外的時候，這教授韓諾先生的口中講出許多，在先前學生們不曾聽

過的韓國古代的歷史以及個人的記事等，這就是尹義士在暗中教授歷史課日的一套游稽巴戲，在

這巴戲的開演之下，逐日日的進行着同樣的事情。

因着時間和事情的質重，學生們的教授歷史的一會串裝感到津津有興趣，因此可怕的進步，

又在向前開展着。

光州慘案的發生和引起三十萬學生的呼喊

韓國全羅南道光州，距城約有四五里的地方，設有光州女子高等學校和光州日本中學校：這兩省學

校的位置，都離開省城較遠的原故，學生們將以爲乘火車通學是很便利，因此事情是很平常的一天

的繼續着：在某一天的午後潛伏着危機的關鍵該降臨在這小小的鎮市上了，事情是這樣的平淡。

溫暖的南風，延着黃昏的晚藍徐徐的吹動着：勞働在田地間的農夫和在街的藏頭上販賣小食

的人們，都各自齎着不同的東西向着自已的家歸返着：廣大的學校操場上飛土楊麈的空氣型保守

着黃昏的寂莫，剛才坐滿了學生和吵嚷着的課室，都靜靜的君守着立體式的讐道和平靜的雜物。

裝滿了火的小的，老的幼的，商人和工人，教師和學生的三等火車是按着軌道和逃惘的擺步，山

煙笑中吐着黑漆漆的煙絲同着照眼氣光的都市飛騰着：在這時擁挤的三等車厢的一隅，發出一種

嗤們的嘲諷和混亂的笑聲：是坐在一個韓國女學生不遠的另一位子上，坐着幾個捍短的日本學

生，他們的眼睛定註了這位韓國女學生，嗤嗤怡皮的說出一些嘲弄和辱凌的言詞，但是在這位女

學生想到自己現實的地位是單獨的一女性，所以心中蹙眉憤氣着他們的欺辱，但無奈忍怒吞氣憤

，任憑他們去嘲弄，等至她囘家以後，把這件事情哭訴着盡告了他的哥哥，她的哥哥是正擬學於

當地光州高等普通學校的（男中學）的一個學生，存她涕泣述到這個消息之後，心裏極爲憤怒着，

因此在第二天，到自己的學校裏果然被聚合了多數同學，在傍晚放學的時候，惡想盡最的報復昨日的憤

慈，結果昨日的學生果然被他們受了許多毆打，因此日學生也不得甘心，遂集中了許多日本同學

向着過方相毆，固此不幸的，流着血和宰割生命的慘劇就此開展了。

這樣不斷的雙方互相增加着戰鬪，互相湧兒的擴大着戰區因此由一人至數人，由數人至一團

體，由一團體，再至一些個學校，由學生以至家長親戚，由家族

以至社會國家……這樣的延辯與擴大，把若大的光州城市成了兩個韓日異民族互相屠殺的戰

場了！血的流，肉的飛殺聲的呼喊和被殺的慘聲，亦震動着光州周圍的山川了。

于是乎日帝國主義看是處于壓迫和統治的階級，而反面的韓國是處於被應迫和被統治的階級

，所以處於壓迫和就治階級的日帝國主義是盡管以武力的威權來壓制這處於自己下被統治和被壓

追階級的韓國民族，但是反面的處於被壓迫和被統治階級的餘國民族，盡管是跳動的血肉去抵抗

，一邊是以武器去宰割，一邊是以血肉來抵抗，因此壓迫階級的屠殺比例和被壓迫階級的宰割比

例，以數學上的成為正比例了。

吶喊的聲剛一出，則兇下的利刀就揮，吶喊著的人立刻倒下去呻吟者，揮著明刀的人發出狰獰

的微笑，一個在吶喊，一個在揮刀，這樣不斷的吶喊和揮刀，鮮紅的血管赫赤的染上了黃灰的土

，硬僵了的肉屍臥滿了鋪石的馬路，維新的姿氣變成了腥臭的邪氣，但是吶喊的人和揮刀的人，

亦然是繼續著進行著屠殺和宰割。

裝腔作勢，狡計萬端的日帝國警察當局，在先是裝著耳聾的叫日學生去任意的殘殺暴行到韓

人，到這時關人命的形勢愈為險惡，反抗的形勢愈為尖銳和擴大，因此便乘勢出來以慘慌的武力

去壓迫追著那散反抗者的學生，更進一步無理的拘捕了多數韓國的學生下獄，而死命於路途上的學

生和負傷者的學生，毫不照管醫治和安葬，但在反面的日僑學生呢，傷者及死者不但給醫治，

還保護護的送其家中，并拘捕的多人，立刻給以釋放，這種悲慘可痛的消息立刻播到全國各

地以後，全國各地的民衆是非常的憤怒，處於同樣地位的學生們是尤爲的氣怒者，因此全國三

十萬的大中小學生，以紙及文字上都互相聯絡在一起，抱著互相授助和同情於被壓迫的光州學生

尹　奉　吉　傳

六三

的盡義之下，高舉着太極旗，結隊遊街示威，口裡狂號着『打倒日帝國主義』，『援助受慘

學生」，『恢復國權，自由』『大韓獨立萬歲』等的口號，由不到這種反抗自己趨勢的日帝國主義

當局，便暴躁着憤怒起來，即刻調散了武裝的警察和馬隊巡遊警察，開始以暴躁的武力去彈壓群

衆，因此在這種的形勢之下，還發生着學生與警察間的正面衝突的事情，其結果，高漲着反抗情

緒的數萬學生，絕在武力的強限之下，不得已認着心中的憤怒纔被解散着，但如京城平壤等的大

地學生們因為反抗情緒過於極烈的原故，不能以區區的警察去彈壓，因此有調遣軍隊的事情，但

是處於被逼迫被統治階級下的韓國學生們，總于忍着高漲的憤怒，漸漸把這件事平靜下去了。

事情雖絡是歸於平靜了失敗下去，但在全國各地公立學校的學生們退出學校的事情，漸漸多

起來了！

事情是踰於失敗了，但由這次的事變而醒動了久在迷夢中的民衆和學生們，給了不少，的反

省和剌激，因若自此事變後，許多學校常常務生反日運動的事情！！

尹義士在光州慘案的事變講的一片演說

諸位：如果你們流動的血液還在跳，循環的氣息還在流情你們去側着耳邊旁狂日帝國主義的

殘酷的壓迫之下，號哭的二千萬同胞吧！

如果你們的心火還是亦然在燃．活的意識還是亦然在浮動，請你們的明眼去看看在日帝國主

義的亮力下為族為國而犧牲的學生們所呼怨的慘狀吧！

他們是明白的，明白着自己生命的毀滅和入那冷氣森森的監獄的一會兒是極為可怕的，猶為

的⋯但是他們不能不為了整個二千萬民族在敵的壓迫和摧殘而捨來了，自己的生命去甘受日帝國

主義者殘忍的毒鞭和酷刑的！

親愛的諸位⋯這些可佩的學生們卻為了大衆祖國而已犧牲了！那麼同應於同樣壓迫的環境下

，同受日帝國主義的支配和摧殘的我們，也應該存着這種為大衆為祖國的精神和責任去與他們一

般的鬥爭才是！那麼諸位也惡應該與他們一般的抱負着熱烈的精神去，從今日起堅固的立了一個

雄志，各負着各自的任務去與他們共同站立在一戰線上，也亦為帮間整個彌山的責任和恢復二千

萬民族的精神而殺毀我們的其敵日帝國主義，從新建設一個燦偉的國家和民族吧！

諸位⋯要明白我所謂「各負其命」的涵點，并非只以救命戰場而論，乃「各壇其長」以盡忠國家

之責任而已。各位之中如有槍炮舞創使刀者，即赴陣迎敵，如有擅長教育者，便以命施設愛國

教育⋯如有擅長政治上的才倡者，使於政治上救國，只要各自每個人都有愛國和犧牲的精神去各

尹奉吉傳

六五

靈其能，各負其使就可以達到我們所抱的目的之能了，那麼我們所要奪回的國權和自由，不久的

將來就會到我們手中的一候了！

最後勝留，諸位也從今日起，都要立了堅固的意志和目樣，都俱著努力的奮鬥的犧牲精神去

向前邁進吧！

尹義士的拘禁入獄和離開學校

古語所謂「若使人不知，除非已莫爲」這句就是認爲非常對的：尹義士自從積極的投身到培養

愛國敎育以後，不免屢屢次次的發生鼓吹愛國敎育的過激言論，因此在日帝國主義的警察當局，

也曾經下過歛次的取締和警告者，但熱烈的積極的尹義士，決不因爲有了這種事情而會放棄自己

的任務的，他是更進一步的還要努力和積極呢！

但所奉駐在當地的警察當局，離開該地約有四五里的地方因此對於尹義士的監視與警備上的

事情，稍爲感到困難，但可惡的他們認爲尹義士是鼓勵反動思想的注目者，所以常常的遭派密探

來偵察尹奉吉行動的事情。

光州事變的發生，各地都熱烈的反對日帝國主義者無故壓迫的反潮，因此當地的警察也非常

的密密的監視著尹義士的恐有以外的行動，給巧尹義士在這時又對學生們鼓吹了愛國思想的講演，因此這件事情的消息使我日警察當局所得，于是在前續後犯的重罪之下，把尹義士拘捕了去：

在日帝國主義之前審問的結果，認為宣傳反動思想於無知學生們的理由之下，判決停辦夜學拘留義士三星期的罪，尹義士對於這般不平的判決非常的反對著；他質問停辦夜校的理由是甚麼？如果你們認為我個人是宣傳反動思想而為理由，那麼，你們可以盡做的懲罰我個人，何以為我個人的事情而聯累到前途洋洋光明無量的多數學生和學校的身上呢？這我認為「是一個無理強迫的判決」。

過後出多數有力者的鄉黨以及土紳們的極力向醫務當局交涉與請求的結果，要把廢止夜校的命介。總算免悼了，但是要拘禁尹義士三個星期的官司總免不了還吃！

就此以後尹義士在，種種事情和周圍環境的不允許，在不得已的立場上，他是決定的要離謂桌苦和掙扎三年所得的學校而他就了。

對於這些常常在尹義士熱識的指導之下，受著真實愛國教育的學生們，關於尹義士的離開他們認我非常心痛的事情，因而給了他們莫大的不幸和打擊，同時他們十二分的相信，在過後決不易再求得像尹義士一般亦誠精神的先生了。

尹奉吉傳

尹義士是歷盡離開過多年共苦共患的學校而走，但他那熱誠之下所積的功像和精神是，恐怕永遠的在該核裏放着偉火燦爛的光彩哩！

送別會

學生們聽到尹義士他就的消息之後，都非常的感覺到極爲痛心的一件事情，他們如同失却了光明的燈燈，在黑暗中亂撞一般，前途是暗淡！

在尹義士期滿三個星期而出獄的第二天，他們就集合了二百多名的村人，小小的俯瞰了一個歡送會，無聲無息的都等待着別離愁事的開展。

幾次長針的擺動，在歡烈鼓聲掌之下，而上帶着沉重着奬的尹義士，一步一步的渡上了禮台，放圈了尖銳的目光去，周視了聽衆一下，啓開了悲慘的聲調，啓動着聲喉去開始起苦了。

存台下的聽衆們，聽到這種悲愁的聲調，都感到如同在宣告死刑般的慘痛，他們都俯抵了頭，歡歡的流着凄苦的熱淚，都靜靜的聆許尹義士的演說。

尹義士在送別會別辭的一斷片

「三年幽長的韶光，好似流水般的過去了！在我們可以想像出，在這幽長的三個星期裏，同度

著共患共難共享共樂的生活，使我回憶起來非常快樂，雖然有著貧戝拔身，倭敵阻進的種種事情；但是很有互助奮鬪精神勵我們，全把那些患難羈虜驅悃了，至今才有了這般可貴可燦成績的存在，這不能不暗視我們的勝利了！

可是欷歔的反一方面，有不幸的事情要發生了，就是有了這次日本帝國主義把我拘捕入獄以後，周圍的環境再也不叫我與你們諸位停留在這裡了，所以從今天起與你們諸位要臨時的暫別了，但是，千萬不要因爲要離別，就互相悲衰，也不要因這個各自放棄了以前般的熱誠和奮鬪努力的精神，還是澈底的繼續的勢力我們未脱的責任，以達到救民族救國家的責任和解放自身的惡劣環境的目的」！

這一般奮激的聲聲。早巳振動了聽衆們的心弦開暗暗的心中發起共鳴的跳動！尹義士體績又脱下去了。

「親愛的諸位：我們處於這樣罪惡的社會裡，我們應當認清了我們的敵人，拿出我們澎湃著的血液去與敵肉搏，揃除了一切的惡魔和劇除了一切的碍物，一直一直向前，打毀到敵人的營壘，殺盡了獰悍的倭日，手持着勝利的旗幟，高呼着吾韓的篏歲吧！」

激昂磊落的聲息，趕迷了人們畏縮和惰性懷日的情緒，都躍湃着肉的跳，血的流，好似卽到

尹奉吉傳　　六九

手要執利劍短銃，殺滅了倭敵，以洩胸中的憤怒一般：他又在接下去說，

諸位：我相信鮮紅的血液還在我們的肉脈裏流動著，愛國愛同胞的意識，還在活活的跳躍著；雖然如今我們要天各一方，奔馳海角，但是我們還樣的血的動和愛的意識，還是永久的融洽在一處，以助我們前程的成功，所以諸位不要以為肉軀的分隔是認為悲傷，還有死不滅的靈魂還伴着你們，共同廿苦呢？因為我們的邊境愈邁樣，我們更應當要努力：更願常奮鬥，終爲踏上光明的正途，解救危道上徘徊的同胞和國家爲止；但要十二分的明白，處於還樣逆境和時代的諸位，正是負有國家棟樑之責任和改造時代的任務，所以諸位去千萬不要放棄了，忘記了，還樣的宿大的任務，而要緊緊的抓着了時代的責任，解救着國家，改善着人類吧！

在最後，希望你們常常的牢記着今日我所說的話，間時常常的在腦中以及心中，反省着爲族爲國而奔命天涯地邊的我，同時切莫要忘記了你們未來的責任，以此做爲最後的結論」；

悲涼，緊張，沈默的諸聞，就此靜止了：

學生答辭

諸位同學：爲了與我們同居三年，共甘共苦熱心指導我們底尹先生的離別而要開的還一個送

別會，我相信使了諸位的，每位的心板中都潛伏著有無限的悲哀和痛心的情緒的，但是要明白：

一個人即存在于這個不會「長生不老」，不會像木偶般底「好靜的」人類社會裡，「離別」這一會事情

總是喲免不悼的：今日尹先生悶然要與我們離別而走，因此彼此間的愁限傷心的事情也是必然發

生的，但進一步我們不妥悲傷愛觀些，要痛痛快快的開這個會，表誌我們慶祝他前程的光明和

偉大！

諸位同學：我相信，在我們幼稚無識的觀念中，也會認識到輕造我們肉軀的泥匠是父母，造

注我們「生命底饞魂」的患者是先生：由這一個眼證的立點上，我們還可以間憶到三年以前，來受

教育時候的我們了，在那個三年以前的時候，我們彷彿完全是無意識，無生命的一個死板的肉體

，只會在黑暗避勞的環境裡，毫無感覺的受敵人任意的宰割和壓迫：但在尹先生的熱波教育之下

受了灌注生命教育的我們起，在今日由無意識的肉腦裡，已栽上了有意識，有生命的火花了：同

時在今日我們也十二分的自看明我們所立的惡劣環境逵怎樣的危機：眼迫我們，宰割我們的敵人

是誰了。同時我們更進一步的逺觀到，我們所要走的途程和目標是那裡了，

諸位：我們在今日能夠有迊種偉大知識成績之所以然，过都是尹先生在三年的辛苦百般，熱

心熱寇底犧牲精神之結果呵！

尹牟吉傳

七一

這種比山還高，比海還要濶的尹先生底恩澤和力量是怎樣的偉大呢？他那種偉大的犧牲精神和熱愛的意志是永遠的模範將記牢在我們的腦子裡，深刻在我們的骨髓裡：以作我們打破現實的惡劣環境的先導和實現未來目地的武器！

我在最後希望著尹先生，誷尹先生的那種熱誠和犧牲的精神，永遠的跟隨在我們的腦裡沙然的鞭提着我們，提醒着我們，實現我們鬥的為止。

我們只以各負其使命，努力遭進我們的任務的精神去，以慰要離我們將要走的尹先生之過去·的一切誠意，和教導！

尹義士的離鄉

玉窓是湖，其光彩愈是亮，英雄愈有艱難，其志愈會堅固：尹義士決不因著他的環境是惡劣，就會阻他向前遭進的力量，他感覺到環境愈惡阻他，他愈要克服的價值，敵人憲兵監視他，拘禁他，壓迫他，他愈要與敵相戰，相鬥的意義：在過去雖說歷追過他，監視過他，拘禁過他，但他決不因而會灰心懈懈任務，他更一步組織了農民會，自治會以及學校機關等，以為順誘些學生以及民衆們的思想這樣的終是繼續的鬥爭着，鬥爭着！

時代的輪子和光韶的軌輪同樣的開展着人類社會的途程，不同的時代應次的變換着，以至到了這多形多畸的如今這般弱肉強食的社會了，因此在不同的環境地域裏，都產生出不同的事情和不同的呼聲，尹義士在這般惡劣的，被壓迫的，被摧殘的韓國弱小民族的農村社會裏，他也在呼喊着人類間不公鳴的呼聲和向着靈道奔掙扎，但是結果，總是給了他一個「在這個地方是沒有多大發展」的認識，因此他也需要着：由殘酷的，區區的農村社會的鬥爭中，向着開展的，偉大的都市鬥到爭程，由此他決定的離開孩沒有多大出息的小地方，向着偉大的都市社會中舉足了，他會成由進而更可以變得更偉大，更進步的革命力量的」

他隨身把他那農民會的任務以及該地所負有的一切責任，都轉托於與他素有遠同道合的相知，途悲戚的情緒之下，離別了澹澹的故鄉和老母孤妻，傷心的流了幾滴英雄淚，向着他所憧憬的都市起程了．

漂泊身軀，難定南北：但他久為所懷愍，所想像的上海，使之他飄然啓迎．

他感到離開故鄉和父母的悲哀，途擬了一首詩，以諾離鄉之慈戚．

「流浪離鄉的人」（以白話譯成韓文）

尹 奉 吉 傳

七三

尹　拳　吉　傳

魑鬼佔領著故鄉

把自由的人們都推刻到火獄裡去。

剩下的只有灰色的故土和灰白的殘骨，

故鄉呀！你的命運!?

· · ·

記得我幼小的時候：

現在這個故鄉？

充滿著快樂的春意，

瀰漫著自由的歉聲；

如今這個故鄉?:

呻唫的聲浪，震得耳膜麻聲，

飛濺的紅血，流滿了灰色的土；

人們的，

身上頸上，都裁著不自由杜梏，

七四

門上目上，都貼著不自由的封條，

故鄉呀！過去的一切，

自由．快樂．

都到那裡去了！

· · ·

如今我被魔鬼逐出來了，

將走上人生的旅途．

踏開，彷徨在路途．

住那裡去？哦？！

何處是我的歸宿？！

· · ·

不賣它．

漂泊，流落到何處．

仰达天涯是海角？

升牢　吉　傳

七五

尹奉吉傳

只要有了人類同情的歸所。

一定奔住其處?!

‧　‧　‧

不！歸宿向我招手了…

‧　‧　‧

崎嶇道路的盡頭…

開着自由的火花。

流着生命的泉源。

那就是人類的歸宿?!

‧　‧　‧

我趕緊踏上了這個崎嶇的路途…

翻過山‧橫過海，

跳過深谿‧跑過荆蕀，

向我招手的」人類歸宿」之處！

一九三〇年陽春之際。

七六

青島生活

尹雪吉 傳

隨著地球的吸引力，宇宙間的一切都在固定的按著航道進行著：汪洋的海濤，也在順著他的

流域永遠的流著——，聰明的人類，把一艘鐵製的艀，利用了水的流，深航在水上，這樣的淒惝

之下，尹義士沒有耗費了幾日的工夫所乘的船就停泊到青島了。

尹義士的本意，並非憧憬著青島，但金錢的魔鬼使了他為難，所以不得不暫留在這個地方，

以後再做安善的道理了。

與國異宵的人，家著不同的衣服，在自己的面前以及遠處，的地方來住著，但他不懂得他們

說些什麼？他只知道，他們是在說著話了，（是在一個明媚的晚春天氣）。

生活上的經濟已經斷絕，而加上異國他鄉人生地疏，所以他這才感覺到異國別鄉的痛苦

了！

臉養做案的交迫，不得不飄泊流浪往街頭，常常受著殘酷人們的唾罵和遊辱，亦然的為了生

活和肚皮！

他雖在流浪，彷徨于街頭，但他亦然是努力于想謀一個職業以為托身的事，但殘酷的人類和

黑暗的社會是仍然的拒絕他一個異國的不言者，所以他仍然的繼續着他那流浪和彷徨的生活！

一天連神指示了他：他無意經過一個地方，不見在許多華商商店的中間挾着一個韓國商店，

他喜極了，他希望着能在這裡求得一碗溫飽的飯食之職，因此立刻進店求見店櫃，即當明來歷及

來歷，在店主也聽聞之很為惻憫的他的處世，和所抱的偉志，因此在各處奔忙着為他極力週施

職業，後來在往日本人，中原兼次郎的洗衣所裡，尤當了職工的機會，由此尹義士遂離開了街頭

流浪生活，開始過安定的生活了，

心懷異志　堅抱理想的尹義士就此專心盡職去作工，以得微資，再奔其逸志之地，因此在這

樣的努力之下，勤勞的工作和歲月的奔流，約在一年之中，已蓄着很多的路資了，他想到時間的

消耗起，認為極為憤疴，趕忙決定了離開青島的念頭，便到中原處說明辭職的理由，但在中原，

因為尹義士是極為忠懇盡心的職工，所以他認為工資微薄而走，故言加資之宣，但在尹義士是絕

對的拒絕了一切，究為離開那工場而要向上海起程了。這樣的情形之下，尹義士在青島遇了一年

生活。

到上海遇見獨立黨愛國團首領金九

明媚嬌妍的春光普照到人間，一切花嬌艷的擺動着媚態；惱人的南風徐徐吹過，冷靜的人

們也都好像感到沉醉于陶情的女人懷裡…汪洋的碧海，親吻着藍天…潔白的白鷳，施翔在騰空；

一切都是使人沉迷和陶醉。

如粟般的孤舟，隨着沈濤的嚣濤，搖搖的進行着…蒼碧的的水際，劃出一道遙遠的半規水平

線…嬌艷的陽光，沐浴在春波裡，燦爛的躁出黃金色的珠光…一切皆在描盡着春醉圍的美景一

般。

在這時甲板上的一隅立着一個淡賞這幅美景的青年，這就是尹奉吉義士炎！

他眺望到滄海的汪流和海上騰密的白軀，他連想到，自己的處世，也正似這雙海鷗一般的在

汪洋的社會裡奔程，但他所樂觀的一件事，常常心中所憤慨着的上海底一切，不久都在眼前實

現了。

一日又一日，流水和流光的想拍，茫遠的上海都市，漸漸的由模糊而半真，由半真而真確；

的恐兄高聲的立體式的洋房和煙突，灰黑的島嶼和森林…嗚嗚的一聲，汽笛一嚮，船艦轉過

尹奉吉傳　　七九

了吳淞口徐徐的開駛着：聳立的照海燈塔，巍巍的海濤中聳立着，灰色的軍艦和黃色的商輪，各

麥不同的馳若立着：他料想這就是你大上海都市的特徵了。

到了上海，立到求見駐滬韓僑民間團長金九先生，見了以後，立述出自己的來歷與到上海的

目的，這便所謂英雄識英雄的古語，金九先生見他的舉勯以及慷慨之誌，早就料想到未來是很可

造就的青年，就此尹義士便在上海過其生活了。

在滬的生活與赴美的準備

光陰像離開了弓弦的箭一般底迅速，尹義士的由青島來到上海的時間也有了幾個月的光陰了

，歲月隨着日子的的奔馳，尹義士的經濟立點上本已十二分的戚覺着窘困，但又在這種貴族化的

上海都市裡，使着他的生活更故到進一步的窘困了，所以窮困的恐怖的心理，又漸之逼近他來

的生活了。

雖然他很願意在生活上實在沒有決子解決的時候，很想找些酬報上比較少的工作來，也臨時

解決目前的窘困；但是他這種心裡的盤算和事實，竟有點不對了！凡到過上海的人總是明白那個

地方繇繇業業的困難了。

因此尹羲士雖然自己的心中打算着找些朋知吃虧而又不得已的工作，但黑暗的都市社會，又枉曠覷着他了，因此還是和從前一般的失業着，窘困着！

起初尹士羲在生活上感窘困的時候，就由幾個朋友的周濟還免強維持了下去，但窘困的日子不是一日而長期的時間，而得到朋友的周濟的次數也多了，因此使他由不好意思又對朋友們求情告費了，這眞使他進退維谷的一件難事了，然而，天即生了人類，決不會使人類還餓死的矛盾事情吧?!尹羲士正在這徬徨的途上徘徊的時候，忽然救星的消息叫他快愉了。

一個朋友跑到他不能謀職而受窘的樣子，非常覺得可憐的事情，因此很誠懇的轉传他販賣人参的行商，因爲販資人參的事情，一則不要很多的資本就可以做的，并且如要做好了一則可以維持生活二則還有寬裕的可能，因此在尹羲士聽則到這個意思之後，也很覺得合宜了自己的立場和環境，就此便作了販資人參的行商者了。

販賣人參的事情，是到各處的家家戶戶去，尋找需要人參的主顧，因着人參是極捕人身體的神藥，所以凡有權資的富人們，都購人參來補食。尹羲在這樣的自此行商了歲月，因着他的天性是執困和沉默，并不合宜對方主顧的欣心心理，又一則他的中國話的技術不見很長，所以使一般主顧們常常起些誤會，因此在這兩柄的缺點上，雖然他是十分熱心努力的販資。總是，受主顧們的拒

絕，和們僕們的狀遷白脈，所以他只是苦心的辛苦了肉軀，結果毫無得些利益，因此他又失業了！

他這樣的失業以後，又開始繼續他的窮困生活；後來，又有親友們的介紹，幸而在法租界的某一韓人的製帽工廠裡，得到作工的機會了！

製造帽子的技術，本來是很不容易的，如果不受幾個月的訓練是決不易成的，但是由天性俱有超人的聰明和刻刻的苦力性的尹義士，進廠不上一個月的時光，便成了完全的技術者了，因此由這個時候起就正式的入了工員，開始做採賽的工作了，在同一工廠裡，別人都一天只能做成兩個半的帽子，但是比較普通人聰明些并有努力性的尹義士，可以做三個以至於三個以上的帽子了，因此人家一天可以掙一塊二角錢，他就可以掙一元五角錢，所以同工的工友們都非常的說他是勤謹！

他在從前是非常憶恨着偉大的上海，就是在他還沒有來到上海以前的時候他由報刊書裡，耳裡口裡，常常的聽聞到在上海名壓震宇的綽闇臨時政府和多數的為了愛國熱忽活勤的志士們的偉績，他也希望若能夠到上海也同他們一般的做那偉大的革命事業；後來他竟然來到了上海，莅到陷於消極狀態的革命志士們，他便悟醒革命時機的來臨，在深深的感慨之下，決定赴美洲再恐發多年以便在將來做革命事業的基礎知識，由此他在畫間更努力於做工，足備路資之需用，夜則攻攻讀讀的專心學習英語以做赴美之準備。

在製帽工廠裡組織「親睦會」

工人們因為缺乏知識和理解力的原故，他們常常以區區的小事，發生着互相忌妬，互相爭端的事情，因此對於工友們的情誼上以及整個工人們的團結上，便起了隔膜和仇意，因此工廠裡常有的鬩牆種種不幸的毆事和流血的事情；在他們自己都不明白，他們自己都是被資本主義驅取的同路人，他們更不明白他們自己是以怎樣去互相團結一起，與常常應道挾取自己的資本家廠走們光不同，懷志在心的尹義士見到這種不幸的事情的潛伏於工人們的惡環境上的時候，他非常痛心鬥爭，他們是反而與蠶蝥般的自相殘殺，毀滅，這種不幸的可憐的現象是怎不令人痛心哩？在眼，他非常悲憤，因此決意找了幾個索得工人鏡觀與與志的人，便商酌着組織工友親睦會的事情，以為挽救工友們互相仇視的情鬩和戲鬧工人保障生活的團結力量。

親睦會在幾個人的發起之下成立了，自此以後在以先紊亂，吵殿的事情，不做消滅得淨了，還進一步都在相親相愛起來：同時他們都明睺在過去自己的一切的仇視都是錯誤的觀念，也知道在親睦會的領導之下，怎樣的互相團結一起為保障自己生活的前途，因此親睦會在許多人的愛護之下，漸漸向着光的活的路進展奔！

尹峯肯傳

這製帽工廠的資本邱，本由一中國人和韓人合股而辦，後來彼此間都找了不能平均利金上而

八三

發生意見的衝突，因此辦事上毫不能發生出合作的効力，由此對於貸貨原料上，就發生了停滯供給的狀態，因之連關的影响到工人們常常的陷于停工休業的事情，所以工人們的生活上起了失業的恐慌狀態，但疲沛的資方廠主們，却不言其內部的衝突而發生不能供給原料，他們却以賴時局的動搖而，影响到購貨原料的困難，以至缺乏原料而不能夠開工等語，因此在工人方面由實際調查的結果明白了資方是欺騙工人的一個騙局的虛情：尹義士聽到這種消息以後，便很很的憤怒起來，他即劃向廠方提出了抗議：

一．如由廠主方面發生內部的紛爭而影响到工人的停工和休業的立場，便由廠方照舊補償工資等

二對於新進之工友，在未入正式工人以前，必須由廠方代借與担保生活費等事。

這種抗議條件的發到廠方以後，廠主們如聞受了一個很很的當頭捧一般的意外的吃驚，因此尹義士在親陸會的會費之中，一部分購訂了幾份中韓的兩種報紙和一些雜誌，以為增進工人們的常識上的知識，再一部分極力的幫助着新進工人的生活費等，而他是又在暗地裡由私金去幫助一些在生活上感困難的工友們，因此他為人的忠摯，早已嘆服了許多的同友們！

尹義士的革職和工友們的聯合罷工

自此親睦會的成立以後，在工人方面都增加了相親相愛的力量，因此在於工作方面，顯然是比以前有進步的趨勢了；譬如在以先的時候，每個人在一天之中祇只能夠製造出三個帽子，自成立了親睦會以後，在相親相愛的相幫與努力之下，現在可以製造出五個以上的成績了；但在這工作量的增加之下，工資也隨之而增高；因此狡猾的廠主方面，看到工人工資的增高，便以爲不高興起來，遂以搾取的手段去欲減低工人們的工資；從前製造一個帽子的，工資是四角五分，但是在現在是減低到三角五分了。

在工人方面十分深刻的明瞭製造一個帽子的原料，以至推銷到市場的價格是，能獲得比較原料三倍以上的利益；但是狡猾的資本家們，還不以爲滿足，更進一步在可憐的工人們的工資上還想剝削，因此憤怒的尹義士，便找到工廠主的地方，以數字去算給廠方暴露出由製造帽子的原料堆銷市場的許多利益，并質問何以還不爲足，再想在苦的工人身上欲實行搾取的手段，是俱何心？ 因此尹義士以及全體工人，都以呼號着撤消減薪案，以及反對剝削工人等的口號去大大的攻擊着廠主的。

在廠主方面，鼓動諸事的主謀，都起由尹奉吉所煽動，因此在別詞托故的誣賴之下，強迫著尹義士以及主事的徐某的革退了工職，因此在工人們應到這個消息以後，口裡更喊著「要求尹徐二君之復工」「取消減薪案」等前口號，便實行罷工起來，這樣的兩面爭執之下，形勢是漸漸的緊張嚴重起來了？

當時住滬韓國革命的領袖安昌浩先生和留滬韓僑民團長李春山先生，因著勞資雙方之間漸為殿東起來，因此特地請到廠主和尹徐二君，實問發生事情的先發原因是為何？，在廠主方面只強詞奪理的說尹徐二人煽動無知工人去起鬨而被革職之事，結果由安昌浩先生和李春山先生的解釋與調停之下，廠主（韓人）遂允許了與中國廠商議後重職尹徐二人之事；但後來託詞中人廠主的反對為理由，提出四個苛虐的條件答應了此四條件後才允許兩八之復工，因此尹義士以及徐某憤怒著資方的壓迫，便決心離開工廠面他就了，在這時起尹義士便脫離了工廠活生了，

「斷念赴美的計劃和籌謀轟炸虹口公園的炸彈案」

中日兩國之間因著壓迫與被壓迫的立場上的原故，開始軍事政事上的差對峙之勢，於九月十八日發生日帝國主義強佔東三省的事變後，全世界的視線，都集中到中日兩國的軍事，於治的行

斷上：又在一月八日，震驚全世界的李奉昌義士炸彈日皇之東京榮之發生後，使之軍國主義的倭

日以及世界各列強的視線，又移轉到淞案上了；繼之一月廿八日，日帝國主義橫暴淞滬的「一二

八」事變之發生，久爲動搖了全世界的政治視線卽劃集中了緊張的形勢，而被侵畧于日帝國主義

鐵蹄之下的苦惱中國四萬萬人民的痛苦：因之心懷異志，負有未來雄志的尹義士，是否還等待著

時機的消失嗎？

因此在尹義士的心中築觀着好機會的來到，便打消了久爲憬憬着的赴美的事情，一方與諸愛

國同志活動着偉大事情的計謀，因此在三月的下旬在虹口榮市塲，就租得了一個小店，以爲心中

謀劃着事情的進行。

在一個四月中旬的一日，尹義士立卽訪到了愛國關長金九先生，商議着如何活勤關於時局方

面的進行事情：在金九先生本很爲帶器尹義士之未來的，因之對尹義士表明在四月廿九日利用日

皇天長節的機會，欲一翻鞏盡日首個的計劃：聰到此計的尹義士，便俯首默默的短思了一會，很

沉痛的謝絕着，件好的計劃，并面上顯出了決心的微笑表明自己欲委任這件事情的意退。

在金九先生是十二分的相信着尹義士能夠委任這件偉大事情的可能，因此痛快的袯諾之下，

以熱烈的手去緊緊的互相握了暗祝成功的手，便秘密的指說了進行事情的前後，以此便加入了愛

尹奉吉傳　　　八七

顧團，盟誓了團中的信約：

「愛國團」

「愛國團者，係爲獨立黨之特務隊長金九先生，集合愛國同志組織而成之集團，其目的在求積極以武力恢復祖國，唯自願作無上犧牲者，始有任團員之資格，凡團員之推舉承認者，悉由團長委之，故團中任何團員，除去團長認識各行員之外，無一不得互知，團員亦不舉行會議，故工作之進行，絕對秘密，事業爲謀殺敵之重要人物，以及破壞敵人之行政機關爲革命的對衆，藉此恢復祖國之獨立和亞洲民族之自由」。

韓人愛國團

大韓民國十四年四月廿六，

「宣誓文」

「以赤誠恢復祖國之獨立自由爲韓人愛國團之一員刺此水侵辱中國之敵方將校特此盟誓」。

宣誓人尹奉吉

尹義士的遺言

「給襁褓中的兩個兵士（兒子）」

如果你們遍身的血液，和骨髓，亦然存在的話，將來也必定成為一個為了祖國而效命的勇士吧！

把太極國旗高懸在空中，來到我的孤單的墓前，酌一杯醴酒，以慰九泉下的我底靈魂吧！

因為我將離開你們而走，你們不必過子悲哀，你們還有那慈愛溫柔的母親，會給你們慈愛哩！

我希望你們，在你們那慈愛母親的教導之下，將來也成個偉大的人物。

像過去的歷史所載，如東亞的先哲孟子和震動西歐的名將拿破崙，世界發明家愛迪生等，他們都是受了母親的教育而成功的偉人們，我希望你們的母親，也都像這些偉人們一般的母親，在你們，也都像這些偉人一般的受導和成功，這是我最後所盼望和所道給你們的。

贈遺白凡先生(金九)

一九三二、四、廿七

尹奉吉贈

巍巍南山兮，載育萬物兮，
鬱鬱蒼松兮，不變四時兮，

八九

尹奉吉傳

滔滔風翔兮，高飛千丈；
舉世皆濁兮，先生獨清；
忠當益壯兮，先生鐵志；
臥薪嘗膽兮，先生赤誠；

「尹義士遺給青年們的詩」（以白話翻韓文）

有澎騰熱血的青年們：你們知道嗎？
無窮花三千里江山的命運，
爲什麼愛日人的按葬和摧殘！！
有澎騰熱血的青年們：你沒見着嗎？
東方的曙光漸漸紅起來了，
山的海的狂風未久就還發作了！
有澎騰熱血的青年們：準備者吧！
等到風的起作軍襲奏出進行的一曲，立刻起戎集隊向敵嘶殺！

九〇

「尹義士之最後一步」

沉痛的四月廿九日，隨著明媚的春光來到了！

這是確是極沉痛，極悲哀的一日，因為有了遲這一天，所以隨著炸彈也會烘炸起來，這豈是悲哀呢？麼祝呢？

為族為國而奮鬥的尹義士，同時炸滅了日帝國主義聲勢威威的諸將校，這豈是悲哀呢？麼祝呢？

午前七點鐘，尹義士和同志們做一最後的握別了在悲壯的晨曦空氣裡，尹義士做一最後離別的告辭了。

「親愛的諸位同志！這次算是最後最悲的一離別了，因為有了這次的離別，我們的示迁相會，恐怕是在來世了吧！但是，我雖然先離了你們而走，而將來的成功，麼說，在來世更進的時候，歡呼着吧！

我現在只是希別諸位，等我離開你們而走了之後，諸位還是飄得的傘出愛國的精神和總結着鬥的力量，來高舉着，太極旗高唱着凱旋歌，開關我們新的國家和新的民族，有生命有自由，與人家一般的存在世界」！

在悲壯的離別之下，背了親愛的同志，以及繁華的上海都市，而延著黃浦的江水，一步一步

尹奉吉傳

九一

的向着虹口公園而走的尹義士！黃色的黃浦水，急旋的流着；他又重復的回念到，白髮蒼蒼的

雙親，此剩也許在盼望着他將死的兒子在回來呢？又回念到愛妻在深夜萬籟靜寂的時候，倚着窗

欄，對空孤月，想念他的客鄉的丈夫：或着一雙孤雁的叫聲，驚醒了他甜密的夢鄉，因而念着有

信的傳遞，哦！你們都失望了我在幾點鐘後，登着永遠再不會回的陰間路程上了！

可敬的尹義士：爲什麼拾棄了白髮的雙親，孤寡的妻子，而登上人類永不能再回的路途呢。

他是爲了在限追下呻吟，爲了在死綫上彷徨的二千萬民族而同時爲了中國四萬萬同胞被日帝國主

義所受的哀怨的「九一八」「一二九」事怖的憤怒而，他是爲了破壞世界，東亞和平的倭奴軍閥而：

他是決定了犠牲自己，今若殺戮的兩枚烈彈，負着重大的使命一步向着虹口公園而走！

隨着脚步的向前而消遊匆勞的萬物，都在悲壯的歡送着這英雄的未途，海濱的小風徐徐飛過

過之聲伴着尹義士的耳邊也郡好像將尹義士悲哭的聲音一般，尹義士亦成到離世的悲楚了！

尹義士最後一聲之呼喊

日帝國民族，本無法治之可言；自古蠻橫殘忍，自不待言，比佩刀稱武士濱，竟爲任此殺人

，姦淫劫財之事，在十八世紀，彼經時常出沒於賈薄沿邊者，其所謂倭寇是也，

自明治維新以來，俊更利用科學之新法。盡心盡力於黷武，不數年，一躍而列為五大強國之一，故今日之倭日政治，邁傳利用軍閥之專橫手段上，其亦不足怪也，自古所傳統遺來之進覘武士之念也，是故，民不聊生，均有是日為喪之欵，為政者懼之，有耶時，愓先以刀槍，織成蛛網，發揮暴威窮限人民，其在國內猶然；況在國外行大典時手，又況激登四萬大衆之憤怒時乎。

（卽剛一二八戰俘後）四月二十九日，日人之警備，寶前所未存：坦克車，飛機，鐵甲巿，大炮，機關銃，電網等之利器，無不羅列於虹口，閘北，江灣一帶，皆陷於警備線內，數千萬武裝軍警，或步或騎，校選讓公園內外，幾無一毛可入孔之勢，華人較人更不待言，外人亦無持俊待券者不得准入：其勢若然為，嶐如鐵甕高似長城，以此比之，猶有遜色：嗚！以世界一等強國大軍閥之權威，乃不能阻一靑年之偉大精神，亦大奇矣！

烈士先於四月廿七日，曾赴該地公園，悉心佈置，再赴虹口日人書店中購得白川照片拜購得日本國旗一副藏于懷中，至四月二十九日晨，身着西服，肩嘱軍用水壺（內藏手爛炸罪一枚），手持假傘（日人所食之便當亦有炸罪一枚）飈赴虹口公園，日軍倭蒈，竟不知其為謀害已己之韓國獨立黨愛國閥自尹義士矣！

青年願進公園，立於台背，日本駐滬文武高官，筠立台上，日倭日民，塋築台下，與高彩烈

尹 奉 吉 傳

，歐呼慶幸國運之日盛；聖壽（日皇）之無疆；將午，黑雲滿空，天忽陰雨，烈士的髮手一揮，青年兒

水嶺蒼空，高懸台上，隆隆一聲，勳天震地，台上人物，應聲仆倒，台下群眾大閙大譁，

手，尹義士之被捕，時在午前十一時四十分矣！

所謂二十一發烏禮炮，亦因尹義士之一擊炸響而停，瞬息之間，莊嚴的慶祝會，頓成凄慘的

修羅場，是曾宣傳日帝國主義沒落之吊炮，微罰殺人放火強盜之露醜，開此互醬，大痛大快者，

豈獨二千萬特人乎？四萬萬華人亦有同感耶？死於酖戰之數萬生靈，從此九泉寃魂，始可瞑目炎。

嗟！「匹夫有志，可奪三軍之師，真誠心憂國者，當此危機存亡之秋，豈可束手待斃，而不

奮起奮鬥乎」？

「倭日各將領之最後運命」

俊卷上海之總司領，自爲便衣隊長之（白川）大將，身中二零四彈片，因傷過重，至五月二

十六日斃於滬上。

第九師團長及（植田）中將，左趾四趾及右足炸斷，經醫手術治療後，始免生命之危。

海軍第三艦隊司令（野村）中將，眼右部及右胸部，左側腹部，兩下肢，均受重傷，於醫院于

術結果，雙眼失明，改裝假球，胸膜部下股之傷勢，經手術免去危險！

駐華公使（重光葵），左右四股，頭受飛來之彈片二十餘處，其中右腿的骨已傷斷，故施手術

切斷，因傷勢之過重，流血之過景，昏倒幾次，經其兄（重光葵）之借血，雖免生命之虞，但已

成嚴殘廢矣！

駐滬總領事（村井）以及駐滬僑民團書記（友野）。左右兩腿皆為輕傷。經醫手術已治原復！

駐滬僑民團行政委員長（河端氏），彈發飛進胸部，牽過肺臟，傷勢極危，翌晨上午三時二十

分斃於醫院。

除外，衛長日人及婦女兩名，亦均身受輕傷，都醫手術撩治，均免殘廢，然各受痛驚不少！

尹義士的處刑

為了二千萬民族的生存，挺而走險：犧牲其自己的性命，在四月廿九日突破了日人之非常的

醫備線而潛入圈內，用其一區區之炸彈，送到共一生之最高日的面面上顯出滿足之微笑表示

出己得勝利之凱旋，被苛酷的日軍司令部捕去了尹義士：其後於駐滬於之日軍司令部拘留七個月

，受種帶殘忍之非刑，訊問眾案之前後，始於十一月十八日乘涅輪太洋丸，在日醫之醫衛之下，

二十日午前四時到着神戶，復交大阪之憲兵隊中村中尉以下醫軍之彈藥衛下，送至大阪衛戍刑務所，以後軍法處之介議，判決此爲死刑，於十二月十七日由大阪送至金澤，十九日晨七時四十分，被敵槍決矣！

「一封由郵局遞到之英文函」

自裹韓人愛國團領袖金九

遞經次到日要人案之經過

「虹口公園炸彈案之眞相」照五月八日時報原文抄錄

虹口公園炸彈事件，雖日方發欲達其目的，使此事與某機等互相連關，故眞相倘倚隱於黑昭小，在國韓人幷求穩得證據，而忽然日不加辨別先被逮捕，故在余爲某項任務離滬前，余（此炸彈案之主謀者）以人道公理之故，向世界公布此事之眞相，幷希望請余之同志，完成打倒日本侵客政策之工作。

「計劃與實行」

日本用武力吞怍韓國，嗣又强佔滿洲，復無敵侵入上海，破壞束强與世界之和平，故余決定

向世界和平之敵人與人道公理之破壞者復讎，初次余決定派代表李奉昌赴東京，渠已於一月八日狙擊日皇，未遂被捕，嗣余派代表尹奉吉於四月二十九日至虹口公園，殺日本軍事領袖，現在余將宜示虹口公園事件之經過，至於東京事件之詳情，待有機會再述。在四月念九日早晨，余召金年團員尹奉吉到前來，並給以余自製之炸彈二枚，一時殺余之仇敵日本軍閥，並當心勿傷害任何人，雖即日本人亦當心傷害，另一枚者在工作完成之後殺其自身，彼瀟然答應，實踐余之囑介，余即顧事一輛送渠至虹口公園，渠身畔所有皆係炸彈兩枚余等揮淚揖別而離，並相約來世再見　余即顧事一輛送渠至虹口公園，渠身畔所有皆係炸彈兩枚，與銀元四枚余禱祝其成功。

「尹奉吉略歷」

尹奉吉於一九○八年生於韓國禮山之貧苦家庭中，其雙親尚健在，單並有一夫人與兩幼子，尹幼時極聰明，人皆以神童稱之，以後逐變成熱情，時刻不忘奮鬥，年十七歲渠開辦一晚學校，教授貧苦農民老凡五年，當渠見日本之經濟政治壓追使韓國瀕於破產與死地，渠決心離開家庭，慨然得有充足積蓄，渠於此上，羈留本島，在中原德次郎所開之洗衣店中服務，去年八月起樣來滬，渠在本埠菜工廠中作工渡日，嗣嫌窟数方之公道待遇而離開工廠，渠後在

虹口小菜市場閉一小店，靜待機會來臨最近渠向金（金九）討論救韓國之策並不久變成韓國愛國團員，

「韓人愛國團」

韓人愛國團乃一機關，係余與愛國者多人所組織之並以進行極力救韓為目的，僅有願作無上犧牲者方有資格為團員，團員均由余個人任命與接受，一個團員，即避其他團員之姓名亦不得知，并亦不舉會議，余等工作進行，絕對嚴守秘密，余等用暗殺余等敵人之頂要人物，并破壞敵之行政機關，以恢復余等國家之獨立，余等無金錢無兵力但與敵相戰，但余等之唯一戰器即為「人」，已籌備并訓練經過日力雖於透人之暨壘，用整手炸彈殺之戰之！

「余何人」？

余何人？何人為此文？余名即為金九，五十七歲，余一生已獻與救國及爭求同胞永遠自由之事業。余於一八九六年廿一歲時，開始獻身於冒險事業，在那一年韓國雖屬一獨立國家，但日敵余膽暗轟京，并暗殺余之玉后於內宮，全國騷然，後余即秘計劃報仇，後余在韓國黃海道安悟地

事，用空手將土田大佐暗殺，後在該他附近之城壁上書一長函，上書余之姓名住址及暗殺理由而

之家，緝日方不斷的要求，二十日後余即被捕，送往濟物浦下獄，韓國法庭被日便林權助逼迫，

方即被宣告死刑，但韓王于涉此事執行有期徒刑，延關三年，後余越獄而逃，在一遠僻廟中為僧

一年，在遊歷韓國各地以後，份參加開如運動，開始創辦許多新制學校，

當安重根於一九〇九年在哈爾濱刺殺伊藤傅文時，日方又以為安之有關而捕余，後余被釋出

，任安琦楊山中學校長，一九一一年，余又以有計劃暗殺總督之嫌疑而被捕，判決做苦工十五

年，韓寶知余為人，生命方保安全，後做工至五年被釋出，一九一九年三月金圖一致發起獨立運

動，余被人偵知，故危險復接電而至，便逃至中華，自此以後，余與倭日和崎死活：余之對日之

武器為幾捍手槍及幾救炸彈余仍戰辭努力，抖在我國未恢復以前決不終此，以至入墓之時突！

虹口案後之外人輿論

一九三二年四月三十日大陸報社論

虹口公園之炸案

昨日虹口公園中發生炸案後，人人慶覺遠東時局之不寧，昨為日皇誕辰，能泡之日軍部當局

尹奉吉傳

領導日僑舉行盛大之慶祝典禮於虹口公園，是時公園四周，戒備森嚴，雖參加者無須經盤檢查，然大批日韓日僑以及參加典禮之人，對於形跡可疑者，一概拒絕不納，以維持會場之秩序。

昨日午後，偶來得此次炸案之確實消息，然據日使館某高級官員稱，擲彈者爲一靑年韓人，彼於數月前自吉林間島來滬，而間島爲韓人革命運動最激之地，蓋亡國在逃之韓人革命黨員多集居於此也。

中日會議中國總代表郭泰祺氏，聞訊卽飭外交部情報司長，向日領事慰問，蓋此案發生時，日本高級官員多人，均受重傷，其中數人，且曾列席中日會議，爲華人對於駐華日使重光葵氏之重傷，更感不安，蓋氏爲議和平解決中日問題最力之人也，惟重光氏傷勢甚重，須經長時間之治療，方得恢復健康，亦在其來出病院前，其在中日會議之代表，將由日使館一等秘書暫代云，一般人士，極望此次事變，不致妨礙正在進行順利之中日會談也。

此種暴行，固應共以重罪，但吾深識民族之傾軋，足以引起深刻之惡感，在此民族互相仇視之時，此種暗殺行動，實難以限制，而對付靑年志士爲尤難，蓋彼輩欲以一己之犧牲而改善其祖國之劣敗也。

在中國，謀刺要人之暴行，亦時有所聞，卽以日本警察實力之雄厚，而國內形勢，仍日趨惡

重，一般要人亦必須加派侍護也，自此案發生後，吾人可以證實遠東時局之不寧，同時又可證實武力不足繼持國內及國際之和平，更不能杜絕此種慘案之複發，若政府再不設法使民衆參政，而一味運用高壓手段，則民衆必反抗到底，非得完全解放不止也。

昨日在虹口公開就捕之狂暴青年，固應繫以重罪，其實必受極刑無疑，但是以激發此種暴行之情形存作一月，則此種慘禍，決不因嚴密之防範而少滅也。

其實此種暴行，不但無補於事，或反引起敵人更憤懣之隧道而造成更嚴重之局勢而已炎，吾人對於昨日炸案之犧牲者，固極表同情，同時希望遠東各民族，徹底消除仇恨，以維持永久之和平。

一九三二五月二日大號報社論

上海之韓僑

上海之韓僑，爲數約千人，多半居於法租界，均安分以守己，時或有被疑爲韓國革命之政治犯，但爲數亦極少，彼等得法當局之許可，故將匿居居於此，在虹口公園投弾之韓人尹奉吉，居然以一人，尹氏來自南滿洲之間島，該地韓人革命運動，向稱熱烈，而上海韓人，實

尹奉吉傳　　一〇一

未知尹氏之抵滬也。

被炸傷之日領，昨發一通告云，彼明知日人對於此次炸案，其為憤怒，惟冀勿用暴虐手段，

又云，此次炸案，固可憤恨，然今兇手已就擒，且已致當局審判，晉顯國人切勿暴動，免生枝節

也。

村井總領事之勸告，日人或可能遊行，則留寓韓僑，將不至受屠殺炎，但諜私人消息，謂韓

儒已有十一人被捕，日警尚在檢舉其他韓僑，彼等由法當局拘捕，再提交於日人，被捕者是否與

炸案有關，則不特而知，在故近數月中，恐亦未能知也，但據官方消息云，日人將不至屠毅本埠

韓僑，因屠殺恐援亂本埠之治安耳，余想法當局必能想及此點，而深翼其能慰綰保護韓僑炎。

或謂鄭彈者為一日人，此令日人大怒，於是日方端盡其反宣傳之能事，謂尹奉吉係受券人之

指使，且謂尹氏與中國國民蕘有關，昨日本官報發出北平消息謂，張學良唆使韓國獨立黨員搗亂

瀟洲國之事，已為證實，聞有二韓人已被派赴瀟洲國，謀刺其高級官員，及日本在瀟洲國之要人

云。

一九三二五月三日大陸報社論

安昌浩案

安昌浩於四月二十九日下午，在法租界為日軍事當局逮捕後，卽不能與其友人面晤，近日聞

於安君被捕之消息，與事實頗多不符，諈傳安君被捕在星期五清晨，，但據事

實，則在炸案後被捕，關於安君被捕情形之消息，亦多不確，或謂安君先為法巡捕房所捕，再提

交日領署，或謂日領先得法醫局之許可，然後派日醫入法租界拘安先生。

總之，安昌浩確為日當局拘禁，疑其與炸案有關，更於安與炸案確有關係否，因未得官方

消息，故不得而知，安君之被拘，頗值注意，蓋安君素以倡導韓國獨立著名，曾數次

參加國際會議，討論韓國獨立云。

美國對於安君之被捕，亦甚注意，因安君及其家屬曾僑居美國之檀香山及加利福尼亞省多年

，今其夫人及諸入美籍之子女五人，仍居於加利福尼亞省，安君有三子二女，其中三人，生於檀

香山，餘二人則生於加利福尼亞省。安君夫婦，今年約五十歲，均生於韓國，日本併吞韓國後，

卽偕居海外，居美國之樓杉磯者，近今十有五年，而且安君今已入中國籍矣。

安君與美國之關係，不僅在其家屬，且安君之親戚金博士，與美國亦有密切之關係，金博士

居美國多年，現在美國醫科大學研究學術，今有子女六人，其一人已入美國籍，據上海日報云，

日方已題脫逮捕金君家屬之拘單，然此項消息，尚未得官方證實，此間得美國私人來電訊，安金

尹奉吉傳

一〇三

二君之在美有勢友人，已代向美國務卿要求，美政府以友誼地位，請日政府對於安君有關炸彈案，作公開之審判。

一九三二年五月三日大陸報通信欄

日人已令併法租界耶

大陸報主筆先生鈞，敬啟者，當上海日僑慶祝日皇誕辰前，吾人已預告日友，謂在今日上海，此種慶祝，殊非合宜，蓋此地究非日本領土也，客人問憶爲中華捐軀之諸德義士出殯時，中國第五軍，欲派少數兵士，經過公共租界之一部，參加殯禮，以表敬意，而領事闔覺拒絕之，今數千日兵，遊行租界馬路，赴虹口公園作規規之閱軍，登日人認此爲無妨於華人乎，以四十遣殘兵士，（無論其倫是否實驟）有妨公共租界治安，而數千兵士，遊行虹口，何無一人出干之耶。

若有華軍飛機，飛往虹口公園，投炸彈於演說臺上，吾人必大爲讚勤，獨如此之炸藥，但此稱擧勤，與日機轟炸閘北江灣太倉吳淞及吳淞，究有何不同，此爲余於天長節後所常探究者，余以此水炸案之犧牲者，固爲要人，但被日機傷亡之華人爲數萬，若以此次犧牲之一陸軍或海軍將領較

之，即猶干與一之比耳，此等事實，余亦知日人曾想念及之乎。

不但此也，此次炸案，竟無一華人被控，擲彈者乃一受政府保護有年之日籍韓人也，當其被捕

時，猶僞裝衆所包圍，手染異血，腕間尚繫一錶，世人常以日人搶此罪犯，可謂名正言順炙。

更有進者，日人得法捕房之助，得搜查法租界內一切韓人之住宅及機關，避居於此多年而安

分守已之韓國政治犯，均被擒而引渡與日人，爲衆敬仰之安昌浩先生，亦遭逮捕，其命運或如在

虹口被捕之數百華人耶，據報載，日當局謂安君與此次炸案，無甚關係，然日人以此爲捕安君之

難得機會，故安君突被逮捕，噫，此後法租界之韓人，因其爲韓人，將不能安居矣。

反對合併者頓首

一九三二年五月四日大陸報社論

美國與韓國

最近發生之嚴重炸案，使吾人囘憶美國與韓帝國之關係，前美國恭議員斯資賓氏序鄭亨利君

著「韓國問題一書」，（鄭君爲韓國赴美我察國員，數年前，曾赴美考察，〈中詳述美韓兩國之關係，

斯氏首言藉力依賴眞理，顯遲而有效，次論和約乃美韓友可條約之意義，謂美政府於一八八三年

尹奉吉傳

一〇五

六月四日批准此約，迄今未曾正式廢止，約內訂明兩國政府及人民，應維持永久之和平友好，若

至國受德三國之侵略，乙國得助之而得滿意之結果，以表示好感云。

因此約之訂結，韓國初年之發展，大得美人之助，據斯氏謂，韓國之鐵道電燈自來水以及汽

無新式探礦等事業，皆美人所首創者也。

韓國人向不諱觀此約，君臣等兮不願廢止之，今仍認此約為韓國前途之一線曙光，不論今日

之國際情勢如何，此約之內之事實，決不能忽視也，斯氏序中有下列之勸人語，

世界之公意，為最有統制力者，其造成殺戮而效力甚大，彼蠻橫之國，錫遊其巧妙實博之能

事，雖能矇蔽世人之耳目，一旦真理之光普照世界，則彼暴力自恃者，必為世人唾棄矣，文明兮

須進求真理，——除整個真理外別無所求，今世之能力持真理者，不論其為歷史上之關係，世界

之公理，或其本身之繁榮實莫過於美人者矣，

一九三二年五月十一日大陸報通信欄

安昌浩之命運如何

大陸報主筆先生鈞鑒，敬啓者，為人敬仰之著名韓人安昌浩君，自弗法被捕引渡與日人後，

迄今已將一旬，未得消息，即日當局亦謂安君與此次炸案，無甚關係，當日警搜捕法粗界之韓人

時，於韓民團團長家，見將安君，日人以為不可放過之機會，遂以拘韓僑民團團長之拘狀拘安氏

決去。

安君將為日當局無期扣留乎，將受合法之公開審判乎，抑忽然失蹤，猶如費氏紀念堂蔣牧師

，某中學副校長及五洲藥房經理項秘茂氏乎。

按安君為一韓韓人，即有罪而被捕，亦當任其本國政府處置，即拒日警逮捕，亦無不可，

今日當局遂拘捕而扣留之，此種高壓手段，租界儼舉國其能依理制裁之乎。

今日仍繼續檢舉韓僑，使彼等若驚弓之鳥，既不敢行走於街衢，又不能閉屏其家，昨又有二

日警僧法捕，闖入韓人趙牧師之私邸，見趙君不在，乃驅其夫人及其家屬登樓，恫以手槍，於

，彼等將樓下店中之私信物件以及其救康機六架，搬遷一空，計損失一千金之鉅，此種高壓手段

及非決行爲，何時方不再見，日人任意拘捕韓人，搜刧私宅，，豈得法當局之許可耶，試人此仍

能像護他國之政治犯乎。

一九三二年五月三日大美晚報社論

鄭重考慮。

尹奉吉傳

一〇七

前星期之炸案，間爲嚴重而驚人，但吾人極望本埠之各國當局，對於此事，能誠意合作，作鄭重之考慮，務使迅速平靜，不使事件擴大而擾及他處也，吾人且極敬佩日政府，未曾勉強牽累華之，而謂爲華人所唆使，吾人言此，非預言此案之結局，亦非暗示唆使者另有人在，惟以日人事實上考究之結果，或許牽累華人，但迄今未聞有此者，實由於日人措置得當，而故意避免牽及華人耳，吾人亦願日本及二租界之當局，亦能善意處置韓人，庶使彼等與吾人同居租界內，可以避免無謂之驚擾也。

固有多數韓人，因痛惜故國之情形而生仇視日人之心，但安分守己之韓人，果未嘗主張武力反抗也；彼等以爲此種暴動，非惟不足改善故國前途，反使其受莫大之損失耳。

上海韓僑約千人，多安分守己，明理自尊之士，無異他國僑民，今日人竟以此次炸案，牽累在滬之全體韓僑，其蔑視公理，殆莫甚於此矣。

吾人深信欲使安分守法之韓人有安全之保障，務使日人誠意遵守一種法律而後可，卽日人對待韓人，應如其他無罪之人一般，韓人若無犯罪之證據，決不能視爲嫌疑犯，如此，日本庶可得兩國之好感，蓋日本之與韓國，問題非常複雜，今又加此炸案，當此局勢嚴重之時，日本所需要者爲兩國之同情與友好，決非呼號於其鐵蹄之下仇人，雖然，余待人以禮，人必以禮待余也，白

人其三復斯言。

觀目前情形，日人必嚴重處置韓人，但日人固不可行之過度，而各國當局，決不應遊庇日人之暴行也。

一九三二年五月十八日大美晚報讀者論壇
非法行為（國際公法何在）

主席先生鈞鑒，敬啓者，國際公法明白規定，政治犯不能引渡，不論其案如何嚴重，此非謂國內法不能視政治犯為有罪，乃彼等為謀做國之進步，而不得不亡命於國外，故受國際公法之保乎而為引渡此所不能承縛者也。今西洋法學家，一致認為此種國際屏障，一經撤除，一則政治犯將必受無理之壓迫，二則又必妨礙其國家關係國之進步，由此觀之，日捕韓人於法租界，可謂破壞國際法，嗚呼，吾人公守之嚴毅法律，竟為日人蹂躪無除炎。

、讓懲稱，與炸案有密切關係之少數韓人，均在法租界內被捕，經法假事略為審問後，允日當局之請求，即引渡與日軍司令部矣。

者此事屬實，則日當局引渡韓人政治犯，為破壞國際公法，可謂毫無疑義，日人既破壞吾人

尹奉吉傳

一〇九

視爲尊嚴之法律，其行爲完全非法，彼豈能自命爲維法律者乎，今累陳鄙見，想無開罪處，揚所企佈爲荷。

金威判頓首

一九三二年六月六日字林報社論

暴行有妨國際邦交

此次問題，又因日人發生，中國國民政府應竭力應付之，此次炸案發生後，各國對日本，已作種種質問，當視東京政府之態度是否坦白矣，至於上海人士之種種懷疑，亦多情理，如今分本報，載有一文，質日本何以將安昌浩押回韓國，言甚痛切，觀乎四月二十九日炸案之嚴重，日本所用之手段，似可諒解，蓋欲應付如此嚴重之事件，似可不必嚴格遵守矣，雖然，以安昌爲華勒韓人，與炸案旣無關係，而日人竟非法逮捕之，正足以使吾人思及過去所演迭次之慘劇，而此慘狀，則更不堪想念矣，吾人豈知日本所以常開罪友邦，實由其傲慢橫暴之行爲，日人若欲改善其國際邦交，不願再率累無罪之良民，在於此點，三宜意焉。

一九三二年五月七日密勒氏評論報

虹口炸案之怪現象

四月二十九日，韓人擲炸彈於虹口公園中，斃傷日本官員多人，其中一人，且立即斃命，此案發生後，各地均來電慰問當局，並詢此案之經過，此種暴行，固應嚴詞取責，祖善人須想，此次韓人炸日人，與一月二十八日夜，日人野砲轟襲閘北相較，孰惟一不同者，乃閘北被傷亡之華人，為無關中日政治糾紛之無辜鄉民，而此次炸案之犧牲者，則為有關日本政府政策之要人耳，吾人又當憶及，日人竊實行政治侵畧，向中國不宣而戰，此種暴行，果可甚於暗殺行為，每當一國政府，蔑視公理，厲行暴收時，民衆因不堪痛苦，一般激烈分子，遂起而作報仇之行動，雖犧牲預施行暴政者，亦難免受其攻擊，結果，執政者野心未遂，而生命已犧牲，豈不可惜哉，入以此次炸案發生，對日本人民及之寄者，固應表示極誠懇之同情，亦應明識韓人實因不堪日人之壓迫而起此反抗之行動，同時更應注意韓國鄰近之滿洲，亦將受日人同樣之應迫矣。

此次炸案，不論其為韓人主便與否，善人當注意日人所以一味加非於一韓人者，蓋欲頒大宜傳韓國問題之嚴迫化耳吾人一察由韓國傳來之謠言，即可說明此言之不謬矣，今日人得法當局之助，任意拘捕法租界內之韓人，如此豈可緻和嚴重之局勢哉。

尹奉吉傳

一二一

一九三二年五月七日密勒氏評論報轉載

紐約晚報評語

紐約晚報評曰，日本在滿洲之行動，足以破壞遠東之和平，而上海作案，乃又一日本之政治暗殺也。

又曰，日本軍閥，常暗殺日本之自由黨人，故難怪軍閥之仇人，用同一手段對付之也。此次炸案發生，足見韓人仍有反抗日人統治之民意，而尚未為日本所完全同化，由此觀之，日本欲為對付韓國之政策，對付中國之滿洲，同時欲繼持遠東和平，其可能乎。

倫敦各報之評語

太晤士報評曰，此次上海炸案，恐阻礙中日交涉之進行，蓋此案之發生，遠在英使藍浦森調停中日戰事，已有相當結果之後，此為吾人所特別注意者也。

據最近東京消息，日政府對於上海之政策，並無改變之意，故韓人將欲以謀炸日本要人而阻上海中日和約之簽訂，其計劃可謂已失敗，吾人對日人及此次遇害者，極表同情，但吾人以為日

本果有尊嚴而和平之態度，未始非取勝之道也。

倫敦日報評曰，此次炸案之發生，為日本外交上之侮辱必引起日本人民之憤激，但吾人希望

日人決不平粘此為口實，再行屠殺上海之華人，同時日人決不能較賴其上海戰爭禍首之實任也。

日本若不撤退上海軍隊，以靜俟國際聯盟公平仲裁中日問題，則遠東將永無和平之日矣。

倫敦每日新聞昨曰，當一國時局緊張之時，惟有鎮持態度，處處視線，方能表示其偉大之精

神也，吾人……於此次滬區之惡意及侮辱，必能漠然置之，而對於中日問題，仍能作和平之

解決也。

許

嚴峯古偅

一二三

尹李吉傳

一一四

大韓民國廿二
中華民國十六年七月二十日

著者　　　金光

發行處　　上海法界韓光社

1908년 출생	– 6월 21일(음. 5. 23) 충청남도 예산군 덕산면 시량리 178번지 현 광현당(光 顯堂)에서 아버지 윤황(尹璜), 어머니 김원상(金元祥)의 장남으로 출생. 본 관 파평(坡平), 시조 윤신달(尹莘達)의 32세손, 고려 명장 윤관(尹瓘)의 28 세손. 관명은 우의(禹儀), 자는 용기(鏞起), 봉길(奉吉)은 별명. 아호는 매헌 (梅軒). 망명시절 별명은 희의(熙儀).
1910년 3세	– 8월 29일: 일본의 대한제국 국권 상실(경술국치)
1911년 4세	– 시량리 광현당에서 139번지 현 저한당(抯韓堂)으로 이사(망명 때까지 거 주)
1913년 6세	– 백부 윤경(尹坰) 슬하에서 한문 수학
1914년	– 제1차 세계대전 발발
1918년 11세	–1월: 윌슨의 민족자결주의 선언 – 덕산공립보통학교(현 덕산초등학교) 입학
1919년 12세	– 1월 21일: 광무황제 고종(덕수궁 이태왕)의 붕어(독살설 유포) – 2월 8일: 일본 동경의 한국인 유학생들, 독립선언서 낭독 – 3월 1일: 독립만세 운동 발발 – 4월 13일: 대한민국임시정부 수립(상해). 블라디보스톡(노령정부, 3월), 서 울(한성정부, 4월)에도 임시정부 등장. 그해 9월 통합된 대한민국임시정부 등장 – 5월 4일: 중국내 5·4운동 발발 – 식민지 교육 반대, 보통학교 자퇴. 최병대(崔秉大) 문하에서 한학(漢學) 수학
1921~1920년 13세	– 봉오동 전투, 청산리 대첩
1922년 14세	– 오치서숙(烏峙書塾) 매곡(梅谷) 성주록(成周錄)에게 유학(儒學)을 배움.
1922년 15세	– 성주 배씨 가문 규수(裵用順)와 결혼[장남 종(淙:모순)과 차남 담(淡)을 낳 음]. 중추절시회와 오치서숙 시회에서 장원
1925년 18세	– 한시 300여 편 지음.

1926년 19세	– 6월 10일: 순종의 장례. 6·10만세운동 – 10월 : 글을 모르는 이가 조상의 무덤을 찾지 못한 '묘표사건'을 계기로 문맹퇴치운동 시작. 각곡독서회(角谷讀書會)·목계구매조합(沐溪購買組合) 조직. 여러 지인들과 농민운동 시작 – 오치서숙을 마치면서 '매헌(梅軒)'이라는 아호를 받음
1927년 20세	– 신간회 창립(회장: 이상재) – 『농민독본(農民讀本)』 3권 저술(제1권 조선글편, 제2권 계몽편, 제3권 농민의 앞길)
1928년 21세	– 2월 5일 : 부흥원(復興院) 건립, 월례강연회를 열어 농촌부흥운동 – 2월 25일 : 부흥원의 상량식(上樑式) 거행. '朝鮮開國 4261年 2月 25日 午時'라 명기
1929년 22세	– 2월 16일(음력 정초) : 「기사년일기(己巳年日記)」 1년간 기록(다음해 1월 19일까지) – 2월 22일 : 위친계(爲親契) 설립. 취지서 작성 – 3월 28일(음력 2월 18일) : 우화극 「토끼와 여우」 공연에 대한 일제 경찰의 사찰 – 4월 23일 : 월진회(月進會)의 조직과 회장(會長) 취임. 월진회취지서(月進會趣旨書), 월진회금언(月進會金言), 월진회가(月進會歌) 등을 작성 – 11월 3일 : 광주학생운동
1930년 23세	– 3월 6일 : 고향을 떠나면서 '장부출가생불환(丈夫出家生不還)' 글을 남김 – 3월 8일 : 선천(宣川)에서 피검되어 10여 일 가량 구금 – 3월 20일 : 평북 정주여관에서 어머니께 편지(제1신). 안부를 전함 – 3월 31일 : 압록강 건너 안동(安東 : 현재 丹東)에서 기선으로 이동. 4월 상순 중국 청도(靑島)에 도착. 한인 경영 음식점인 송죽당(松竹堂) 주인 소개로 봉천로(奉天路) 중원(中原)세탁점에서 일함 – 10월 18일 : 어머니께 편지(제2신). 항일독립운동 위해 망명하는 사연
1931년 24세	– 4월 3일 : 청도에서 상해(上海)를 향해 출발 – 5월 8일 : 상해 도착. 교포 박진(朴震)이 경영하는 종품공사(鬃品公司 : 말총으로 모자 등을 만드는 공장)에 취업.이때 안창호·이유필·김구를 만남. 독립운동에 헌신할 뜻 밝힘
1932년 25세	– 1월 18일: 상해에서 일본인 승려 살해사건 – 1월 28일: 상해사변 발발(3월, 일본군 상해 점령) – 1월 31일 : 상해에서 어머니께 편지(제3신). 상해사변 전황 알림 – 3월 　　프랑스 조계 마랑로 보경리의 계춘건(桂春建) 집에 거주. 홍구공원 근처에 소채장(蔬菜場) 개점 – 4월 24일 : 일본 상해침략군이 "천장절 및 상해사변 전승 축하 기념식을 홍구공원에서 거행된다"는 보도 접함 – 4월 26일 : 프랑스 조계 패륵로(貝勒路) 신천상리(新天祥里) 20호 안공근 집에서 한인애국단 입단식. 선서문에 서명. – 4월 27일 : 김구 입회 아래 윤의사 한인애국단 입단 사진 3장 촬영(양복 차림의 독사진, 태극기 배경으로 가슴에 선서문, 왼손에 폭탄·오른손에 권총을 든 사진, 김구 단장과 함께 찍은 사진 1장 등) 자필이력·유시·'백범(白凡) 선생에게'·'강보에 싸인 두 병정에게'·'청년제군에게'를 남김 – 4월 28일 : 정오에 김구와 식사 겸 거사 논의

1932년
25세
	– 4월 29일 : 윤봉길의사 상해의거 결행. 오전 7시 50분경 김구 수통과 도시락으로 위장된 폭탄을 전함. 홍구공원 입장. 오전 11시 40분경, 수통형 폭탄을 연단 중앙에 투척, 시라카와 요시노리(白川義則) 총사령관 · 노무라 기치사부로(野村吉三郞) 해군함대사령관 · 우에다 겐키치(植田謙吉) 제9사단장 · 시게미쓰 마모루(重光葵) 주중일본공사 · 무라이 쿠라마쓰(村井倉松) 상해총영사 · 가와바타 사다지(河端貞次) 상해거류민단장 · 토모노 모리(友野盛) 거류민단 서기장 등 사상
	직후 현장에서 피체, 상해파견군 헌병대에서 오이시 마사유키(大石正辛) 대위에게 제1회 심문
	– 4월 30일: 일본의 상해파견군헌병대에서 제2회 심문
	– 5월 02일: 상해파견군 군법회의 예심청구
	– 5월 04일: 상해파견군 군법회의 예심
	– 5월 10일: 김구 '홍구공원 작탄사건 진상' 발표
	  5월 25일: '살인 및 살인미수 · 폭발물단속벌칙 위반'이란 죄명을 붙여 사형선고
	– 9월 18일: 노구교사건, 일본군 만주 점령
	– 11월 18일: 대양환(大洋丸)편으로 일본 오사카 호송
	  11월 20일: 고베항(神戶港) 밖 와다미사키(和田岬) 입항, 오사카(大阪)로 이동. 육군형무소에 수감
	  12월 18일: 육군형무소에서 오사카(大阪) 헌병대 헌병에게 압송, 오사카역(大阪驛) 출발. 석천현(石川縣) 하북군(河北郡) 삼본역(森本驛)에 하차. 가나자와(金澤) 위수구금소로 이감
	  12월 19일: 윤봉길의사 가나자와(金澤) 순국. 오전 6시 30분 일본 육군 9사단 가나자와 위수구금소를 출발하여 7시 15분 가나자와 교외 미쓰고지(三小牛) 육군공병작업장에 미리 설치한 사형장 도착. 오전 7시 27분 순국. 7시 40분 군의관, 절명 확인
	  유해는 부근의 노다산(野田山) 공동묘지 관리사무소와 쓰레기하치장 사이 통로에 암장

1939년	– 제2차 세계대전 발발(1939–1945)
1941년	– 일본의 진주만 공습, 태평양전쟁(1941–1945)
1943년	– 카이로 회담(미, 영, 중 3국의 대표, 적당한 시기에 한국의 독립을 약속)
1945년	– 포츠담선언(한국의 독립에 관한 카이로 선언 재확인) – 8월 15일: 일본의 항복, 해방 – 8월 16일: 고향 덕산에서 매헌 윤봉길의사 유해봉환위원회 발족 – 12월 2일: 윤봉길의사의 장남 윤종(尹淙), 경교장(당시 죽첨장)에서 김구 주석 상면
1946년	– 3월 1일 : 『도왜실기』 국역판 간행
1962년	– 3월 1일 : 대한민국 정부에서 건국훈장 대통령장 추서
2012년	– 6월 21일: 매헌윤봉길기념사업회, 매헌윤봉길전집(총 8권 및 별책 1권) 발간

윤봉길 연구논저목록

1. 저서[1]

1) 국내

宋相燾,『騎驢隨筆』, 原稿本 독립기념관 소장, 1946.

엄항섭, 국역『屠倭實記』, 국제문화협회, 1946.

이민수,『윤봉길의사 약전』, 매헌윤봉길의사기념사업회, 1972.

김홍일,『대륙의 분노-노병의 회상기』, 문조사, 1972.

장리욱,『위대한 한국인 6권』, 태극출판사, 1972.

윤남의,『尹奉吉一代記』, 정음문고, 1975.

임중빈,『千秋義烈 尹奉吉』, 人物硏究所, 1975.

이민수,『尹奉吉傳』, 서문당, 1975.

매헌장학재단,『不滅의 愛國魂(梅軒 尹奉吉義士의 生涯와 業績』, 1976.

박영석,『만보산사건 연구-일제 대륙침략정책의 일환으로서의』, 아세아문화사, 1978.

매헌기념사업회,『梅軒遺稿』, 1978.

방영웅,『윤봉길의사』, 창작과 비평사, 1983.

이정식,『韓國民族主義의 運動史』, 한밭출판사, 1984.

---

1)『매헌윤봉길전집』(별책)의 논저목록에 일부를 추가함.

송건호, 『한국민족주의의 탐구』, 한길사, 1987.

매헌윤봉길의사기념사업회, 『매헌충의록』, 1988.

김학준, 『街人 金炳魯 評傳』, 민음사, 1988.

장을병, 『인물로 본 한국민족주의』, 범우사, 1988.

이강훈, 『독립운동대사전』, 대한민국광복회, 1990.

이효성, 『윤봉길』, 견지사, 1990.

김성도, 『의분의 폭탄 윤봉길』, 계림문고, 1991.

김학준, 『梅軒 尹奉吉 評傳 : 선구자적 농민운동가 독립운동가의 생애』, 민음
　　　　사, 1992.

매헌윤봉길의사 의거 제60주년 기념사업추진위원회, 『(도록)윤봉길 의사』,
　　　　1992.

널뛰기통신편집회의, 『윤봉길과 천장절사건 시말』, 1992.

유신형(신승하 외 역), 『만주사변기 중일외교사연구』, 고려원, 1994.

매헌윤봉길의사기념사업회, 『겨레사랑』(봄호, 통권 제5호), 1995.

김영범, 『한국근대민족운동과 의열단』, 창작과 비평사, 1997.

윤영근, 『의열 윤봉길』上, 파평윤씨대종회 윤봉길기념사업회, 2000.

윤영근, 『의열 윤봉길』下, 파평윤씨대종회 윤봉길기념사업회, 2000.

월진회, 『젊은날의 매헌 윤봉길』, 2000.

임중빈, 『윤봉길 의사 일대기』, 범우사, 2002.

권오석, 『윤봉길』, 대일출판사, 2003.

진영미·김승일, 『시인 윤봉길과 지인(知人)의 서정시 340수』, 역사공간, 2004.

매헌윤봉길의사기념사업회, 『매헌기념관 전시도록』, 2005.

김구 지음, 도진순 옮김, 『백범일지』, 돌베개, 2005.

신호웅·이상재·윤규상,『매헌 윤봉길 의사 일대기』, 경혜사, 2006.

윤병석,『민족의 영웅 윤봉길의사』, 매헌윤봉길의사기념사업회, 2007.

김학준·이수항,『(항일 불꽃으로 산화한 매헌) 윤봉길』, 동아일보사, 2008.

윤 주,『나의 백부 매헌윤봉길』, 월진회, 2009.

조범래,『의열투쟁Ⅱ-한인애국단』(한국독립운동의 역사27), 독립기념관, 2009.

이민원,『조완구-대종교와 대한민국임시정부』, 독립기념관, 2012.

2) 국외

金九,『屠倭實記』(중문판), 韓人愛國團, 1932.

金光,『尹奉吉傳』, 中國 韓光社, 1933.

趙素昂,『遺芳集』, 출판사 미상, 1933.

李斗山,『最近韓國義士列傳』, 中國 新朝鮮社, 1935.

胡春惠,『韓國獨立運動在中國』, 中華民國史料硏究中心出版(臺北), 1974.

楊昭全 等,『關內地區朝鮮人反日獨立運動資料滙編』, 遼寧民族出版社, 1987.

潘石英 等,『深厚的友誼-朝鮮抗日獨立運動論文及史料』, 世界知識出版社,
        1992.

石源華,『韓國獨立運動與中國』, 上海人民出版社, 1995.

孫玉梅·宋健·金成蘭·馬彦 合著,『韓國著名反日獨立運動家傳』, 吉林省社會科
        學院, 1997.

上海市政協文史資料委員會 上海大韓民國臨時政府舊地 管理處 合編,『大
        韓民國臨時政府在上海』(上海文史資料選輯八十六輯), 1997.

山口隆,『4月29日の尹奉吉 : 上海抗日戰爭と韓國獨立運動』, 社會評論社,
        1998.

梅軒研究會,『겨레통신』6號－매헌윤봉길의사 상해의거 67주년기념, 1999.

夏輦生,『천국의 새 : 중국 여류작가의 윤봉길 의사 전기소설』상·하, 범우사, 2002.

金學俊,『(評傳)尹奉吉 : その思想と足跡』, 彩流社, 2010.

2. 논문 및 논설

송남헌,「윤봉길의사의 농민 민족전」,『농민문화』, 1976.

외솔회,『나라사랑』제25집(매헌 윤봉길 특집호), 1976.

- 송건호,「윤봉길의 민족사상」

- 윤병석,「윤봉길의 상해의거」

- 홍순옥,「상해의거의 배경과 위치」

- 조동걸,「임시정부와 상해의거」

- 박용옥,「윤봉길의 농촌운동」

- 임중빈,「유고로 본 매헌정신」

- 이민수,「매헌 윤봉길의 생애」

- 김홍일,「윤의사의 폭탄과 나」

- 조경한,「푸른 피가 천추를 거슬러」

- 정화암,「상해의거에 얽힌 이야기」

- 이강훈,「상해의거의 교훈」

- 배용순,「영원한 남편 윤의사」

- 윤남의,「덕산시절의 선백」

박상준,「殉國의 얼이 깃든 德山의 忠義祠」,『論文集』2(彗田專門大學), 1984.

이현희,「한국인 애국단의 작탄의거 : 윤봉길의사의 4 29투탄사례」,『史叢』31, 1987.

백영서, 「抗日戰期 중국민족운동의 과제와 統一戰線」, 『창비 1987』, 창작과 비평사, 1987.

김창수, 「한인애국단의 성립과 활동」, 『한국독립운동사연구』 2, 1988.

신용하, 「윤봉길」, 『獨立運動家列傳』, 한국일보사, 1989.

매헌윤봉길의사기념사업회, 『한국독립운동과 윤봉길의사』, 1992.

신용하, 「尹奉吉의 農民運動과 民族獨立運動」, 『韓國學報』 81, 1995.

孫玉梅, 「韓國學叢書 韓國著名反日獨立運動家傳－尹奉吉傳」, 吉林省社會科學院, 1997.

신용하, 「윤봉길의 상해홍구공원의거」, 『대한민국임시정부 수립80주년기념 논문집』 下, 1999.

김형목, 「尹奉吉의 現實認識과 靑年運動史上 位置」, 『한국민족운동사연구』 33, 한국민족운동사학회, 2002.

김광재, 「尹奉吉의 上海義擧와 '중국측 역할'」, 『한국민족운동사연구』 33, 한국민족운동사학회, 2002.

김진호, 『충남지방 3 1운동 연구』, 충남대대학원 박사학위논문, 2002.

신용하, 「백범 김구와 한인애국단의 의열투쟁」, 『백범과 민족운동연구』 1, 백범학술원, 2003.

진영미, 「尹奉吉 시문집에 대한 몇 가지 문제점」, 『萬海學報』 제8호, 2004.

김승일, 「매헌(梅軒)의 시문학과 독립정신」, 『萬海學報』 8, 2004.

김희곤, 「(자료소개) 尹奉吉判決書」, 『백범과 민족운동연구』 5, 2007.

신용하, 「백범 김구의 일제 침략전쟁에 대한 독립운동 전략－특공작전과 외교」, 『백범과 민족운동연구』 5, 백범학술원, 2007.

한시준, 「尹奉吉의사의 홍구공원의거에 대한 중국신문의 보도」, 『한국독립운동

　　　사연구』32, 2009.

박용옥, 「윤봉길의사의 농촌운동」, 『한국인물사연구』12, 2009.

김상기, 「尹奉吉의 上海義擧에 대한 日本 언론의 보도」, 『한국독립운동사연구』
　　　32, 2009.

매헌연구원, 『윤봉길과 한국독립운동』(매헌학보 제1집), 2010.

정진석, 「상해의거 외국언론 보도와 현장사진」, 『매헌학보』2, 2011.

김광재, 「매헌윤봉길전집 편찬 관련자료 발굴」, 『매헌학보』2, 2011.

김상기, 「尹奉吉의 金澤에서의 순국과 순국지」, 『매헌학보』2, 2011.

3. 잡지

이광수, 「上海印象記」, 『신인문학』, 1935.4.

金光洲, 「上海의 밤」, 『신동아』, 1936.8.

白民文化社 編, 「愛國烈士義士傳」, 『白民』2, 1946.

양운한, 「革命鬪士의 最後 : 李奉昌, 尹奉吉義士의 十六週忌를 當하여」, 『民
　　　聲』5, 1949.

김홍일, 「尹奉吉 : 愛國의 化身」, 『신천지』9, 1954.

思想界社 編, 「祖國에 바친 一念:尹奉吉 韓龍雲 金東仁 宋鎭禹 尹東柱 朴
　　　容義 그분들의 글과 모습」, 『思想界』13, 1965.

김홍일, 「30년의 독립투쟁기 ①－비운의 조국을 등지고」, 『사상계』, 1965.1.

김홍일, 「30년의 독립투쟁기 완－중일전쟁과 임정」, 『사상계』, 1965.5.

김광주, 「상해시절 회상기」 上, 『世代』3, 1965.

김광주, 「상해시절 회상기」 下, 『世代』4, 1966.

윤 종, 「虹口公園에 작렬한 抗日鬪魂 : 尹奉吉의 白川大將爆殺事」, 『新東亞』

63, 1969.

윤 종, 「애국단의 활동-홍구공원에 작렬한 항일투혼」, 『신동아』, 1969.

김창수, 「尹奉吉 : 三 一運動에 참여한 충청도민 7인」, 『月刊 忠淸』 2, 1970.

月刊韓半島社 編, 「梅軒 尹奉吉義士 : 光復의 밑거름을 남기고」, 『한반도』 10, 1971.

정재훈, 「尹奉吉義士의 遺物 <寶物 第568號> : 尹義士는 農村復興運動의 旗手이기도 하였다」, 『月刊 文化財』 10, 1972.

정재훈 「尹奉吉義士 遺墟 및 遺物(文化財指定調査報告書)」, 『文化財』 7, 1973.

忠淸南道行政開發硏究所 編, 「尹奉吉義士」, 『새忠南』 31, 1974.

송남헌, 「윤봉길의사의 농민 민족관 : 민족과 농민 : 1930년 전후의 의식」, 『농민문화』 81, 1976.

정래혁, 「尹奉吉義士와 愛國的 犧牲精神」, 『정훈』 29, 1976.

홍순옥, 「尹奉吉義士의 思想과 그 偉業」, 『國際問題』 89, 1978.

자유사 편, 「'우리 조선은 농민의 나라입니다' 韓國正統價値觀의 脈絡」, 『自由』 103, 1981.

이만준, 「民族精氣의 師表, 尹奉吉 義士, 그의 義擧 50주년을 맞으며」, 『정훈』 100, 1982.

이단원, 「民族精氣의 師表 梅軒 尹奉吉 義士」, 『自由』 111, 1982.

이현희, 「독립투쟁의 전기 마련한 윤봉길 의사」, 『새길』 290, 1987.

윤갑식, 「尹奉吉義士와 忠義祠」, 『淡水』 16, 1987.

이현희, 「한국독립운동사의 시대를 구분케 한 윤봉길 의사」, 『통일한국』 39, 1987.

장승순, 「尹奉吉 義擧에 關한 一考察」, 『내포문화』 10, 1998.

한시준, 「해제: 김광 저, 윤봉길전」, 『거레사랑』 가을호, 1998..

김치선, 「상해 의거의 영웅 : 매헌 윤봉길 의사」, 『통권』 224, 현대사회문화연구소, 2001.

朝鮮日報社 編, 「尹奉吉 義士의 최후를 기록한 일본 육군성 극비 문서 「滿密大日記」 : 처형 직전의 尹奉吉 義士」, 『月刊朝鮮』 23권 5호, 2002.

邱捷, 「윤봉길 의사의 장거(壯擧)와 송호(淞호)항일」, 『殉國』 147, 2003.

소지량·고범부, 「세상을 진동시킨 윤봉길 의거에 관한 만국신문의 보도」, 『殉國』 183, 2006.

허용선, 「윤봉길 의사 암장지 일본 노다산을 가다 … 작은 태극기들과 비석만이 그의 묘 지켜 : 25세에 묻힌 애국혼, 눈앞에 살아 숨쉬는 듯」, 『주간동아』 660, 2008.

김호기, 「홍커우 공원에서 생각해 본 윤봉길 의사와 민족주의 : 세계화시대 보편적 인권과 공존해야」, 『Weekly경향』 891, 2010.

박희태, 「'불멸의 민족혼' 윤봉길 의사를 추모하며」, 『國會報』 528, 2010.

【저자 및 기획·번역자 소개】

| 기획

이동언(李東彦)

선인역사문화연구소장
전 독립기념관 책임연구위원, 건국대 대학원
한국독립운동사 전공으로 만주 · 노령지역 독립운동, 대종교 독립운동 등에 관한 역사와 인물연구를
지속하고 있다. 저서로 『독립운동 자금의 젖줄 안희제』, 『내가 몰랐던 독립운동가 12인』 등이 있다.

| 저자

김 광(金光, 1909~1944)

황해도 해주 출신, 본명은 고영희(高永喜)로 전함.
중국 성도사범학교 졸업, 대한민국임시정부 군무부에서 활동
한국광복군총사령부 정훈처 선전과장, 『광복』 편집주임 및 주필, 1944년 중국 북경에서 서거
1995년 건국훈장 애국장 추서

| 역자

이민원(李玟源)

동아역사연구소장
한국학중앙연구원 한국학대학원(문학박사), 전 국사편찬위원회 사료연구위원, 원광대 초빙교수
한국근현대사 전공으로 대한제국과 국제관계, 대한제국과 대한민국임시정부, 대한민국 등에 관한 역사와
인물 연구를 지속하고 있다. 저서로 『한국의 황제』, 『명성황후시해와 아관파천』, 『대한민국의 태동』 등이 있다.

양수지(楊秀芝)

홍익대학교 교수
한국학중앙연구원 한국학대학원(문학박사)
조선과 동아시아 관계에 관심을 갖고 조선과 유구 왕국의 교류를 연구해 왔다. 「조선과 유구관계 연구」
(박사학위논문)외 다수의 공저와 논문, 중역서로 이성무 저, 『조선초기 양반연구』, 송병기 저, 『근대한중
관계사 연구』 등이 있다.